权威·前沿·原创

皮书系列为
"十二五""十三五""十四五"时期国家重点出版物出版专项规划项目

B

BLUE BOOK

智 库 成 果 出 版 与 传 播 平 台

浦东新区蓝皮书

BLUE BOOK OF PUDONG NEW AREA

上海浦东高品质生活发展报告
（2025）

ANNUAL REPORT OF HIGH-QUALITY LIFE OF PUDONG NEW AREA

(2025)

"15 分钟社区生活圈"打造"人民城市"新样板

主　编／高恩新　曹绪飞
副主编／吴　津　徐　凌

社会科学文献出版社
SOCIAL SCIENCES ACADEMIC PRESS（CHINA）

图书在版编目（CIP）数据

上海浦东高品质生活发展报告. 2025："15分钟社
区生活圈"打造"人民城市"新样板／高恩新，曹绪飞
主编；吴津，徐凌副主编. -- 北京：社会科学文献出
版社，2025. 2. --（浦东新区蓝皮书）. -- ISBN 978-7-
5228-4965-2

Ⅰ. F127. 513

中国国家版本馆 CIP 数据核字第 2025VY1438 号

浦东新区蓝皮书

上海浦东高品质生活发展报告（2025）
——"15分钟社区生活圈"打造"人民城市"新样板

主　　编／高恩新　曹绪飞
副主编／吴　津　徐　凌

出 版 人／冀祥德
责任编辑／侯曦轩　张　嫒
责任印制／岳　阳

出　　版／社会科学文献出版社·皮书分社（010）59367127
　　　　　地址：北京市北三环中路甲29号院华龙大厦　邮编：100029
　　　　　网址：www. ssap. com. cn
发　　行／社会科学文献出版社（010）59367028
印　　装／三河市东方印刷有限公司

规　　格／开本：787mm×1092mm　1/16
　　　　　印　张：19. 25　字　数：289千字
版　　次／2025年2月第1版　2025年2月第1次印刷
书　　号／ISBN 978-7-5228-4965-2
定　　价／158. 00元

读者服务电话：4008918866

主要编撰者简介

高恩新　管理学博士，教授，博士生导师，华东师范大学公共管理学院党委书记。主要研究方向为行政体制改革、基层社会治理。先后承担国家社科基金项目 2 项、教育部人文社科基金项目 1 项、地方政府委托项目 40 多项。出版专著 3 部，在专业权威和核心期刊发表论文 30 多篇。获上海市第十一届哲学社会科学优秀成果奖二等奖 1 项、上海市高等教育教学成果奖一等奖 1 项（排名第二）等 13 项教学科研奖。

曹绪飞　管理学博士，中共上海市浦东新区委员会党校副校长、校务委员会委员，上海市浦东新区行政学院副院长，浦东新区党建研究会副会长、秘书长。长期从事党的建设、社区建设、教育管理相关工作和研究，深度参与了中央、上海市、浦东新区一系列基层党建、社区建设、干部教育管理重要课题研究，为推动相关领域的建设、管理和发展提供了诸多具有理论和实践价值的研究成果，先后在国内权威与核心期刊发表论文 20 余篇，出版专著和主编著作多部。

吴　津　中共上海市浦东新区委员会党校公共管理教研部主任、副教授、校学术委员会和教学委员会委员，浦东新区人大工作研究会理事。主要从事社会治理、行政法治及跨学科研究。主持国家社科基金项目、省部级课题多项。参与浦东综合配套改革试验、上海自由贸易试验区建设、浦东社会主义现代化建设引领区建设等多项研究和课题，结合国家发展战略和社会实际需求，为政策制定提供建议和实践方案，研究成果多次获得省部级领导的批示与肯定。

徐　凌　中共上海市浦东新区委员会党校公共管理教研部副主任，副教授。长期从事当代中国政府与政治领域的教学研究工作。发表学术论文 40 余篇，参编参著著作 10 余部，主持完成各类课题 20 余项。2021 年获第十二届"优秀皮书报告奖"一等奖。

摘　要

　　党的二十大报告提出"为民造福是立党为公、执政为民的本质要求"。各级党委、政府必须坚持在发展中保障和改善民生，不断实现人民对美好生活的向往。要实现好、维护好、发展好最广大人民根本利益，就必须紧紧抓住人民最关心、最直接、最现实的利益问题，采取更多惠民生、暖民心举措，健全基本公共服务体系，提高公共服务水平，增强公共服务资源配置均衡性和可及性。

　　推进"15分钟社区生活圈"建设既能解决人民最为关心的"老小旧远"等"急难愁盼"问题，又能通过补齐城市发展短板，回应广大人民群众对高质量发展、高品质生活的热切期盼，实现把最好的资源留给人民、把最好的服务送给人民、把最美的生态献给人民、把最便利的出行带给人民的目标。自2017年以来，浦东新区经过两轮行动计划和三个专项行动计划推进，推动公共服务资源和设施配置补齐短板、提质增效，基本建成城乡一体、方便可及、公平高效、均衡普惠、高质量发展的公共服务体系。《浦东新区基本公共服务"15分钟服务圈"资源配置标准化专项试点》已被国家发展改革委、国家市场监管总局列为国家基本公共服务标准化试点项目。

　　本书系统阐释了浦东新区8年来推动公共服务资源精准均衡配置的实践探索，总结了浦东打造"人民城市"新样板的可复制、可推广经验。全书包括1个总报告、8个分报告和5个特色案例。在总报告部分，本书从"人民浦东"的定位出发，结合两轮行动计划和三个专项行动计划的实施过程，深度描绘、系统总结了浦东开展"15分钟社区生活圈"建设的历程、成就和下一步需要破解的难题,并提出了政策建议。在分报告部分,本书从教育、卫生、养老、文化、体育、商业、公园、交通 8 个领域展示了浦东打造"15 分钟社区生活圈"的具体工作及成效。在特色案例部分,围绕智慧养老、公共文化空间、公共服务空间建设、美丽乡村以及高品质滨水空间 5 个案例,展示了基层建设"15 分钟社区生活圈"的创新性经验及特色做法。

本书全面展示了浦东新区在推进社会主义现代化建设过程中打造"人民城市"的实践探索、显著成效以及特色经验,不仅为关注浦东社会民生事业发展的领导、专家和市民朋友提供了全景透视,也为研究公共服务资源配置科学化、可及性等问题的专家学者提供了权威的数据和资料。

关键词: 15 分钟社区生活圈　高品质生活　浦东新区

目 录 ⤷

I 总报告

II 分报告

Ⅲ 特色案例篇

皮书数据库阅读**使用指南**

总报告

B.1

打造"人民城市"新样板，推动
公共服务资源精准均衡配置
——浦东新区推进"15分钟社区生活圈"建设

高恩新*

摘　要： 浦东新区全面贯彻落实"人民城市"重要理念，以"15分钟社区生活圈"建设为抓手，全面推进公共服务资源精准均衡优质配置，以引领区的历史使命打造"人民城市"建设的浦东样板。经过查漏补缺、提质增效和全面推进三个阶段，浦东新区公共服务设施配置数量大幅增加，基础保障类服务设施可及可达覆盖率显著提升，基本建成城乡一体、方便可及、公平高效、普惠均衡、优质满意的公共服务体系。浦东新区坚持清单化管理、精准化策略、项目化推进、数字化赋能、多元化供给、标准化提质，形成一系列可复制可推广的经验。未来，浦东要更加注重以体系化制度引领生活圈建设，注重区域统筹和特色塑造，更好地发挥数字赋能群众便捷使用服

＊ 高恩新，华东师范大学公共管理学院党委书记，教授，博士生导师，主要研究方向为行政体制改革与基层治理。

务设施的功能，以人人享有的高品质生活彰显中国特色社会主义现代化建设引领区的责任担当。

关键词： 15 分钟社区生活圈　人民城市　浦东样板　公共服务

习近平总书记 2019 年 11 月考察上海时，首次提出"人民城市人民建，人民城市为人民"的重要理念，深刻回答了"城市建设依靠谁、城市发展为了谁"的根本问题，提出了"建设什么样的城市、怎样建设城市"的重大命题。党的二十大报告提出"坚持人民城市人民建、人民城市为人民，提高城市规划、建设、治理水平"。"人民城市"重要理念不仅揭示了中国特色社会主义现代化城市的人民属性，更为新时代推进城市建设、促进城市发展、提升城市品质提供了根本遵循。

上海是习近平总书记"人民城市"重要理念的首次提出地，也是践行"人民城市"理念、推进构建"四个人人"城市共同体的最佳实践地。①习近平总书记在浦东开发开放 30 周年庆祝大会上指出，经过 30 年的开发建设，浦东已经变成了一座功能集聚、要素齐全、设施先进的现代化新城，浦东要探索具有中国特色、体现时代特征、彰显制度优势的超大城市发展之路。近年来，作为社会主义现代化建设引领区的浦东新区坚持贯彻落实"以人民为中心"思想，连续实施两轮"15 分钟服务圈"建设三年行动计划、三项专项行动计划，持续推进公共服务资源精准均衡配置，不断增进民生福祉，人民群众的幸福感、获得感、安全感持续提升。当前，浦东新区正在加快打造现代化高品质生活的示范样板，更好地展现"城市，让生活更美好"的中国画卷，更好地服务支撑上海建设具有世界影响力的社会主义现代化国际大都市，谱写"人民城市"理念的新篇章。

---

① "四个人人"是指人人参与、人人负责、人人奉献、人人共享。

一 推进"15分钟社区生活圈"建设的时代意义

（一）"15分钟社区生活圈"建设是践行"人民城市"理念的重要抓手

党的十八大以来，以习近平同志为核心的党中央高度重视城市工作，把以人民为中心的发展思想始终贯穿于城市工作之中。2013年12月，中央城镇化工作会议提出推进"以人为核心"的城镇化，提高城镇居民生活质量，通过科学规划和务实行动提高城镇建设水平，实现城市与自然有机融合，让居民望得见山、看得见水、记得住乡愁，以让群众生活更舒适的理念推进城镇建设。2015年12月，中央城市工作会议强调为人民群众提供精细的城市管理和良好的公共服务是城市工作的重点，要把"以人民为中心"作为城市发展的出发点和落脚点，实现创新发展、协调发展、绿色发展和共享发展。2019年11月，习近平总书记考察上海时首次提出"人民城市人民建、人民城市为人民"重要理念，指出城市归根到底是老百姓的幸福乐园。2020年11月，习近平总书记在浦东开发开放30周年庆祝大会上强调，要把城市建设成为人与人、人与自然和谐共生的美丽家园。2022年10月，习近平总书记在党的二十大上再次强调，坚持"人民城市人民建、人民城市为人民"，提高城市规划、建设、治理水平。

习近平总书记围绕城市工作作出的一系列重要论述深刻揭示了中国特色社会主义城市发展规律，"人民城市"理念成为中国城市建设和城市发展的根本遵循。社区是居民生活的基本单元，是实现城市现代化的根基所在，是人民群众享受中国特色社会主义现代化生活感受最直接、获得感最强的地方，也是践行"人民城市"理念最直接、最现实的地方。"15分钟社区生活圈"建设贯通住房、教育、卫生、养老、市政、绿地、环卫、商业、文体等多个体系，是对传统城市规划、建设、管理理念的系统性变革，体现了中国特色社会主义城市发展新范式。打造"15分钟社区生活圈"就是让居民的日常生活需求就近就地得到满足，享受"宜居、宜业、宜游、宜学、

"宜养"的高品质生活,让老百姓日常生活更有幸福感、获得感、安全感,是对"人民城市"理念的创造性落实。

(二)"15分钟社区生活圈"建设是推进公共服务资源优质均衡配置的关键举措

公共服务关乎民生,连接民心。习近平总书记指出,要从解决群众最关心最直接最现实的利益问题入手,做好普惠性、基础性、兜底性民生建设,全面提高公共服务共建能力和共享水平,满足人民群众多样化的民生需求,织密扎牢民生保障网。"十四五"时期是我国全面建成小康社会、实现第一个百年奋斗目标之后,乘势而上开启全面建设社会主义现代化国家新征程、向第二个百年奋斗目标进军的第一个五年。人民群众日益增长的美好生活的需要对公共服务体系提出了新的更高要求。面对新形势、新任务、新挑战,我国公共服务发展不平衡不充分的问题仍然比较突出:基本公共服务仍存在短板弱项,区域间、城乡间、人群间的基本公共服务仍有差距,非基本公共服务供给不足,优质公共服务资源总体短缺,公共服务设施布局与人口分布匹配不够,服务效能有待提高等问题比较突出。

《"十四五"公共服务规划》提出,到2025年基本公共服务均等化水平明显提高,到2035年基本公共服务实现均等化。基本公共服务实现目标人群全覆盖、服务全达标、投入有保障,地区、城乡、人群间的基本公共服务供给差距明显缩小,实现均等享有、便利可及。紧扣人民群众"急难愁盼"的突出问题,普惠性非基本公共服务数量和质量都得到较大提升,服务内容更加丰富、获取方式更加便捷、供给主体更加多元,逐步实现幼有善育、学有优教、劳有厚得、病有良医、老有颐养、住有宜居、弱有众扶。适应人民群众多样化、个性化、高品质的健康、养老、托育、文化、旅游、广电、体育、家政等服务需求,生活服务标准化、品牌化建设取得重大突破,逐步形成需求牵引供给、供给创造需求的更高水平的动态平衡。推动基本公共服务均等化、精准化、优质化配置有利于在保障群众基本生活需求的基础上更好满足广大人民群众对美好生活的新向往,为实现共同富裕提供有力支撑。

不断提高基本公共服务均衡性可及性，让基本公共服务下沉基层，是给予人民群众更多幸福感、获得感、安全感的必然要求。《上海市城市总体规划（2017—2035年）》提出，以"15分钟社区生活圈"作为社区公共资源配置和社区治理的基本单元，配备较为完善的养老、医疗、教育、商业、交通、文体等基本公共服务设施，为人民提供更加健全的服务设施、更加全面的服务内容、更加便捷的服务体验。"15分钟社区生活圈"建设行动将服务内容从小切口的"服务圈"向大民生的"生活圈"拓展，从"基本服务保障"向"品质生活提升"拓展，推动群众需求与公共服务资源配置标准衔接平衡。通过"15分钟社区生活圈"建设行动，让生活在社区中的居民找到家的感觉，实现幼有善育、学有优教、劳有厚得、病有良医、老有颐养、住有宜居、弱有众扶，加强居民的社区认同感和归属感，从而达到共建共治共享的社会治理目标。

（三）"15分钟社区生活圈"建设是回应新时代人民需求的本质要求

社区是人民群众安居乐业的幸福家园。但是，传统的社区公共服务资源配置根据人口规模来安排，对居住人口的结构性特征、居住形态的多元化发展关注不够，存在"重物轻人""管建不管用"等问题。面对新时代居民人口结构变化、需求多样化以及动态性特征，必须创新公共服务资源配置机制，以全人群、全生命周期的活动和需求为核心，统筹与生产生活休闲密切相关的全要素，建设全龄段友好社区。从服务范围来看，既要满足居民传统社会事业服务需求，又要提供过去社区建设尚未涉及的就业服务、住房改善、公共安全等保障型服务，还要注重配置生态休闲、日常出行等品质提升型服务；从服务种类来看，既要满足居民日常所需的老幼托管、就餐买菜、文化休闲、体育锻炼、日常保健等高频次活动需求，又要满足医疗就诊、行政事务办理等低频次活动需求，以社区居民全龄段全生命周期生活与工作所需来配置公共服务资源。

在创造高品质生活过程中，"15分钟社区生活圈"使居民日常生活需求能够就近就地得到满足，同时兼顾服务要素在城乡区域配置特点，以日常生活尺度引领现代化社区建设。以更高水平的"15分钟社区生活圈"为牵引，全面创造广泛享有、舒心宜人的高品质生活是时代之需、人民之盼。在创造高品质生活的过程中，推动公共服务资源优质均衡配置，向家门口延伸、向居民靠近、向郊区覆盖、向"一老一小"等重点人群倾斜，做到幼有善育、学有优教、劳有厚得、病有良医、老有颐养、住有宜居、弱有众扶，实现全过程参与、全龄段友好、全方位塑造、人人向往的美好城市生活。通过"15分钟社区生活圈"建设，实现绿色低碳全面融入城市发展，形成城乡一体化共同富裕的生动局面，城乡融合共同体全面构建，城乡居民共享浦东改革发展成果。

二 "15分钟社区生活圈"的内涵与建设标准

上海作为超大城市，面临人口密度大、开发强度高、空间资源约束紧的问题，在城市治理中必须更加注重功能内涵提升，更加强调精细化治理。2014年，上海市委将"创新社会治理，加强基层建设"作为市委一号课题，明确提出社会治理的核心是人、中心是社区、关键是体制机制创新。2014年，上海在首届世界城市日论坛上提出"15分钟社区生活圈"理念。2016年，上海市人民政府颁布《上海市"15分钟社区生活圈"规划导则（试行）》作为指导全市推进工作的基本技术规范。《上海市城市总体规划（2017—2035年）》明确提出将"15分钟社区生活圈"作为营造社区生活空间的基本单元，在市民15分钟慢行范围内完善教育、文化、医疗、养老、休闲及就业创业等服务功能，形成宜居、宜业、宜游、宜学、宜养的社区生活圈。"15分钟社区生活圈"既能解决人民群众最为关心的"老小旧远"等"急难愁盼"问题，又能通过补齐城市发展短板，更好地回应人民群众对高质量发展、高品质生活的热切期盼，把最好的资源留给人民、把最优的服务送给人民、把最美的生态献给人民、把最便利的出行带给人民，让人民群众共享改革发展成果，不断提升幸福感、获得感、安全感。

（一）"15分钟社区生活圈"的内涵

"15分钟社区生活圈"是指以社区为单位，以居委（村委）为起点，按照不同区域划分，并结合现有交通路网，在15分钟慢行范围内配置教育、卫生、养老、文化、体育、绿地、交通、托育、商业等市民生活所需的基本服务功能和公共活动空间，打造"宜居、宜业、宜游、宜学、宜养"的社区生活基本单元。构建"15分钟社区生活圈"是回归"以人为本"的城市规划和城市建设的本质要求，是回应市民对美好生活向往的治理转型探索。

"15分钟社区生活圈"是构建社会生活共同体的载体。"15分钟社区生活圈"聚焦人的日常生活需求，以15分钟的时空尺度布局公共服务资源和公共服务设施，积极提升社区服务功能复合度和品质，以全面改良城市基础细胞的方式创造高品质生活。生活圈的"圈"不是简单的时空边界，而是突出强调城市生活多功能系统结构，重视对社区生活多功能、多场景的容纳，承载市民对日常生活保障、安全、归属、学习、交往、创造等多层面的需求满足功能。通过"15分钟社区生活圈"建设，在慢行15分钟可及的范围内，越来越丰富的城市功能能够下沉到社区层面、到人民群众身边，以更具多元化、差异化、鲜活力的服务场景提供安心暖意的生活保障、融洽和谐的交往空间和丰富多彩的生活体验，使美好生活人人共享。

1. 社区生活圈的空间尺度

社区是社会治理的基本单元，也是服务圈建设的空间尺度。社区是指在一定地域范围内聚居或者通过社会互动和组织所形成的社会生活共同体，是融合工作、居住、交通、休闲等多重功能的城乡社会构成单元和基层治理单元。所谓"生活圈"，其实质是"居民生活空间单元与实际生活之间的互动关系"，是从人的日常生活、行为规律出发进行空间资源组织的一种理念创新。① 社区生活圈是综合统筹社区各类规划建设和项目的空间范围，是"在

---

① 孙道胜、柴彦威：《日本的生活圈研究回顾与启示》，《城市建筑》2018年第36期。

适宜的日常步行范围内，满足城乡居民全生命周期生活与就业等各类需求的基本单元"。在传统城市管理中，城市公共服务设施配套建设往往以居住区、居民小区的人口规模标准来安排，具有计划分配的特征，强调满足居住需求这一单一功能。"社区生活圈"是以人的活动和需求为核心，通过居住、就业、医疗、养老等不同功能的有机组合，在生活圈这一空间范围内，满足居民的生产生活休闲等基本需求。社区生活圈既是体现物质空间的公共服务设施圈、环境圈，也是体现感知生活空间的邻里圈、社交圈，是城市规划与建设、城市治理从计划导向向需求导向范式转变的实践。

根据《上海15分钟社区生活圈规划技术标准》，社区生活圈分为两类空间形态：城镇社区生活圈和乡村社区生活圈。城镇社区生活圈基本单元应在街道、镇的行政管理边界内进行规划，并满足用地规模、服务要素布局、服务人口规模的要求。从服务半径来看，主城区要满足 800~1000 米的服务要素布局、新城要满足 1000~1500 米的服务要素布局、新市镇要满足 1000~1500 米的服务要素布局；从服务人口规模来看，主城区要满足服务 3 万~5 万人要求、新城和新市镇要满足服务大于或等于 2 万人要求；从用地规模来看，主城区要满足 1~3 平方公里、新城要满足 2~5 平方公里、新市镇要满足 5~8 平方公里要求（见表 1）。城镇社区生活圈还要综合考虑功能和人口结构，结合居住社区、商务社区、产业社区的不同类型的差异化服务需求精准配置服务要素。乡村社区生活圈综合考虑乡村地区行政边界、区位条件、人口分布和空间结构等情况后划定，一般一个行政村划定为一个乡村生活圈基本单元。若干个行政村内规划人口不足千人的，可以与邻近的行政村共同划定为一个乡村生活圈基本单元。

表 1　上海市城镇社区生活圈划定标准

距离与规模	主城区	新城	新市镇
服务半径(米)	800~1000	1000~1500	1000~1500
服务人口(万人)	3~5	≥2	≥2
用地面积(平方公里)	1~3	2~5	5~8

经过 7 年探索和逐步完善，浦东新区市场监督管理局、发展和改革委员会于 2023 年共同发布了《"15 分钟社区生活圈"建设指南》，结合浦东新区实际情况将社区生活圈分为三类地区：城市地区、城镇化地区、远郊地区。其中，城市地区是指人口密度在每平方公里 10000 人以上的区域；城镇化地区是指每平方公里 2000~10000 人的区域，该区域人口密度相对较高、人口增速相对较大；远郊地区是指人口密度在每平方公里 2000 人以下的区域，该区域人口密度相对较低、人口增减变化不大。在不同区域，以社区为单位，以居委（村委）为起点，结合现有道路交通网络，配置相应的公共服务设施和资源。

2. 社区生活圈的时间尺度

"15 分钟"是社区生活圈建设的时间尺度，是指居民在 15 分钟内通过步行、骑行等慢行方式能够到达社区提供的各种公共服务设施。"15 分钟"的时间尺度确保了居民能够在日常生活中方便地获取所需的各类服务，在全市范围内实现"15 分钟社区生活圈"基本单元全覆盖，确保整体层面的高效推进以及对服务盲区的精准补足和品质提升。邻近性是"15 分钟社区生活圈"建设过程中划定基本单元的考虑要素。邻近性涵盖时间与空间上的邻近度，综合考虑交通条件、出行方式、活动时间特征等确定生活圈范围，如中心城区居住生活圈基本满足步行 15 分钟可达，规模以 1~3km^2 为主；主城区、新城和外围地区居住生活圈综合考虑居民常用交通方式，按照 15 分钟慢行可达的尺度适当扩大，规模以 3~5km^2 为主。虽然步行尺度是基本尺度，但新技术将不断改变和优化人们的服务获取方式和出行时间，如在一些人口密度较低的区域，依托线上服务、无人送货等扩大生活圈的服务范围，提高服务效能，也可能带来更大的时空自由度。[①]

浦东新区《"15 分钟社区生活圈"建设指南》明确提出，在城市地区、城镇化地区和远郊地区社区生活圈的时间尺度有所不同。在城市地区，以居

---

① 吴秋晴：《时间城市规划的上海探索——15 分钟社区生活圈规划的时间路径》，《国际城市规划》2024 年第 3 期。

委为实际计算起点，居民步行 15 分钟可以到达所需的公共服务设施；在城镇化地区，居民步行 15 分钟可以到达所需的公共服务设施或者从村委骑行 15 分钟可到达所需的公共服务设施；在远郊地区，以从居委（村委）骑行 15 分钟为标准，居民可以就近就地使用公共服务设施。即在居民可以在 15 分钟时间内通过步行或者慢行方式抵达的范围内配置居民生活休闲所需的基本公共服务设施。

3. 社区生活圈的要素尺度

服务要素是"15 分钟社区生活圈"建设的核心内容。保障社区生活圈健康有序运行的主要功能，包括社区服务、就业引导、住房改善、日常出行、生态休闲、公共安全等六个方面内容。其中社区服务可细分为健康管理、为老服务、终身教育、文化活动、体育健身、商业服务、行政管理和其他（主要是市政设施）等八类。① 按配置要求，社区服务圈涉及的服务要素可分为基础保障型、品质提升型和特色塑造型等三种类型。

根据"15 分钟社区生活圈"建设的目标定位，需要统筹配置面向全体居民、内容丰富、规模适宜的各类服务要素。服务要素的设置水平应该与规划人口规模相对应，统筹考量未来的人口增减变化趋势后按照基础保障类服务要素、品质提升类服务要素、特色塑造类服务要素配置资源和设施。在中心城区和城镇化地区，要充分考虑不同人群的差异化需求配置服务设施和服务资源。在居住社区生活圈，侧重于配置满足居住人口的生活服务和就近就业需求的服务设施和活动场地：老年人口比例比较高的社区应该加强生活照护以及助餐、助浴、助洁、助医、助急、助行等服务要素配置；在儿童比例比较高的社区，应该加强养育托管、游戏活动、安全健康、社会参与等服务要素配置；在青年人口比例比较高的社区，应该加强宜居安居、创新就业、文体健康等服务要素配置，提供低成本、共享化的社区空间。在商务和产业生活圈，兼顾就业人群就近居住和生产生活需求，重点完善租赁住房、文化健身、园区食堂、幼儿托管等生活性服务配套，提升公共空间品质，加密形

①《社区生活圈规划技术指南》（TD/T 1062-2021）。

成系统化慢行网络，适当增配生产性服务配套，满足居民生产生活娱乐休闲等需求。

在乡村地区，服务要素配置要以满足村民日常需求为核心，兼顾游客、外来就业者等其他服务对象，在骑行15分钟可达的范围内涵盖生产生活生态等各种服务要素，构建产业兴旺、生态宜居、乡风文明、治理有效、生活富裕的乡村社区生活圈。乡村社区生活圈优先保障社区基本服务功能，完善基础保障类服务要素配置，因地制宜纳入品质提升类或特色塑造类服务要素。在建设乡村社区服务圈的过程中，加快建设城乡融合的公共服务体系，鼓励新城新镇高能级服务向乡村地区延伸，提升农村地区公共服务水平。

2019年1月，浦东新区区委、区政府发布了《关于加快推进社会事业"15分钟服务圈"建设的实施意见》，提出按照城市化地区、城镇化拓展区、远郊地区的人口密度分类，在15分钟慢行可达范围内，配置教育、卫生、养老、文化、体育等社会事业5大领域21个基本公共服务设施。[①] 2019年10月，浦东新区市场监督管理局、浦东新区发展和改革委员会共同发布的《社会事业"15分钟服务圈"建设指南》提出，在15分钟慢行区域范围内，在配置教育、卫生、养老、文化、体育等社会事业5个主要领域的服务设施基础上，将商业、公园绿地、交通设施等3个拓展领域的相关设施正式纳入"15分钟服务圈"建设。

2023年3月，浦东新区市场监督管理局、发展和改革委员会修订了《"15分钟社区生活圈"建设指南》，提出按照基础类、拓展类、特色类三种类型配置公共服务资源和设施。基础类公共服务设施包括教育类（含幼儿园、小学和初中，可选择性配置其他非义务类教育设施如高中、职业学校等）、卫生类（含社区卫生中心或者分中心、社区卫生服务站、村卫生室，以及可选择性配置包括二级、三级医院在内的医疗中心）、养老类（含社区综合为老服务中心、长者照护之家、老年人日间照料中心、老年人助餐服务

---

① 浦东新区自2017年开始推进社会事业"15分钟服务圈"建设工作；2022年后，社会事业"15分钟服务圈"统一改称为"15分钟社区生活圈"。

点、居村老年活动室，可选择性配置养老服务机构、社区长者食堂、养老睦邻点等）、文化类（含社区文化活动中心、居村综合文化活动室，以及可以选择性配置市区级公共文化设施）、体育类（含市民球场、市民健身步道、市民益智健身苑点，可以选择性配置社区市民健身中心、长者运动健康之家、市民健身驿站等）。根据建设指南要求，不同人口密度的区域可以拓展公共服务资源要素，包括公园类（含口袋公园、乡村公园，以及可选择性配置城市公园）、交通类（含公交车首末站、公交站点，以及可选择性配置机场、铁路、轨交站点等）、托育类（含家庭科学育儿公益指导站、婴幼儿照护服务场所，可选择性配置儿童早期发展基地）、商业类（含社区级商业中心、邻里商业设施，可选择性配置市级、地区级商业中心）。按照"一街一策"的原则，各街镇可以因地制宜结合区域经济社会发展需要，结合自身特点和优势，先行先试，统筹考虑配置与群众生活密切相关领域的特色公共服务设施。每个街道都不一样，可以因地制宜、创造性打造街镇服务品牌，彰显街镇优势资源和区域特色。

（二）"15分钟社区生活圈"建设标准

党的十八大以来，为健全公共服务体系制度保障，从中央到地方作出了创新性制度安排，包括完善公共服务体系顶层设计、分类推进公共服务水平全方位提升、完善公共服务持续供给财政保障机制、推动公共服务供给模式改革创新等。[①] 中共中央办公厅、国务院办公厅于 2018 年印发《关于建立健全基本公共服务标准体系的指导意见》，要求"以标准化促进基本公共服务均等化"。依托基本公共服务标准化试点工作及结果反馈，国家发展改革委等部门先后印发两版《国家基本公共服务标准》，明确幼有所育、学有所教、劳有所得、病有所医、老有所养、住有所居、弱有所扶、优军服务保障、文化服务保障等 9 大领域 21 个具体事项的国家基本标准，为公共服务

---

① 李宝荣：《中国式现代化进程中推进公共服务的战略路径与理论创新》，《公共管理与政策评论》2024 年第 4 期。

提质升级蓄势储能。① 党的二十大报告把"基本公共服务实现均等化"作为 2035 年我国发展的总体目标之一，强调"健全基本公共服务体系，提高公共服务水平，增强均衡性和可及性，扎实推进共同富裕"。

1. "15分钟社区生活圈"服务要素配置国家标准

2021 年发布的《社区生活圈规划技术指南》（TD/T1062-2021）规定了城镇社区生活圈和乡村社区生活圈的配置层级、服务要素、布局指引、环境提升，以及差异引导和实施要求等技术指引内容。在基础保障型服务要素配置上，提出了如下要求。①夯实社区基础服务。按"15 分钟""5～10 分钟"两个层级，配置满足居民日常生活所需的健康管理、为老服务、终身教育、文化活动、体育健身、商业服务、行政管理和其他设施。②提供基层就业援助。依托"15 分钟社区生活圈"配置社区就业服务中心，为就业困难人群提供职业技能培训和信息共享，引导各类企业、公益组织等提供就业岗位。③保障基本居住需求。依托"15 分钟社区生活圈"，根据本地住房保障政策，提供标准合理、规模适宜的保障性住房；建设面向就业人群的租赁住房，商务社区、产业社区可适当提高租赁住房配建比例。④倡导绿色低碳出行。围绕"15 分钟社区生活圈"构建由城市道路、绿道、街巷、公共通道等组成的高密度慢行网络，实现通畅顺达、尺度宜人，提升慢行安全性和舒适性；配置公交车站，并满足 500 米服务半径范围全覆盖，其中人口密集地区宜满足 300 米服务半径范围全覆盖。⑤布局均衡休闲空间。按"15 分钟""5～10 分钟"两个层级配置公共绿地，并结合附属绿地挖潜，形成大小结合、层次丰富、体现人文特色的休憩空间。⑥构建社区防灾体系。按"15 分钟""5～10 分钟"两个层级配置避难场所、应急通道和防灾设施，充分利用现有资源，建立分级响应的空间转换方案，有效应对各类灾害。

品质提升型服务要素配置需要契合社区需求，提供高品质、多样化的社区服务，以及舒适的出行和休闲环境。具体服务要素可包括下列内容。①提

---

① 《国家基本公共服务标准（2021 年版）》（发改社会〔2021〕443 号）。

供多元社区服务。根据社区类型和居民需求，在条件允许的情况下，增加健康管理、为老服务、终身教育、文化活动、体育健身、商业服务等品质提升型服务要素。②合理有序配置停车。系统灵活布局停车空间，鼓励采用开放配建停车、分时共享等方式提供停车空间，制定差异化的停车管理办法。③塑造宜人空间环境。依托各类公园绿地、附属绿地、绿道、小微公共空间等，构建覆盖均衡、点线面相结合的绿色开放空间网络。多利用边角地建设口袋公园，营造尺度宜人的活动场地和丰富的活动设施，满足社区文化表演、小型展览与集市等活动需求。

特色塑造型服务要素可根据下列导向配置。①打造具有附加功能的特色社区。契合社区发展的新需求，配置面向不同人群、体现创新性和多样化的服务要素，不断探索、迭代优化。如共享办公、居家办公等灵活就业和创新创业空间；提升素养、陶冶性情的青少年活动设施；嵌入式、多功能的居家养老服务设施；定制化、特色化的健康管理和养生保健设施；主题型、专业化的文化展示场馆和体育运动场馆等。②构建面向未来的社区生活场景。运用智能化手段，改善服务要素的空间布局和服务效能。

2. 上海市"15分钟社区生活圈"服务要素配置标准

2016年8月，上海市规划与国土资源管理局发布了《上海市15分钟社区生活圈规划导则》，提出了以"15分钟社区生活圈"作为营造社区生活的基本单元，在居民步行可达范围内，配备生活所需的基本服务功能与公共活动空间，形成安全、友好、舒适的社会基本生活平台。《上海市15分钟社区生活圈规划导则》从居住篇、就业篇、出行篇、服务篇、休闲篇五个板块明确了社区基本公共服务功能和公共活动空间配置要求。以居住篇为例，《上海市15分钟社区生活圈规划导则》建设更多适宜的保障性住房，满足中低收入人群居住需求，加强中心城区和轨交站点周边的中小型配套比例，鼓励保障性住房布局"大分散、小集中"，实现老年公寓与商品房社区融合配置等。

2024年，上海市住房和城乡建设管理委员会发布《上海15分钟社区生活圈规划技术标准》，明确了城镇社区生活圈、乡村社区生活圈建设中基础保障类服务要素、品质提升类服务要素、特色塑造类服务要素配置要求。以城镇社区生活圈为例，在住房保障领域，中心城区新出让商品住房用地继续配建不少于 5% 的保障性住房用于公共租赁住房，不少于 15% 的开发企业自持租赁住房用于保障性租赁住房，在新城地区政府机构和企业持有的保障性租赁住房配建比例不低于 25%；在就业服务领域，社区就业服务站点一般规划面积不少于 20 平方米；在文化活动领域，社区文化活动中心面积不少于 90 米²/千人，社区文化活动室每处不得低于 100 平方米；在教育领域，幼儿园、小学、中学、高中空间布局要呈现独立占地，分别按照千人建筑面积不低于 550 平方米、432 平方米、414 平方米、460 平方米的标准规划建设等。[①]《上海 15 分钟社区生活圈规划技术标准》对城镇社区生活圈、乡村社区生活圈涉及的医疗卫生、养老福利、商业服务、安全韧性、生态休闲等基础保障类服务要素，就业服务、交通出行等品质提升类服务要素的规划建设标准、配置形式、建设布局指引以及服务人口规模和责任部门都作出了明确的规定，为后续建设项目审批提供了法定规划依据。

3. 浦东新区"15分钟社区生活圈"服务要素配置标准

浦东新区是上海首个开展"15 分钟社区服务圈"建设的城区，也是上海各区中唯一开展国家基本公共服务标准化试点的城区。从 2017 年开始，浦东新区围绕推进公共服务资源城乡统筹和均衡发展的目标，以教育、卫生、养老、文化、体育五个重点领域切入，补齐社会事业发展短板。2019 年初，浦东区委区政府发布《关于加快推进社会事业"15 分钟服务圈"建设三年行动计划（2018—2020）》，明确提出通过三年时间在全区基本实现社会事业"15 分钟服务圈"全覆盖。《关于加快推进社会事业"15 分钟服务圈"建设三年行动计划（2018—2020）》围绕教育、卫生、养老、文化、体育五大领域提出了明确的配置标准。在教育领域，要求居民 15 分钟慢行可达 1 所幼儿园，且学位充足；居民慢行 15 分钟可达 1 所小学，且学位充

---

① 《上海 15 分钟社区生活圈规划技术标准》，上海市住房和城乡建设管理委员会，https://zjw.sh.gov.cn/cmsres/46/46a920ce8f904888a1535f7d40a7be5f/b7f3c903e57f0d13d0fc99a4400c033f.pdf。

足；居民慢行 15 分钟可达 1 所初中，且学位充足。在卫生领域，具体配置标准是：社区级配置中居民慢行 15 分钟可达 1 个社区卫生服务中心（分中心），或者所在街镇至少有 1 个社区卫生服务中心（15 万人以上，每 5 万 ~ 10 万人再配一个）；居村级配置中居民慢行 15 分钟可达 1 个社区卫生服务站或村卫生室，或者 15 分钟慢行可达 1 个社区卫生服务中心（分中心）。在养老领域，社区级配置中，每个街镇至少有 1 个街镇综合为老服务中心，区域面积较大的街镇或基本社区管理单元，可以设立分中心；居民 15 分钟慢行可以到达 1 个长者照护之家或老年人日间照护中心或老年人助餐服务点；村居级配置中，居民 15 分钟慢行可以到达 1 个老年活动室。在文化领域，具体配置标准是：社区级配置中居民 15 分钟慢行可达 1 个社区文化活动中心，或者所在街镇至少有 1 个（人口超过 10 万的街镇，可以增设 1 个社区文化活动中心）；村居级配置中居民 15 分钟慢行可达 1 个文化活动室。在体育领域，明确提出配置标准要求：社区级配置中居民 15 分钟慢行可达公共运动场或健身步道，或者市民体育中心；居村级配置中，居民 15 分钟慢行可达 1 个健身苑点，或者市民体育中心。① 通过三年行动，全力消除教育、卫生、养老、文化、体育领域服务设施缺配项，持续提升全区基本公共服务水平和质量。

2019 年 10 月，浦东新区发展和改革委员会、市场监督管理局发布《社会事业 "15 分钟服务圈" 建设指南》，在进一步明确教育、卫生、养老、文化和体育类配置标准的基础上，提出了拓展类服务要素配置标准。《社会事业 "15 分钟服务圈" 建设指南》提出拓展类设施布局建设应该包括但不限于：各居委村委 15 分钟慢行范围内，可配置 1 处标准化菜场或生活服务点；各居委村委 15 分钟慢行范围内，可配置 1 处公园绿地；各居委村委 15 分钟慢行范围内，可配置 1 处轨交站点，或通过公交线路达到 1 处轨交站点。鼓励各个街镇因地制宜、量力而行、探索创新，形成各具特色的拓展类

---

① 《中共浦东新区委员会 浦东新区人民政府印发〈关于加快推进社会事业 "15 分钟服务圈" 建设的实施意见〉的通知》（浦委发〔2019〕1 号）。

服务项目和服务资源。

2023年3月，浦东新区市场监管局、浦东新区发展和改革委员会发布了《关于发布浦东新区标准化指导性技术文件〈"15分钟社区生活圈"建设指南〉的通知》。《"15分钟社区生活圈"建设指南》明确了推进"15分钟社区生活圈"建设过程中对基础类、拓展类、特色类设施的配置要求。在教育、卫生、养老、文化、体育五类基础服务设施配置上，进一步明确了街道、居委村委15分钟慢行范围内服务设施配置要求和可替代选项。在拓展部分，围绕公园类、交通类、托育类三大类型四个板块明确了基本要求和可替代选项。以公园为例，各居委村委15分钟慢行范围内，宜配置1处口袋公园（或乡村公园），15分钟慢行范围内已有城市公园的，可以替代口袋公园、乡村公园等设施功能。在特色类服务设施上，《"15分钟社区生活圈"建设指南》提出在配齐基础类设施后，优先配置拓展类设施，因地制宜配置特色类设施。《"15分钟社区生活圈"建设指南》明确设施配置内容和要求，为主管部门、街镇推进"15分钟社区生活圈"建设工作提供标准化指引和制度基础。

三　浦东新区推进"15分钟社区生活圈"建设历程

为深入践行习近平总书记"人民城市"理念，浦东新区坚持把打造"15分钟社区生活圈"作为推动"中国式现代化"的重要举措，从2017年起在全区全域布局公共服务资源配置查漏补缺、提质增效工作。多年来，浦东新区始终贯彻"以人民为中心"的思想，坚持"财力有一分增长、民生有一分改善"，社会民生事业公共财政投入连续多年快于一般公共预算支出增长，教育、卫生、文化、养老等各项社会事业加快从均衡走向优质。在"十四五"期间，浦东新区将"15分钟社区生活圈"建设作为打造现代化城区的重要抓手，持之以恒将"目标蓝图"细化为"施工图"，转化为居民身边的"实景画"，不断提升人民群众对美好生活的幸福感、获得感和安全感。

（一）浦东新区"15分钟社区生活圈"建设的目标定位

浦东新区面积 1210 平方公里，下辖 12 个街道、24 个镇，常住人口 581.11 万人（截至 2023 年底人口统计数据）。自 1990 年党中央、国务院决定开发开放浦东以来，浦东经济发展"一骑绝尘"。但是，浦东社会事业建设相对滞后于经济建设，城市和生活功能相对滞后于产业和生产功能，多重城乡"二元结构"矛盾交织，社会事业资源和公共服务配套设施总量不足、配置不均问题比较突出。①"十二五"期间，浦东新区把切实解决关系群众切身利益的难点热点问题放在首位，把改善民生作为转变经济增长方式的根本出发点和落脚点，加快形成城乡一体、均衡公平的基本公共服务体系，不断增强群众的幸福感和满意度，努力建设"和谐浦东"。"十二五"期间，浦东社会民生事业财政累计投入 1300 亿元，教育、卫生等基本公共服务均等化、优质化发展取得显著成绩。②

进入"十二五"时期，浦东转型发展也面临土地增量空间有限、环境问题突出、人口增长过快等刚性约束。相对于经济发展，浦东城市"软实力"建设明显落后，文化活力和影响力不足，公共服务配套有待完善，城乡发展不平衡、不协调问题比较突出，郊区城镇整体发展水平相对滞后。面对这些经济社会发展中的问题，浦东在"十三五"期间明确提出实现更大程度的民生改善，建设开放、创新、高品质浦东。"十三五"期间，浦东通过贯彻"多规合一"，统筹人口、空间、土地、产业要素布局，推动基础设施、公共服务整体优化，实现人口均衡发展、生产空间集约高效、生活空间宜居适度、生态空间山清水秀的目标，打造更具文化品质的"魅力浦东"。③

在浦东开发开放 30 周年纪念大会上，习近平总书记提出"两个放

---

① 高恩新、曹绪飞主编《上海浦东高品质生活发展报告（2024）》，社会科学文献出版社，2024。
② 《浦东新区国民经济和社会发展第十三个五年规划纲要》。
③ 《浦东新区国民经济和社会发展第十三个五年规划纲要》。

在"，深刻阐明了浦东发展的新定位。① 浦东新区以打造社会主义现代化建设引领区的新使命为目标，以创新驱动高质量发展，以民生创造高品质生活，不断增强人民群众的幸福感、获得感、安全感。在"十四五"期间，浦东提出至 2025 年"人民城市"建设取得更大实效，发展质量、公共服务、基础设施、生态环境、智力水平、生活品质实现全方位提升。通过织密社会民生服务网，构建幼有善育、学有优教、劳有厚得、病有良医、老有颐养、住有宜居、弱有众扶的"大民生"格局，加快建设美好生活新城市，使人人都能享有高品质生活，人人都能感受城市温度。到 2035 年，浦东基本建成具有世界影响力的社会主义现代化国际大都市核心区，高品质生活全面共享，公共服务更加优质均衡，群众多样化、品质化、个性化需求得到更好满足。②

"十四五"期间，浦东新区结合区域特征、人口结构以及未来发展需求，按照精品城区、现代城镇、美丽乡村"三个圈层"推进城乡一体化发展，统筹生产、生活、生态布局，深化产城融合、职住平衡、宜居宜业，立足资源禀赋、地域特征整体构建协调发展、彰显特色的城乡融合发展格局。2022 年，浦东提出整体提升打造精品城区三年行动计划，主要目标包括：①强化人民城市"宜居"社区，完成新一轮老旧小区改造，较上一轮覆盖面增加 25%，进一步完善公共服务品质，着力打造与社会主义现代化建设引领区相匹配的全国文明典范城区标杆；②建设公园城市"绿色"社区，人均公园绿地面积达到 13.5 平方米，形成可进入、可游览、可休憩的街旁高品质生态空间；③创建城市治理"智慧"社区，公共数据及时更新率达90%以上，推广"数字孪生城市"建设；④打造更多特色"个性化"社区，推动陆家嘴、潍坊、塘桥、南码头、周家渡、上钢新村、花木、洋泾等围绕各自功能定位和资源优势形成独具特色高品质生活品牌，整体提升东明、沪

---

① "两个放在"是指习近平总书记提出的"要把浦东新的历史方位和使命放在中华民族伟大复兴战略全局、世界百年未有之大变局这两个大局中加以谋划，放在构建以国内大循环为主体、国内国际双循环相互促进的新发展格局中予以考量和谋划"。

② 《浦东新区国民经济和社会发展第十四个五年规划和二〇三五年远景目标纲要》。

东、金杨、浦兴公共服务"亲民度",增强百姓获得感。①

2023年,浦东新区持续推进城镇优化升级、打造美丽乡村专项行动。浦东新区利用三年时间推动城乡融合发展,提升城镇功能和能级,建设特色彰显、产业兴旺、服务优质、生态宜居的现代城镇,为浦东新区打造社会主义现代化建设引领区提供有力支撑。提出推动城镇优化升级专项行动计划,到2025年,24个镇开发边界内镇域经济活力更加彰显,城镇格局更加便捷宜居,公共服务更加优质均衡,生态环境更加绿色宜人,社会治理更加科学精细。②聚焦民生需求,推进公共服务提标增能,包括优化全年龄段教育体系、提升全生命周期医疗健康服务体系、完善社会养老服务体系、丰富文化体育空间、推动商业服务供给升级、增强创业就业服务能力等。

按照精品城区、现代城镇、美丽乡村"各美其美、美美与共"的城乡融合发展新格局,浦东以乡村振兴和美丽乡村示范村市、区、镇"三级联创"为抓手,建设"美丽家园、绿色田园、幸福乐园",打造"有主题的乡村、有特色的产业、有乡愁的风貌"宜居宜业的和美乡村。浦东新区提出,以区属企业参与乡村振兴建设发展为契机,到2025年,基本实现在规划保留的161个行政村中,村庄形态比较完整的保留村乡村振兴和美丽乡村示范村创建全覆盖,并按照市级乡村振兴示范村标准再创建不少于50个乡村振兴示范村,累计创成市级乡村振兴示范村和市级美丽乡村示范村100个以上,充分展现浦东乡村"百业兴旺、百花齐放、百村示范"美景。完善乡村综合服务设施配置,提升乡村基本公共服务能力,按需配建农村集中公益服务点,推进城乡公共服务均等化。③

---

① 《浦东新区街道整体提升打造精品城区专项行动计划(2022—2025)》(浦委办发〔2022〕63号)。
② 《浦东新区城镇优化升级 打造现代城镇专项行动计划(2023—2025年)》(浦委办发〔2023〕22号)。
③ 《浦东新区推进百村示范 打造美丽乡村专项行动计划(2023—2025年)》(浦委办发〔2023〕23号)。

（二）公共服务设施查漏补缺：2018~2020年

浦东新区区委、区政府积极践行以人民为中心的发展思想，始终把人民对美好生活的向往作为奋斗目标，将基本公共服务标准化理念融入政府治理，不断提高基本公共服务水平和质量。自2017年开始，浦东聚焦打造社会事业"15分钟服务圈"，充分考虑浦东新区发展的阶段性特征和财力承受能力，统筹优化基本公共服务设施布局，积极回应人民群众对美好生活新向往，不断增进人民福祉。

建立社会事业"15分钟服务圈"综合信息平台，通过对全区居村15分钟慢行可达范围内现状设施的监测，全区共计存在缺项522个，综合达标率2018年为36%。在此基础上，区委区政府提出通过盘活存量一批、家门口服务站补缺一批、规划完善一批的办法，在三年内完成消除缺项工作，到2020年在全区基本实现社会事业"15分钟服务圈"全覆盖。在此期间，按照区政府、街镇建设事权分工全面实施补缺工程，总投资74.5亿元。其中，2018年推进345项公共服务设施补缺工程，2019年推进85个公共服务项目工程，2020年推进92个公共服务项目工程。通过三年补缺建设，全区范围内共计盘活公共服务存量设施与资源299个、家门口服务站补缺83个、规划完善140个，在全区范围内基本实现社会事业"15分钟服务圈"全覆盖。

在教育领域，2018~2020年全区消除幼儿园、小学、初中等基本教育设施缺项202项。其中，2018年，解决幼儿园缺配26项、小学缺配40项、初中缺配51项；2019年，全区解决幼儿园缺配4项、小学缺配6项、初中缺配15项；2020年，全区解决幼儿园缺配12项、小学缺配21项、初中缺配27项。通过盘活存量解决幼儿园28项、小学36项、初中49项；通过规划配套建设，完善幼儿园14项、小学31项、初中44项。

在卫生领域，2018~2020年三年期间消除社区卫生服务中心、社区卫生服务站、村卫生室等各类缺项共计51项。其中，2018年，解决社区卫生服务中心2项、解决社区卫生服务站和村卫生室缺项37项；2019年，解决社区卫生服务中心1项、社区卫生服务站和村卫生室4项；2020年，解决社区卫生服务中心 1 项、社区卫生服务站和村卫生室 6 项。三年间，盘活存量解决社区卫生服务站和村卫生室 32 项，通过家门口服务站补缺解决社区卫生服务站和村卫生室 10 项，通过规划完善解决社区卫生服务中心 4 项、社区卫生服务站和村卫生室 5 项。经过三年建设，全区范围内实现慢行 15 分钟、居民可以在家门口享有社区基本公共卫生和基本医疗服务。

在养老领域，2018～2020 年全区消除综合为老服务中心、长者照护之家、日间照料中心、助餐服务点、老年活动室等各类缺项共计 162 项，向居民提供包括照护、托养、送餐、活动等社区养老服务。其中，2018 年，解决综合为老服务中心 7 项，长者照护之家、日间照料中心和助餐服务点 68 项，老年活动室 24 项；2019 年，解决综合为老服务中心 1 项，长者照护之家、日间照料中心和助餐服务点 39 项，老年活动室 3 项；2020 年，解决长者照护之家、日间照料中心和助餐服务点 20 项。三年间，通过盘活存量解决综合为老服务中心 8 项，长者照护之家、日间照料中心和助餐服务点 71 项，老年活动室 1 项；通过家门口服务站补缺解决长者照护之家、日间照料中心和助餐服务点 37 项，老年活动室 26 项；通过规划完善解决日间照料中心和助餐服务点 19 项。

在文化领域，2018～2020 年全区消除社区文化活动中心、文化活动室等各类缺项 12 项，向居民提供包括文化活动、展示展览、社区教育等在内的基本公共文化服务。其中，2018 年，解决社区文化活动中心 1 项、文化活动室 9 项；2019 年，解决文化活动室 2 项。三年间，通过盘活存量解决社区文化活动中心 1 项、文化活动室 1 项；通过家门口服务站补缺解决文化活动室 10 项。

在体育领域，全区通过三年行动计划消除公共运动场、健身步道、健身苑点等各类体育服务设施缺项 95 项，向居民就近就地提供包括健身活动、健身组织、健身指导等在内的社区体育服务。其中，2018 年，解决公共运动场和健身步道 70 项、健身苑点 10 项；2019 年，解决公共运动场和健身步道 10 项；2020 年，解决公共运动场和健身步道 5 项。通过盘活存量解决公共运动场和健身步道 64 项、健身苑点 8 项；通过规划完善解决公共运动场和健身步道 21 项、健身苑点 2 项。① 至 2020 年，全区实现社区级配置中居民慢行 15 分钟可达公共运动场或健身步道，村居级配置中居民慢行 15 分钟可达一个健身苑点或者市民体育中心。

（三）公共服务设施提质增效：2021~2023年

经过 2018~2020 年补缺建设，浦东新区消除了 522 个公共服务设施缺配项。在补齐短板的基础上，浦东新区着力拓宽基本公共服务、提升服务品质，从解决"有没有"的问题转变为解决"好不好""优不优"的问题。根据深化升级"15 分钟服务圈"的工作部署，浦东新区进一步统筹公共服务资源布局，推动公共服务设施和资源共商共建共享，不断提高公共服务水平和质量，在原有教育、卫生、养老、文化和体育五大领域补齐短板的基础上，针对百姓对美好生活的新向往，向公园绿地、交通设施、托育服务、社区商业 4 个领域拓展。同时，浦东新区鼓励各个街镇结合资源禀赋和人文特点，适当提供特色公共服务设施或者探索公共服务特色做法，形成"5+4+X"的基本公共服务体系。自 2021 年开始，浦东新区实施"15 分钟服务圈"提质增效三年行动计划，三年共实施 570 个项目，总投资 680 亿元。②

根据引领区建设要求，浦东新区在全面完成"15 分钟服务圈"三年行动计划（2018~2020）任务的基础上，加快公共服务资源统筹布局，更好地实现公共服务 15 分钟慢行便利可及，进一步推动"15 分钟服务圈"提质增效。2021 年，浦东新区以国家、上海市基本公共服务项目清单为标准底线，以提升公共服务资源配置的可及性、获得感为核心，分层分类形成 9 个领域 37 类公共服务资源配置标准化清单，明确了按需定量形成"15 分钟服务圈"提质增效设施布局标准。新区发改委作为推进"15 分钟服务圈"建设行动联席会议办公室负责机构，依托综合信息平台，以社区为单位，以全区

---

① 资料来源：浦东新区《关于加快推进社会事业"15 分钟服务圈"三年行动计划（2018—2020）》。

② 资料来源：浦东新区《基本公共服务"15 分钟服务圈"资源配置标准化专项试点工作总结报告》。

居村委为中心,模拟居民慢行生活范围,科学划定各区域"15分钟服务圈"。通过强化人口信息与公共服务设施数据融合,推进公共服务设施管理的科学化、精准化,推动公共服务资源向基层和家门口、向新城和农村覆盖,向薄弱环节和重点群体倾斜。在推进工作的过程中,充分考虑经济性、可行性,制定"一街镇一策"工作方案,通过盘活存量、复合利用、规划完善等多种方式实现补缺提质。同时,结合国家基本公共服务标准化专项试点工作开展,浦东以"资源配置"为核心,构建适用于浦东全区的"1+6"资源配置标准体系框架。"1"为基础标准体系,明确了基本公共服务资源配置对象;"6"是开展标准化的6个重点方面,明确了规划、建设、行动、反馈、评估、改进的工作逻辑关系。经过系统优化,逐渐形成了标准齐全、系统完善、层次分明的社会事业"15分钟服务圈"资源配置标准体系,树立可复制可推广的基本公共服务"浦东样板"。

在教育领域,三年共计推进教育项目87项。其中,2021年,启动非义务教育中学2项、初中3项、小学4项、幼儿园9项;2022年,推进非义务教育中学1项、初中3项、小学2项、幼儿园6项;2023年,推动非义务教育中学8项、初中11项、小学13项、幼儿园24项,以及9年一贯制学校项目1项,推动从"人人有学上"迈向"人人上好学"。

在卫生领域,三年共计推进卫生项目31项。其中,2021年,启动市区级医疗中心建设1项,社区卫生服务中心建设1项;2022年,启动市区级医疗中心建设6项,社区卫生服务中心建设6项,社区卫生服务站1项;2023年,启动市区级医疗中心建设10项,社区卫生服务中心建设4项,社区卫生服务站2项,提供更好的医疗健康服务,实现"病有良医"。

在文化服务领域,三年共计推进文化服务设施项目14项。其中,2021年,启动公共文化设施3项,文化活动室2项;2022年,启动公共文化设施1项,社区文化活动中心1项;2023年,启动公共文化设施3项,社区文化活动中心2项,社区文化活动室2项,丰富文化活动内容,实现"文有乐享"。

在养老领域,三年共计推进养老项目102项。其中,2021年,启动养老服务机构 5 项，综合为老服务中心 7 项，长者照护之家 1 项，社区长者食堂 2 项，老年人日间照料中心 8 项，养老睦邻点 11 项，老年活动室 2 项；2022 年，推进养老服务机构 3 项，综合为老服务中心 5 项，社区长者食堂 6 项，老年人日间照料中心 11 项，养老睦邻点 3 项；2023 年，推进综合为老服务中心 8 项，长者照护之家 2 项，社区长者食堂 3 项，老年人日间照料中心 22 项，养老睦邻点 3 项，整体提升养老服务水平，实现"老有颐养"。

2021~2023 年，浦东新区全面加强体育资源配置，共计推进体育项目 78 项。其中，2021 年，启动长者运动健康之家 1 项，多功能运动场 5 项，市民健身步道 16 项，市民益智健身苑点 2 项；2022 年，推进市民体育中心 4 项，社区市民健身中心 5 项，长者运动健康之家 9 项，多功能运动场 1 项，市民健身步道 8 项；2023 年，推进社区市民健身中心 5 项，长者运动健康之家 4 项，多功能运动场 8 项，市民健身步道 10 项，全面实现"体有康健"的目标。

在绿色生态环境建设方面，浦东在三年期间共计推进公园绿地项目 106 项。其中，2021 年，启动综合性公园 2 项，社区公园 15 项，微型公园 5 项；2022 年，启动综合性公园 5 项，社区公园 30 项，微型公园 9 项；2023 年，启动综合性公园 4 项，社区公园 6 项，微型公园 30 项，努力营造"出门有绿荫、归途伴花香"的生态环境，让人民群众切实享有公园城市"窗有绿景"的美好生活。

在交通方面，浦东按照"区域成网、方便换乘、精准服务"的原则，推进公交线路网整体优化和多层次发展。2021~2023 年，浦东推进交通设施项目不少于 36 项。其中，2021 年，启动公交枢纽 2 项，优化调整公交线路 11 条；2022 年，完成公交枢纽 3 项，优化调整公交线路 10 条；2023 年，根据实际情况持续调整公交线路，增强交通出行保障能力，实现"出行便捷"的生活目标。

在托育服务方面，三年共计推进托育服务项目 71 项，实现"幼有善育"的目标。其中，2021 年，启动家庭科学育儿公益指导站 17 项，普惠性托育点 5 项；2022 年，启动家庭科学育儿公益指导站 17 项，普惠性托育点

12 项；2023 年，启动家庭科学育儿公益指导站 2 项，普惠性托育点 18 项，促进普惠性托育服务全面发展。

在商业服务领域，浦东在三年时间内共计推进社区商业项目不少于 45 项。其中，2021 年改造邻里商业设施 17 项，2022 年改造不少于 15 项，2023 年根据实际需要持续改造邻里商业设施，实现"生活便利"的目标。①经过三年建设，努力实现基本公共服务与人口、产业、资源相协调，与社会主义现代化建设引领区发展相适应的目标，持续打造社会民生事业高质量发展、人人享有高品质生活的浦东样板。

（四）全面推进"三个圈层"建设：2022年以来

自 2022 年起，上海市委市政府全面推进本市"15 分钟社区生活圈"建设。浦东区委区政府对照"人民城市"理念，对照"引领区"建设目标，围绕人与城市和谐共生、生产生活生态"三生融合"的城市建设目标，提出以"精品城区、现代城镇、美丽乡村"三个圈层推进现代化城区建设的构想，以"15 分钟社区生活圈"建设作为打造现代化城区的重要抓手，着力推动实现城乡面貌更加靓丽、基础设施布局更加完善、公共服务更加优质均衡、生态环境更加宜人、城乡更加融合发展的目标。

2022 年以来，浦东新区先后发布了《浦东新区街道整体提升打造精品城区专项行动计划（2022—2025）》、《浦东新区城镇优化升级 打造现代城镇专项行动计划（2023—2025 年）》和《浦东新区推进百村示范 打造美丽乡村专项行动计划（2023—2025 年）》，并发布了《中共浦东新区委员会关于深入践行人民城市重要理念 全面推进现代化城区建设的意见》的纲领性文件。由此形成了以 1 份意见纲领、3 个行动计划具体落实、N 项支持政策协同推进的"1+3+N"政策体系。在精品城区、现代城镇、美丽乡村"三个圈层"建设中，浦东始终坚持将"15 分钟社区生活圈"建设与"三

---

① 资料来源：浦东新区《关于进一步推动"15 分钟服务圈"提质增效三年行动计划（2021—2023）》。

个圈层"深度融合，全面推进"生活圈+"建设。

在精品城区建设方面，浦东有序开展设施修缮提升，着力解决好服务群众从"好不好"的问题向"优不优"的转变。按照 2022~2025 年时间节点，将 390 个项目纳入实施计划，总投资约 125 亿元。通过明确公共服务设施配置标准、时间节点、责任主体，分年度有序推进。其中，2022 年推动 90 个项目启动，2023 年推动 148 个项目开工，2024 年推动其余 152 个项目开工，确保 2025 年如期完成建设任务。[①]

在打造现代城镇方面，聚焦公共服务设施品质，推进城镇面貌全面更新，3 年内启动 141 个"两旧一村"攻坚拔点，布局建设、改善提升若干区域性公共服务设施；优化镇域路网建设，形成"10-20-30"综合交通出行网络；[②] 合理优化公交线路，轨交站点 100 米内地面公交站点比例达 100%；加大老旧住房综合整新力度，3 年内完成老旧住房综合整新约 240 万平方米。[③] 进一步聚焦民生需求，优化全年龄段教育体系，提升全生命周期医疗健康服务体系，完善社会养老服务体系，丰富人民群众的文化体育生活，推动地区社区商业服务设施供给升级，增强创业就业服务能力，推动公共服务提标增能。在生态环境方面，聚焦绿色低碳，织密绿色生态网络，打造生态水系，推进资源循环和节能低碳，实现蓝绿空间复合延伸。同时，在推进现代城镇建设过程中，聚焦智慧韧性，强化党群服务中心阵地建设，增强韧性安全保障，提升数字化赋能治理水平，推进治理体系和治理能力现代化，建设特色彰显、产业兴旺、服务优质、生态宜居的现代城镇。

在美丽乡村建设方面，浦东新区计划利用三年时间梯次推进美丽乡村示

---

① 资料来源：《浦东新区街道整体提升打造精品城区专项行动计划（2022—2025）》（浦委办发〔2022〕63 号）。

② "10-20-30"综合交通出行网络是指 10 分钟内重点区域或者街镇中心进入高快速路，20 分钟内区行政中心、重点区域、城市副中心互达并可达越江隧道，30 分钟内各镇中心可达越江通道或主要交通枢纽。

③ 资料来源：《浦东新区城镇优化升级 打造现代城镇专项行动计划（2023—2025 年）》（浦委办发〔2023〕22 号）。

范村市、区、镇"三级联创",到 2025 年按照市级标准再创建不少于 50 个乡村振兴示范村;进一步优化提升农村人居环境,常态化推进以"五清一改"为主要内容的村庄清洁行动;① 完善卫生户厕跟踪维护机制,有序推进农村公厕提档升级计划;打造不少于 24 座乡村公园,原则上实现各示范村乡村公园应建尽建;推动农村污水治理,到 2025 年已建设施出水水质达标率不低于 90%,保持农村生活垃圾 100% 有效收集、无害化处理,农村生活垃圾分类处理达标率稳定在 95% 以上,再利用率达到 45% 以上。推进农民集中居住和改善住房条件,三年内开展约 2000 户农民相对集中居住。到 2025 年底,共计实施农村道路新建 40 公里、改建 9 公里、提档升级改造 115 公里。② 在教育、医疗、卫生、公安等综合服务领域,按照现代化城区专项建设规划和城乡一体化发展要求统筹实施公共服务设施配置,提升乡村基本公共服务能力,建设"美丽家园、绿色田园和幸福乐园",实现宜居宜业宜游的美好乡村建设目标。

2024 年,浦东新区以全局性谋划引领高品质生活。加快推进"一区一图"建设项目,选取"陆家嘴消防安全创新治理中心""陆家嘴焕彩水环""金桥镇佳虹家园"连续开展了 3 场"人民城市大课堂"活动。加快推进"人民坊""六艺亭"等社区公共服务空间建设,配合上海市开展"人民坊"国际设计方案征集、点位选址工作,确定花木街道新增社区中心点位,明确中心功能定位和规划布局,满足周边区域实际需求。开展社区嵌入式服务设施建设工程先行试点社区遴选,邀请社区规划师参与和推进缤纷社区和童悦空间建设。加快构建浦东新区人才社区服务体系,优化人才宜居安居环境,形成人才社区服务体系建设指引,着力打造一批人才社区示范项目,构建形成"布局合理、管理有序、生活便捷、温馨宜居"的人才社区服务体系。

---

① "五清一改"的具体内容是清理村内塘沟,清理畜禽养殖粪污等农业生产废弃物,清理乱搭乱建、乱堆乱放,清理废旧广告牌和清理无功能建筑,并改变影响农村人居环境的不良习惯。

② 资料来源:《浦东新区推进百村示范 打造美丽乡村专项行动计划(2023—2025 年)》(浦委办发〔2023〕23 号)。

四 浦东新区"15分钟社区生活圈"建设成效及问题

"15分钟社区生活圈"建设是一项系统工程，需要统筹规划、系统布局、协同推进。浦东新区坚持创建完善高品质社区公共服务体系，让老百姓就地就近享受便捷的公共服务，不仅重视公共服务基本均衡，也着重考虑公共服务品质提升，在教育、卫生、养老、文化、体育、托育、商业、环境、交通等方面提出更高目标。自2017年开始，浦东新区先后推动两轮"三年行动计划"，通过查漏补缺、提质增效，显著提升了公共服务资源的均衡度、可及性与高品质。

（一）浦东新区推进"15分钟社区生活圈"建设成效

1. 显著提升了公共服务设施配置数量

经过两轮行动计划建设，至2023年底，浦东新区累计完成公共服务设施项目1092个，充分激发各类主体积极性，全区公共服务设施数量增量达到1479个。分领域来看，全区学校增加89所，医疗设施增加61个，养老设施增加518个，体育设施增加511个，文化设施增加108个，公园绿地增加66处，公交场站增加27处，托育设施增加52处，商业集市增加47处。2024年，实施"一区一图"年度建设项目781个、完成745个，持续提升了社区居民享有公共服务设施的便捷度和可及性。全区基础保障类公共服务设施15分钟可及可达覆盖率从2018年的36%上升至2023年的94%，基本建成城乡一体、方便可及、公平高效、均衡普惠、高质量发展的公共服务体系。

2. 显著提升了公共服务质量和水平

自2017年以来，浦东新区围绕社会事业"15分钟服务圈"持续推进公共服务设施资源精准均衡配置，实现"七有两便利"的目标。在教育领域，通过办好家门口的每一所学校实现了"学有优教"。浦东新区新优质项目学校启动以来，共建设市、区两级新优质项目学校67所，覆盖全区义务教育阶段逾25%的公办学校，让越来越多的老百姓就近便捷地享受到优质教育资源。在医疗领域，浦东新区持续优化公共卫生服务设施配置，强化社区卫生服务中心的四大功能，即提供优质可及的基本医疗服务、以人为中心的健康管理服务、重点人群的康复护理服务以及打造医防融合的公共卫生网底，实现人民群众家门口"看好病"目标，实现"病有良医"。在养老领域，整体提升养老服务设施数量和服务水平，实现"老有颐养"。截至2024年7月，浦东全区共有7家区级大型养老机构、89家中型综合为老服务中心、153家小型家门口服务站，全区养老床位达到3.5万张，基本满足区域床位需求。同时，通过服务组合、功能复合、资源共享，实现机构、居家、社区养老协调发展、互相赋能。

此外，浦东新区全面丰富公共文化服务内容，实现"文有乐享"；在托育服务领域，通过延伸托育服务和实施"宝宝屋"计划，实现"幼有善育"；在体育领域，全面加强体育资源配置，提升服务设施可及性，实现"体有康健"；在生态环境和生活环境优化方面，促进公园城市建设，实现"窗有绿景"；在交通领域，优化公共交通布局和网络系统，增强交通出行保障能力，实现"出行便捷"；在商业生活设施配置上，结合居民社区生活需要强化商业设施服务功能，实现"生活便利"。"七有两便利"的目标基本实现，居民生活便捷程度、舒适水平显著提升。

3. 显著提升了浦东百姓的获得感满意度

浦东新区根据不同地段对资源配置的需求，形成教育、卫生、养老、文化、体育5个领域的设施配置清单。经过2018~2020年浦东新区首轮社会事业"15分钟服务圈"三年行动计划建设，基本补齐公共服务设施缺项。第二轮三年行动计划（2021~2023年）进一步向公园绿地、交通设施、托育服务、社区商业4类大民生领域拓展，推进项目570个，总投资680亿元。浦东还搭建了综合信息平台，通过资源配置标准化工作，测算出2021年浦东居民对社会事业"15分钟服务圈"的整体满意度高达90%。[1] 2022

---

① 《"15分钟服务圈"方不方便？"浦东方案"群众满意度90%》，澎湃新闻，https：//m.thepaper.cn/baijiahao_ 12268472。

年 10 月，结合资源配置标准化工作开展了线上满意度调查，此次调查共获得有效问卷 2598 份，结果显示居民对基本公共服务的知晓度和满意度均达到 95% 以上。①

（二）浦东新区推进"15分钟社区生活圈"建设经验

1. 坚持清单化管理，分层分类配置公共服务设施

浦东新区是社会主义现代化建设引领区，在实现中国式现代化的过程中对城市空间格局、能级定位和服务设施配套都要立足高起点、当好王牌军。浦东面积 1210 平方公里，呈现出三种形态：主题城区、现代乡镇和远郊农村，三种形态对公共服务需求有显著的差别。同时，浦东新区实有人口约 581 万人（截至 2023 年底人口数据），其中 0~14 岁人口比重高、60 岁及以上人口比重逐年提高，特定人群对公共服务需求具有很大的差异性，"一老一小"问题特别突出，在社区生活圈建设中需要高度重视公共服务设施和资源的适配性和包容性。

在推进"15 分钟社区生活圈"建设的过程中，浦东新区坚持按照国家公共服务标准、上海市"15 分钟社区生活圈"建设技术要求，结合浦东新区实际制定公共服务资源配置标准，以标准化方案引导公共服务资源均衡优质配置。同时，浦东坚持以社情民情为指引，围绕人民群众最关心、最直接、最现实的教育、卫生、养老、文化、体育等基本公共服务领域，因地制宜构建标准体系。通过构建区级、社区级、村居级的三级公共服务网络，形成立体化包含 9 大类 37 小项的公共服务事项清单，为加快建设"15 分钟社区生活圈"提供了明确指引。

2. 坚持精准化策略，因地制宜规划布局公共服务设施

浦东新区结合区域特点，创造性提出以社区为单位，以居村委为起点，划分适应城市、城镇化和远郊地区各自特点的 15 分钟慢行标准，不搞"一

---

① 《打造"人民城市"新样板 浦东全面推进"15 分钟社区生活圈"行动》，新闻晨报，https：//baijiahao.baidu.com/s？id=1762991834102235444&wfr=spider&for=pc。

刀切"，因地制宜规划布局公共服务设施。各中心城区的街镇结合自身资源禀赋和人文特征，形成各具特色的公共服务模式。比如，12个街镇在推进"精品城区"建设过程中各有特色定位。塘桥街道围绕"TIVO"街区，打造"小而精""精而优""优而美"的现代城市治理"样板社区"。东明路街道通过美丽社区、智慧社区、韧性社区、法治社区、人文社区五个维度，整体塑造"宜居东明"。此外，还有"璀璨陆家嘴""耀华上钢""大道潍坊""美好周家渡""锦绣花木""品质洋泾""幸福金杨""七彩南码头""美丽浦兴""人文沪东"等品牌，各街道因地制宜设定了内涵丰富、特色鲜明的精品城区服务品牌建设目标。

3. 坚持数字化赋能，全面构建公共服务综合信息平台

城市是一个生命体、有机体，要实现城市对社区公共服务设施的全面感知，就要把握好数字化、智能化这一未来城市发展趋势。浦东新区充分利用数字化转型机会，发挥多元应用场景和海量数据沉淀的优势，强化信息数据赋能"15分钟社区生活圈"建设。浦东新区发改委牵头推进建设"15分钟社区生活圈"综合信息平台，建立了新区全要素一张图，利用大数据技术实现厘清家底、智能评估，把规划蓝图转化为"智能地图"。

借助综合信息平台，浦东既可以根据人口总量配建公共服务设施，也可以根据人口结构精细化分析居民需求后精准配置公共服务设施。比如，运用综合信息平台分析周浦、康桥、航头应增设一处区域文化中心，但是进一步对人口结构进行精细化分析后发现，该地区人口以青年白领为主，因此在配置公共服务设施时优先考虑青年对文化演出、学习阅览、艺术展览等文化功能的需求，通过配置群众艺术馆南馆可以更好地满足该类人群的文化服务需求。

在综合信息平台建设的基础上，浦东创新应用场景，组织社区力量促进业务下沉、简化业务流程，让居民享受数字生活的便利，为社区工作者"减负增能"。比如，浦东合庆镇为了让"群众少跑腿、数据多跑路"，推出"远程视频帮办"业务；周家渡街道数字化、智能化响应老年人养老服务和生活服务需求，让老年群体享受到数字生活的便利。

4. 坚持项目化推进，夯实多方工作责任

在推进"15分钟社区生活圈"建设过程中，浦东新区采取"三个一批"策略，以项目化形式扎实推进工作，充分调动职能部门、街镇和社区的积极性。一是通过盘活存量增加一批服务设施，利用街镇范围内政府机关、事业单位、国有企业、居民小区的存量房屋资源，转换使用功能，补充居民所需的公共服务设施。例如，大团镇通过改建村集体闲置仓库的途径建成龙树村共济睦邻点，潍坊街道利用存量房屋资源打造养老服务综合体，花木、张江等镇利用长期闲置房屋、地块打造人才公寓和人才聚合空间。二是复合利用补缺一批，充分利用现有已经建成和使用的服务设施，通过设施汇集、资源重组，赋予更加多元的使用功能，满足周边居民多样化的需求。例如，张江镇申佳综合为老服务中心不仅配置了老年人日间照料中心、长者照护之家、社区卫生服务站等功能，也融入了未成年人保护、亲子教育、宝宝屋等多项功能，打造了"老小皆宜"的服务集成"综合体"；唐镇通过微改造，将保利居委的过道改造成家门口的"科学走廊"，成为小区孩子们的线下"打卡地"。三是规划完善建设一批，推进已批规划加快建设。例如，加快南码头街道集中攻坚、拆除违章建筑，启动社区文化活动分中心新建工程；金杨新村街道利用城市更新、土地出让等契机增配公共服务设施，新增社区文化活动分中心，解决文化设施缺配问题；康桥镇为满足御桥社区居民的公共服务需求，启动街坊局部规划调整，增加公共服务空间。

5. 坚持多元化供给，促进城市运行管理规范有序

在开发开放30多年的历程中，浦东一直注重发挥社会力量参与公共服务和社会治理，形成政府引导、社会参与、多方合作的治理新格局。在推进"15分钟社区生活圈"建设过程中，浦东鼓励和引导企业积极参与，发挥政企协同、政社协同的优势。浦兴路街道通过"周边共享行动"，鼓励商业主体将经营性停车场库错峰共享给周边老旧住宅小区居民使用，有效缓解了居民区停车难问题。陆家嘴街道通过"参与式"微更新项目积极吸纳社会资金参与，共募集社会资金300万元资助23处社区更新改造项目，累计参与人数 2000 余人，受益人群超过 5 万人，打造了东昌居民区星梦停车棚、东昌新村百米墙绘、东昌大楼美术馆等"网红"项目。

6. 坚持标准化提质，形成可复制可推广经验

浦东新区"15 分钟社区生活圈"资源配置探索被国家发改委、国家市场监督管理总局列为上海唯一的国家基本公共服务标准化试点项目。围绕公共服务领域"15 分钟社区生活圈"资源配置实施路径、协同机制、成果应用，浦东推出了"1+6"资源配置标准体系，包含 10 项国家标准、1 项地方标准、10 项区级标准和 22 项机构标准在内的共计 43 项标准，标准自编率达到 74.4%。其中，浦东新区制定《"15 分钟社区生活圈"建设指南》作为试点项目的纲领性文件，明确了公共服务设施配置内容、建设要求、实施途径和验收管理等标准规范，为全区严格落地实施"15 分钟社区生活圈"提供了标准化指引，填补了公共服务设施配置标准空白。对应精准配置服务设施要求，浦东出台《"15 分钟社区生活圈"划定规范》，明确了城市地区、城镇化地区、远郊地区的差异化分类，以及"15 分钟社区生活圈"划定的基本步骤和具体方法，为精准配置服务设施和资源提供了依据。对应数字化赋能要求，浦东出台《"15 分钟社区生活圈"综合信息平台建设规范》以及《运行管理规范》，为平台科学高效运行提供了标准化支撑。

（三）浦东新区推进"15分钟社区生活圈"建设需要解决的问题

1. 部分老旧小区服务设施存量资源不足

经过两轮三年行动计划系统推进，浦东虽然已在社区建设、民生保障、人文环境等方面做了大量工作，但是由于浦东区域面积大、城乡区域形态差异大、人口老龄化程度较高等因素，不同街镇距离"15 分钟社区生活圈"建设要求仍存在一些差距。一是社区硬件设施陈旧老化。很多老旧小区建造于 2000 年以前，普遍存在基础设施旧、配套功能缺、绿化布局不合理、停车位短缺等问题。二是产业品质和商业能级不高。部分街镇区域内商业体规模不大，设施较为陈旧，经营业态传统，导致消费群体流失比较严重。三是公共服务设施有较大缺口。公共服务空间体量不大，区域辐射程度不够，且

辖区内老龄化水平高，为老服务设施存在不足，家门口的为老服务空间小、分布散、功能单一问题比较突出。

2. 公共服务设施改扩建面临很多指标限制

老旧小区对存量服务设施进行公益化改造的过程中，经常遇到一些诸如绿化率指标的限制。住房和城乡建设部对小区绿化率有明确的要求，新建居住区绿化率需要达到30%以上，旧居住区绿化率需要达到25%以上。[①] 修订的《上海市居住区绿化调整实施办法》（以下简称"新办法"）自2023年3月1日起施行。新办法第二章第十一条描述：居住区绿地内部布局需要调整的，调整后的绿地面积不得少于原有的绿地面积。居住区绿地内部布局调整可结合居住区实际，通过增加屋顶绿化、棚架绿化（建成绿地上所建的棚架绿化不纳入折算）、垂直绿化的形式平衡绿化总量，其面积的35%可折算为地面绿地面积。增加的屋顶绿化、棚架绿化、垂直绿化应当与居住区绿地内部布局调整同步完成。基层对小区内零星绿化进行微改造时，许多老旧小区存在房屋、公共设施老旧，外墙面脱落等问题，无法通过立体绿化形式来平衡小区内绿化总量，导致项目难以按期推进。

3. 多元主体参与不够充分

"15分钟社区生活圈"建设是城市基层治理的重要转向，是从居住空间到营造生活的转变，是推动构建社区生活共同体的重要路径。在推进"15分钟社区生活圈"建设过程中，建立健全公众参与机制，促进畅通信息渠道与机制十分重要。但是，在推进实施过程中，相关服务设施新建、改建和扩建项目建设资金主要是通过政府投资解决，市场主体参与度不足。与此同时，尽管在推进项目建设过程中，注重发扬全过程人民民主的制度优势，通过社区规划师等社会力量参与服务设施配置过程，但总体上民众参与度不够高，民众对相关服务设施的使用率也未达到预期。在建设"生活圈+"的过程中，亟须形成政府引导、市场参与、社会协作的共建共享格局。

---

① 资料来源：建设部住宅产业化促进中心发布的《居住区环境景观设计导则》。

五　进一步推进"15分钟社区生活圈"建设的建议

浦东将积极贯彻落实习近平总书记"人民城市"重要思想，根据"引领区"建设使命、人民群众的期待，结合国内外的先进经验，动态优化"15分钟社区生活圈"建设，以"精品城区""现代城镇""美丽乡村"三圈共进的举措持续推进"人民城市"建设，实现城区、城镇、乡村各有其美、各美其美的新格局，开创浦东现代化建设新局面。

（一）做好顶层设计，以体系化制度引领"生活圈+"建设

"15分钟社区生活圈"是宽领域、多层次的城市工作，是面向整体民生事业的引领性工作，涉及部门多、条线广，需要各部门统筹协调，通过全方位设计，以"全区一盘棋"的思路统筹好公共服务设施布局和增量。在全面推进三个圈层建设过程中，始终坚持全要素规划引领理念，围绕"15分钟社区生活圈"建设的核心内容和重点任务，加快通过全要素规划推动街镇因地制宜、动态优化社区行动蓝图和年度行动计划。在工作过程中，要坚持全过程服务，在不同的阶段、围绕不同的内容做好政策支持、资金支持和协调工作，帮助街镇有效化解推进项目建设过程中的难点和阻碍。

（二）明确建设主体责任，注重区域统筹和特色塑造

在推进"15分钟社区生活圈"建设过程中，要注重"人民性""多元性""创造性"。街镇、村居是面向群众的主阵地，也是基层治理的根基。"15分钟社区生活圈"建设工作应该进一步彰显"人民性"色彩，更好地问需于民、问计于民、问效于民。坚持全过程人民民主理念，注重发挥人民群众的聪明才智和积极性，让更多的群众"金点子"转化为工作的"金钥匙"，结出群众满意的"金果子"。加快推进"生活圈+"建设工作，还要注重多元性。"15分钟社区生活圈"建设本身就是一项涉及政府、居民、企业和社会组织等多方主体的工作，应该不断创新体制机制，吸引更多市场主

体和社会力量参与实施，通过出资共建、共建共享等方式，形成多元主体高效协同建设格局。"15分钟社区生活圈"建设还应注重激发多元主体的创造性。各街镇应该系统梳理、深入挖掘资源禀赋，结合辖区人口特征和实际需求，推进"精品城区""现代城镇""美丽乡村"建设。既要做到在"面"上全区整体保持一致，又要在"点"上打造不同的特色项目和创新试点，形成各具特色、魅力彰显的区域服务品牌。

（三）更好地提升数字赋能实效，让群众便捷使用服务设施

积极推动数字赋能"15分钟社区生活圈"行动，充分利用大数据等先进工具，推动社区治理精细化，为公众提供多元数字化生活服务。例如，上海市测绘院与陆家嘴街道深度合作，依托天地图·上海平台正式推出《陆家嘴街道15分钟社区生活圈地图》1.0版本，新增了按分管部门筛选"五宜"现状设施的功能，方便后续各部门查询和管理，为生活圈数据管理提质增效，通过数字化技术全面赋能"15分钟社区生活圈"建设和日常社区运维管理。市民可以通过点选"5-10-15分钟"三个步行可达圈层，查看周边不同距离内的设施，并可一键查询导航路线。在系统总结有关经验的基础上，浦东新区发改委也持续升级综合信息平台服务能力，为市民方便使用周边服务设施提供在线查询、预约等服务。在下一步，建议加快推广综合信息平台2.0版本，与浦东发布、随申办等App实现有机融合，让高品质幸福生活触手可及。

分 报 告

B.2
浦东新区"15分钟教育生活圈"建设

南剑飞 *

摘 要： 教育是中国式现代化的基础性、战略性支撑，是"15分钟社区生活圈"建设的重要载体和公共服务之一，是"15分钟社区生活圈"建设的优先领域。推进浦东"15分钟教育生活圈"建设，事关新时代新征程浦东人民教育的获得感、幸福感，事关浦东人民高品质生活，事关浦东教育强区建设，事关现代化建设引领区浦东与上海高质量发展、高水平改革开放、高效能治理及可持续发展。本报告界定了"15分钟教育生活圈"建设的内涵，阐述了浦东推进"15分钟教育生活圈"建设目标及举措，分析了浦东推进"15分钟教育生活圈"建设成效及问题挑战，提出了浦东推进"15分钟教育生活圈"建设的对策建议，主要涉及提高政治站位、深化理论认识、坚持系统观念、定期科学测评以及推动家门口学校高质量发展等方面，为新时代新征程优化中国式现代化建设引领区浦东和上海"15分钟社区生活圈"建设体系，提升浦东人民高品质生活，推动浦东和上海高质量发展、高效能

---

* 南剑飞，博士，浦东行政学院教授，西南石油大学硕士生导师，上海杉达学院特聘教授，主要研究方向为城市经济管理、服务质量管理。

治理提供重要参考。

关键词： 15分钟教育生活圈　公共服务　浦东新区

教育是国之大计、党之大计，是全面建设社会主义现代化国家的基础性、战略性支撑，① 是中国式现代化的基础性、战略性支撑。② 习近平总书记多次讲话强调，办好人民满意的教育、建成教育强国。党的二十大报告指出，我们要坚持教育优先发展、科技自立自强、人才引领驱动，加快建设教育强国、科技强国、人才强国，坚持为党育人、为国育才，全面提高人才自主培养质量，着力造就拔尖创新人才，聚天下英才而用之。党的二十届三中全会《决定》第3条指出"增强基本公共服务均衡性和可及性"；第13条提出"深化教育综合改革"，并进行了具体部署，包括优化区域教育资源配置，完善义务教育优质均衡推进机制，健全学前教育和特殊教育、专门教育保障机制，推进教育数字化，加强终身教育保障等。③

教育是"15分钟社区生活圈"建设的重要载体和公共服务之一，是"15分钟社区生活圈"建设的优先领域。推进"15分钟教育生活圈"建设，是推进"15分钟社区生活圈"建设的重要内容，是"15分钟社区生活圈"建设体系的重要构成维度之一，是教育强国战略在社区治理中的必然要求和应有之义。

在"人民城市"理念提出五周年和"15分钟社区生活圈"概念提出十周年之际，作为首个国家级新区、社会主义现代化建设引领区、自贸试验区、综改试点等诸多国家战略叠加的浦东，在推进上海市"15分钟教育生活圈"建设中肩负着重要使命、承担着重要角色、发挥着重要作用。因此，

---

① 《高举中国特色社会主义伟大旗帜　为全面建设社会主义现代化国家而团结奋斗》，人民出版社，2022。
② 《中共中央关于进一步全面深化改革　推进中国式现代化的决定》，人民出版社，2024。
③ 《中共中央关于进一步全面深化改革　推进中国式现代化的决定》，人民出版社，2024。

推进浦东"15分钟教育生活圈"建设具有重大意义。它事关新时代新征程浦东人民教育的获得感、幸福感，事关浦东人民高品质生活，事关浦东教育强区建设，事关现代化建设引领区浦东与上海市高质量发展、高水平改革开放、高效能治理以及可持续发展。

一 "15分钟教育生活圈"建设的内涵

"15分钟社区生活圈"（也称"15分钟生活圈"）是保障民生福祉、提升居民归属感、促进社区治理、共建共治共享美丽宜居家园的基本单元。"15分钟社区生活圈"通常指一个基本单元的服务人口在5万~10万人，在以家为中心的15分钟步行路程内，居民尽可能享受到日常所需的公共服务，如养老、医疗、教育、商业、交通、文体等。

2024年是"15分钟社区生活圈"这一概念提出十周年。2014年10月，在首届世界城市日论坛上，上海率先提出了"15分钟社区生活圈"的基本概念，并在"上海2035"总体规划中落实明确为"在市民15分钟慢行范围内，完善教育、文化、医疗、养老、休闲及就业创业等服务功能，形成'宜居、宜业、宜游、宜学、宜养'的社区生活圈"。2022年起，上海全面拉开"15分钟社区生活圈"建设格局，目标为至2025年底，全市率先建成一批具有示范性意义的街镇，中心城区基本实现基础保障类服务全覆盖。当前，上海市"15分钟社区生活圈"建设，已进入谋定快动、乘势而上、全面发力的新阶段。

依据《上海市"15分钟社区生活圈"行动工作导引》第一部分"目标愿景"（以全体市民的获得感为最高衡量标准，实现"宜居、宜业、宜游、宜学、宜养"的愿景，特别是"宜学"目标），"15分钟教育生活圈"是以特定社区全年龄段居民，如婴幼儿、小学生、中学生、青年人、中年人、老年人等家庭居民稳定人群，以及社区访客，包括游客等流动人群为服务对象，以满足社区居民多样化、多层次、个性化，甚至挑剔化的教育需求为目标，在服务半径为步行或自行车或机动车耗时15分钟内，为社区居民提供基本教育服务和品质教育服务的，由政府主导、社会居民参与等多方共建共享的，多形态集聚形成的社区教育服务共同体。"15 分钟教育生活圈"依托社区公共空间，通过相对完善的教育服务功能和相对完备的教育服务设施，以及关联支撑要素，形成"宜学"的社区环境，并以"宜学"服务和支撑"宜居、宜业、宜游、宜养"的社区生活圈。

"15 分钟教育生活圈"建设，其实质是在便捷性甚至可及性（不仅仅空间可及、时间可及即便捷性，也包括资金或费用可及）的前提下，高质量规划好、建设好、运营好、管理好 15 分钟内或者家门口各类学校（含托儿所、幼儿园、培训机构、老年大学和近年出现的青年夜校等）或各层面教育设施（含育人功能的科学文化体育设施等），以便为社区居民（家庭居民为主）提供便捷、可及、安全、优质、均衡、可持续的教育服务，满足社区居民对"更好的教育"的需求，提高社区居民教育水平和生活品质，助推社区高质量发展和高效能治理。

基于教育对象差异化及系统观念考量，"15 分钟教育生活圈"可细分为"15 分钟托育生活圈"、"15 分钟学前教育生活圈"、"15 分钟义务教育生活圈"、"15 分钟高中教育生活圈"、"15 分钟家庭教育生活圈"（例如将覆盖上海全部街镇的家长学校）、"15 分钟老年教育生活圈"、"15 分钟其他教育生活圈"等。

二　浦东推进"15分钟教育生活圈"建设目标及举措

（一）建设目标

实地调研和理论研究发现，目前，尚未有浦东新区推进"15 分钟教育服务圈"建设或"15 分钟教育生活圈"建设这一提法，也未看到浦东推进"15 分钟生活服务圈"建设目标。但是在实践中，十年来作为推进和完善"15 分钟社区生活圈"的重要板块和构成载体之一的教育工作，却一直在积极稳妥推进。特别是 2023 年和 2024 年，上海市"15 分钟社区生活圈"行动方案等，都涉及教育领域。

参照《中共中央 国务院 关于支持浦东新区高水平改革开放打造社会主义现代化建设引领区的意见》（2021年7月15日公布）、《浦东新区国民经济和社会发展第十四个五年规划和二○三五年远景目标纲要》（2021年10月21日公布）、浦东新区《"15分钟服务圈"三年行动计划（2018—2020）》、浦东新区《关于进一步推动"15分钟服务圈"提质增效三年行动计划（2021—2023）》等文件，依据《上海市"15分钟社区生活圈"行动工作导引》第一部分"目标愿景"（以全体市民的获得感为最高衡量标准，实现"宜居、宜业、宜游、宜学、宜养"的愿景，特别是"宜学"目标），浦东推进"15分钟教育生活圈"建设目标，可归纳为：适应引领区建设要求，对照浦东新区"15分钟服务圈"年度计划布局任务，加强教育服务资源区域统筹配置；2025年全面建成方便可及、公平高效、均衡优质、城乡一体的浦东教育公共服务体系；2035年浦东教育公共服务更加均衡优质，浦东市民教育获得感、幸福感、安全感更加充实、更有保障、更可持续。

（二）具体举措

1.学校建设方面

浦东新区社会事业"15分钟服务圈"涉教育类设施缺项共202项。项目启动以来，教育局和各街镇按照《社会事业"15分钟服务圈"建设指南》标准，积极推动教育类项目补漏补缺。需要指出的是，在学校建设中，浦东新区坚持"旧账还清、新账不欠"的原则，通过理顺工作机制，加强过程管控，坚持公建配套学校与住宅建设"五同步"（即同步规划、设计、建设、验收、交付使用）制度。

在规划布点阶段，根据区域规划人口和服务半径，合理布局基础教育资源。每规划人口为5万人的居住区应配建办学规模为24班的高中1所，每规划人口为2.5万人居住区应配建办学规模为24班的初中1所和办学规模为30班的小学1所，每规划人口为1万人居住区应配建办学规模为15班的幼儿园1所。幼儿园服务半径宜为300米、小学服务半径宜为500米、中学服务半径宜为1000米。

根据常住人口、适龄人口入学需求变化，及时调整学校布局，统筹学校用地，对于确实需要增加学校用地供给的，报区政府批准后，由区规划资源部门调整相应的国土空间规划。例如，针对前滩地区入学比例较高、入学矛盾突出问题，教育局会同规划资源局、陆家嘴集团等，在前滩地区新增设置1所24班初中，该初中已开工建设。

针对浦东新区地域广阔、高中全区招生的特点，24班小规模高中不符合新区高品质高中办学需求，教育局也积极会同各部门，整合高中用地资源，建设高品质高中。例如，将民乐大居2所未建的小规模高中用地进行规划调整，合并成为1所高中，拟建成实验性示范寄宿制高级中学，并列入市教委第一批"高品质示范性"学校名单，该项目处于规划调整阶段。

在土地出让环节，由规划和自然资源局主持召开"土地出让招拍挂主任联席会议"，教育局作为联席会议的一员，会前对出让土地周边需实施建设的规划配套学校提出书面意见，经联席会议审核把相关公建配套学校的建设任务列入土地出让条件中。

配套学校立项后，教育局及时与配套学校建设主体签订委托建设协议，明确建设标准、开竣工时间节点；对学校设计方案进行使用安全、使用功能、总体布局等方面的审核；配套学校施工初期，对项目施工图进行技术交底，以减少重复施工，在加快建设进度的同时避免了财政资金的浪费。在项目建设过程中，教育局定期进行现场踏勘，走访建设单位，确保公建配套学校建设保质保量，符合教育的使用要求。

为确保土地出让时承诺的新建公建配套学校的建设按时开工，学校基建后期由教育局在住宅物业招标（预售）环节开具教育配套证明，配合建交委住保中心把关，做到公建配套学校与住宅同步建设、同步验收、同步交付使用。

2.学前教育方面

浦东新区承担着为全市超过1/4的幼儿提供高质量学前教育服务的任

务。作为国家首个综合配套改革试点区和教育整体综合改革试验区，浦东新区积极响应"学龄前儿童善育工程"，全面推进高质量幼儿园建设。主要做法包括以下几个方面。

一是优化资源布局。首先，支持新开办园高起点办园。新开办园由优质园或成熟型幼儿园开办分园。其次，支持条件成熟的幼儿园创建优质园。最后，为进一步提升普惠性幼儿园覆盖率，进行普惠性民办幼儿园认定。

二是推进集团学区建设。在原有学前教育集团的基础上，新建2个学前教育集团，并扩增原有教育集团成员单位，实现公办幼儿园集团化办园全覆盖。同时，成立学前教育学区，实现民办幼儿园学区化办园全覆盖。教育集团和教育学区的理事长均由市示范园园长和特级园长担任。通过赋权赋能教育集团和教育学区的发展，实现区域内学前教育水平的整体提升。

三是强化内涵建设。一方面，通过教育集团对新建园和薄弱园进行对口支持，教育学区推动民办园完善管理规范，加快浦东学前教育优质化进程。另一方面，发挥项目驱动效应，落实"幼儿发展优先"计划，开展"户外两小时""传承中华传统文化""第四轮课程领导力"等项目研究；推进"五育融合"课程和园本课程的研制；围绕"托班衔接期适宜的活动和作息安排"，实施托小班一体联动教研活动等，推动保教水平的提高。此外，学前教育中心、区教发院、学前教育协会、第三方专业评估机构等深入一线进行现场巡查，加强对幼儿园办园质量监测和办园行为督导。

四是提升队伍专业素养。首先，开展园长专题培训和交流，强化规范意识，提升管理能力。其次，联动学前中心、教发院、集团等多方力量，开展双周教研活动、名师基地带教、教师教育教学竞赛等，为教师专业发展提供支持。与此同时，支持"上海市保育带头人工作室"建设，发挥工作室的示范、辐射和引领作用，推进区域保育队伍的建设。鼓励育婴员、保健员参加行业技能大赛，以赛促学、以赛促建，推动保育队伍的职业化发展。最后，通过政协专题调研等途径，进一步推动营养员和炊事员收入待遇增长，提高保育队伍稳定性。

3. 义务教育方面

为进一步提高义务教育优质均衡发展水平，努力让每个学生都能享有公平且有质量的教育，2019年根据教委要求制订《浦东新区推进紧密型学区和集团建设实施方案》（浦教基〔2019〕30号），积极探索紧密型学区集团建设；2021年根据市教委要求研制《上海市紧密型学区集团创建示范区建设方案》，进一步加强政策供给，不断完善学区化集团化办学管理机制，发挥学区集团对学校的辐射引领作用，使学区集团建设成为浦东推进教育高质量发展、打造社会主义现代化建设引领区和教育领域综合改革示范区的重要标志。主要做法有以下几个方面。

一是明确责任分工，建立多主体参与的管理机制。2019年，成立紧密型学区和集团建设领导小组，由局长担任组长，领导小组下设工作小组，由分管局长担任组长。同时明确教育局各内设处室责任分工。由教育局义务教育处牵头负责紧密型学区集团创建工作，各相关处室提供业务支持、经费支持和人事保障支持。为加强指导，以教发院区域教育研究相关人员为主体，成立区紧密型学区集团建设总项目组，负责顶层设计和创建指导。

二是建立指导交流机制，提供智力支持。以总项目组为依托，指导各学区集团制订紧密型学区集团创建规划和实施方案。先后通过入校指导、线上指导、专家论证、大规模培训等方式对申报单位进行多轮次指导。研制紧密型展示方案，组织展示交流和宣传，建立定期展示交流和宣传机制。

三是加强政策扶持，开展年度考核，健全激励机制。根据市编制部门编制标准中明确对学区化集团化办学予以附加编制保障的有关要求，自2021年起，对教育集团牵头校额外给予附加编制，2022学年为各教育集团核定附加编制266个，为各学区核定附加编制40个。另外，2021年探索了"教育集团"代招教师机制，2022年进一步探索"教育集团"联招教师机制，此类教师人事关系明确在乡村学校，三年内参与集团进修柔性流动。在职称评审工作中，将教师教科研成果范围扩大至教育集团；同时对在教育集团内流动的教师在评审职称时同等条件下优先考虑。与此同时，优化学校绩效考核内容，赋予学区集团考核评价建议权，将学区集团建议情况作为考核结果的重要考量因素。在《浦东新区教育局各事业单位 2022 年度绩效考核工作实施办法》中明确应逐步增加反映学校推进紧密型学区、集团建设工作的考核内容，分值比重不低于 20%；继续对学区化集团化办学取得突出成绩的单位，由相关工作牵头处室给予鼓励性评分。2019 年起，在绩效工资区级统筹部分增设学区化集团化办学专项奖励，并不断增加奖励标准和奖励金额总量。2019~2023 年分别安排专项奖励经费 185 万元、230 万元、276 万元、336 万元、336 万元。同时，区财政积极支持紧密型学区集团建设，2019~2023 年，分别安排专项预算资金 4625 万元、4500 万元、5120 万元、4815 万元、4830 万元，重点向紧密型学区集团创建单位倾斜，有力推动了各学区集团资源共育共建共享工作。

4. 老年教育方面

新时代以来，浦东新区积极贯彻落实老年教育高质量发展，打造精品化线上线下学习资源。一是浦东新区不断完善老年教育课程资源，打造线上线下相融合的"双空间"学习模式。例如 2023 年 9 月，上海老年大学浦东分校秋季线上线下开学，其中南泉路校区共开设 81 个班，包括 76 个线下班和 5 个线上班，课程内容涵盖书画、声乐、器乐、语言、数码、摄影、文学等大类。其中 76 门线下课程中有 18 门课程开启线上同步直播，老年朋友均可通过下载腾讯会议或在"上海学习网"平台参与线上学习。在上海市教委、上海市学习型社会建设与终身教育促进委员会办公室指导下，浦东新区还面向全体市民免费开放精品"银发 e 学堂"直播课程，包括"现代生活茶艺"和"美物入画——彩色铅笔"，共有 7423 人次学习。目前，浦东还有 218 个微课视频在浦东新区社区学院官网上展示。二是浦东 36 个街镇社区（老年）学校发挥各自所长，持续开发学习资源，努力实现老年教育泛在可选。如洋泾街道社区（老年）学校的洋泾"数字港"、高桥镇社区（老年）学校的"高桥大家汇"提供了美容、烹饪、西点、茶艺等相关的技能课程，通过优质课程资源帮助银发人群老有所为。需要指出，目前浦东共有 3 所老年大学，即上海老年大学浦东分校（同时挂牌浦东新区社区学院和上海开放大学浦东西校）、浦东新区老年大学、南汇新城老年大学，以及 36 所街镇社区（老年）学校。

三 浦东推进"15分钟教育生活圈"建设成效及问题

（一）建设成效

围绕推进和完善"15分钟社区生活圈"的重要板块和构成载体的教育工作，十年来浦东教育系统敢于担当、改革创新、成效突出，走在了上海和全国前列。

1. 学校建设方面

浦东新区社会事业"15分钟服务圈"涉教育类设施缺项共202项。项目启动以来，教育局和各街镇按照《社会事业"15分钟服务圈"建设指南》标准，积极推动教育类项目补漏补缺。在合理配置资源、集约使用资金、完善教育公共服务的原则下，教育局和各街镇结合人口实际分布和需求，通过加快建设、盘活存量、项目调整等方式，分类施策补齐短板。针对惠南镇、高桥镇、高行镇、新场镇等受大居、轨交地块成片开发进度、高化地区环评等因素影响的项目，教育局、发改委和相关街镇专题协调，通过统筹安排学生入学等方式完成相应的设施补缺。目前，已完成全部202项的补缺和项目调整。

应当指出，浦东新区作为人口导入大区，曾一度出现配套学校建设滞后于住宅小区建设，导致入学矛盾突出的问题。在区委区政府关心下，新区两届政府通过"十二五"和"十三五"期间新老36所急需建设的公建配套学校的推进，基本还清了历史欠账。"十二五""十三五"两批36所急需建设学校中，共涉及新建、改扩建项目62个，除康桥镇格来纳地块1小1幼因动迁问题尚未开工外，其他60所均已建成或即将建成开办。据统计，"十二五"期间，浦东新区新开办学校（校区）95所；"十三五"期间，新开办学校（校区）109所；截至2024年9月，"十四五"已累计新开办学校（校区）81所。

2.托育服务方面

一是成功创建了"全国婴幼儿照护服务示范城市"。2022年,在新区区委区政府的高度重视下,区教育局牵头区托幼工作联席会议各成员单位开展"全国婴幼儿照护服务示范城市"创建工作,坚持"公益普惠、安全优质、示范引领"的创建理念,形成了浦东新区托育服务工作的"立体化、多元化、专业化、标准化"四大特色。2022年9月,新区接受"全国婴幼儿照护服务示范城市"省级评审。2023年3月,上海市浦东新区被评为首批"全国婴幼儿照护服务示范城市"。

二是创新共建了"普惠多元"供给体系。通过深入推进托幼一体化建设、着力深化社区托育"宝宝屋"建设、引导社会力量举办托育机构、严守托育服务安全健康底线等重要举措,浦东新区已构建了"普惠多元"的托育服务供给体系。目前,浦东托育服务供给由幼儿园托班、托育机构和"宝宝屋"组成,提前完成国家"十四五"规划中"到2025年每千人口拥有3岁以下婴幼儿托位数达到4.5个"的要求;打造出一批具有示范效应的优质托育机构和"宝宝屋",发挥了带动辐射作用;教育、卫生、人社、上海师范大学、上海开放大学等多单位联动,组织开展了多层次、多维度、全过程的专业培训,形成托育从业队伍专业支持"立交桥",年均参培近9000人次。

三是"科学育儿",托育服务正式纳入了"15分钟社区生活圈"。新区教育、卫健、妇联、街镇共同探索家庭科学育儿综合指导模式,孕育了"浦宝"特色品牌。线上,新区率先在"育之有道"App设立浦东专版,打造"浦宝元宇宙"和"浦东学前教育"公众号,以实现"互联网+托育服务"。线下,新区设立的科学育儿指导站点打通了服务的"最后一公里",为家长提供就近就便的专业化科学育儿指导服务。对经教育局考核优秀的科学育儿指导点,新区给予资金扶持,提高科学育儿质量。应当指出,为解决带娃难问题,呵护"最柔软的群体",2023年以来,浦东新区全力建设社区托育"宝宝屋",为3岁以下婴幼儿家庭提供临时照护服务。

目前,全区已建成42个"宝宝屋",实现街镇覆盖率100%,提供服务性托位约 1 万个，累计提供幼儿照护服务超 3 万人次。相关调研显示，"宝宝屋"深受家长好评，"幼有善育"特色突出。超过 85% 的受访家长对"宝宝屋"教师水平、活动内容、设施和卫生环境及安全措施方面都感到"非常满意"或"比较满意"。九成以上的受访家长表示，愿意把"宝宝屋"推荐给他人。

3. 学前教育方面

一是开启高质量幼儿园全面建设新局面。根据上海市《全面建设高质量幼儿园的实施意见》，在区委区政府的领导下，由区分管领导牵头，联合区托幼工作联席会议相关成员单位，新区制定《浦东新区全面建设高质量幼儿园的实施方案》。通过发挥部门联动机制，形成了教育部门主管、各部门分工负责与协同配合的工作新局面，共同科学谋划了浦东新区学前教育幼儿园高质量发展新篇章。截至 2024 年 10 月，浦东已完成了对 14 所硬件不达标幼儿园的园舍改造，剩余 12 所幼儿园也将在 2025 年完成改造。"我们看到了浦东建设高质量幼儿园的阶段性成果，非常不容易。"上海市教委托幼工作处在 2024 年 10 月的浦东新区高质量幼儿园建设推进工作会暨展示研讨活动上表示，上海的学前教育质量引领全国，浦东要做上海领头羊。这对浦东新区学前教育提出了新要求。

二是成功创建了"幼儿园保育教育质量提升实验区"。2023 年底，浦东新区经遴选被确定为教育部"幼儿园保育教育质量提升实验区"。围绕教育部对实验区工作的指示和市教委对浦东新区的要求，新区教育局制定了以"共筑幸福成长阶梯"为主题的《浦东新区创建国家幼儿园保育教育质量提升实验区的工作方案》。2024 年 6 月，举办了浦东新区创建教育部幼儿园保育教育质量提升实验区幼小衔接项目的启动仪式，119 所"实验园"与 91 所"实验校""牵手结对"，在学前教育集团和学前教育学区的引领下，以项目为驱动，探索形成了幼小衔接深度融合的浦东模式。

4. 基础教育方面

一是学区集团不断扩容，农村和偏远薄弱地区均有机会共享优质资源。截至 2023 年，全区按街镇共成立了 36 个学区，学区化办学实现了街镇全覆盖；组建 31 个教育集团（联盟），义务教育阶段公办学校集团化办学覆盖率达 88.6%。在学区化办学实践了 6 年的基础上，浦东新区再次扩容学区化覆盖面，组建新一批学区，各街镇实现学区化办学全覆盖。同时，浦东新区将 144 个农村学校中的义务教育学校全部纳入各教育集团，农村学校办学资源得到极大改善和提升。浦东新区"十四五"规划纲要实施中期评估显示，参与学区化集团化办学的公办学校 100%，浦东教育优质均衡水平不断提升。

二是发挥示范辐射作用，优质教育资源覆盖面不断扩大。依托紧密型集团化办学平台，通过集团承办、派出干部和骨干团队等方式，近年来支持 20 余所新开办学校快速成长，优化整合存量学校 10 余所，在实践中取得了较好的成效，区域优质教育总量不断增加。

三是强弱结对互助，成员学校办学质量不断提升。在实施"初中强校工程"过程中，发挥集团化办学优势，18 所市级"强校工程实验校"全部加入教育集团，并为每一所实验校配备了优质品牌学校作为支援校。18 所实验校的中考平均合格率不断提高，有 9 所学校的合格率达到 100%，优良率也有一定提升。

四是聚焦关键问题，发挥示范辐射作用，引领成员学校高质量发展。在区级紧密型学区集团评审过程中，市级专家组一致认为，各参评学区集团能基于不同学校发展需求，善于在优质资源辐射引领中聚集各方力量，牵头校以先进的办学理念和品牌影响力，起到了很好的引领示范作用，促进师资、课程、教研等要素的共建共享，对成员学校办学水平提升产生了积极作用。

五是学区集团知晓度和影响力不断扩大，家长和教师满意度高。各学区集团陆续建立微信公众号等平台，宣传学区集团各项工作，提高了教师、学生、家长对学区集团工作的知晓度。2022 年 11 月的问卷调查显示，参与第一批评审的 13 个学区集团，家长和成员学校教师满意度均达 88% 以上。

六是办学成果得到市教委认可，实践成果在市级层面宣传并获奖。2022 年 3 月，市教委安排《上海教育》以《超大规模区域教育优质均衡发展的路径选择——"双减"背景下浦东学区集团的社会责任承担》为题,对浦东学区化集团化办学成果进行专版宣传,项目研究报告《学区化集团化办学的浦东实践》荣获 2022 年上海市基础教育教学优秀成果一等奖。

(二)问题挑战

1. 社区居民需求的长期挑战

随着"15分钟社区生活圈"建设的深入推进,浦东居民对均衡且优质的社区公共服务越来越期盼。作为中国式现代化建设引领区基础支撑和浦东人民美好生活或者高品质生活标配的浦东教育,比以往任何时候都显得更加重要而迫切。与此同时,浦东居民对"15分钟社区生活圈"建设之教育关注越来越高、教育需求日趋多样化多层次,人们更加渴望安全、优质、均衡、可持续的教育资源保障和教育服务供给。这对浦东新区"15分钟教育生活圈"提出了现实和长远挑战,考验着浦东"15分钟教育生活圈"36个街镇的教育服务能力和整体水平。

2. 学校建设方面的未来挑战

根据浦东新区学龄人口分布和变化趋势,2023 年为小学入学高峰、2028 年为初中入学高峰、2032 年为高中入学高峰,这对浦东新区"15分钟社区生活圈"教育领域基础保障、品质提升乃至特色品牌创建与创新发展工作提出了挑战。目前,虽然浦东新区已经受住小学入学高峰考验,但能否经受住后续的初中和高中两个不同时段的入学高峰考验,亟须全面深入研究、提前科学规划、系统谋划部署。

3. 教育服务方面的现存问题

一是浦东新区各街镇推进"15分钟社区生活圈"建设中教育服务的不平衡性、不充分性问题,这种不平衡不充分属性既表现在不同街镇之间,也表现在同一街镇内部。例如,目前虽然有的街道基本实现了均衡优质的 15分钟学前教育服务,但是同一街道不同社区还需要加大幼儿园改造力度;有的街道基本实现了均衡优质的 15 分钟义务教育服务,但是有的街道还需要加大软硬件投入。

二是浦东新区推进"15分钟社区生活圈"建设中教育任务的有关认识误区和实践误区。例如,"15分钟社区生活圈"建设中教育任务的责任部门新区教育局及各街镇教育主管部门领导干部未能完整、准确、全面把握"15分钟社区生活圈"建设之教育任务即"15分钟教育生活圈"建设的内涵、外延及目标(例如实地访谈发现,一些领导干部包括新区教育局相关处室领导干部误以为"15分钟社区生活圈"中教育服务仅限一老一小,不涉及高中教育),导致行动中出现诸如未将高中教育纳入工作范畴、社区教育混淆或处理为老年教育等实践误区。实际上,一方面,最新版的《上海市"15分钟社区生活圈"行动工作导引》第一部分"目标愿景"特别是"宜学"目标以及城乡地区"宜学"重点任务标准指引有明确规定和技术标准,另一方面,社区教育不同于老年教育。

三是近年虽然浦东新区托育服务载体"宝宝屋"成效初显,但优质照护还需加力。相关调研显示,一方面,"宝宝屋"部分需求尚未满足。家长期待"宝宝屋"更加近民、优质、普惠。数据显示,"开放时间未能满足需求"是受访家长反映最多问题。另一方面,相关街镇实地调研发现,一些街镇幼儿早教活动内容形式有待丰富,科学育儿指导站目前开展的早教活动形式略单一、项目策划存在同质化倾向,玩教具设施设备陈旧,无法持续保持孩子的新鲜感,易成为单次性体验活动,可持续力量不足。一些街镇第三方托育机构团队管理有待加强,社区"宝宝屋"第三方机构可能因为人力、资金等原因,导致保育员素质参差不齐、工作人员态度懈怠等情况。

四是文献研究发现,关于"15分钟社区生活圈"建设成效问题,浦东新区开展过居民满意度测评活动,也涉及其构成内容的教育服务建设成效问题,但目前未看到"15分钟社区生活圈"建设之教育任务及建设专项测评活动。与此同时,实地调研和资料汇总发现,浦东新区36个街镇层面和新区层面基本上采用了自评方式,且未持续监测评估。如此一来,其测评方法的科学性、测评结果的客观性以及可信度,特别是"15分钟教育生活圈"居民参与度、获得感、幸福感、安全感、公平感、满意度可能有所降低。

四　高质量推进浦东"15分钟教育生活圈"建设的建议

（一）提高政治站位

高质量发展是新时代的硬道理，也是考察各级领导干部政绩观的重要内容。高质量发展是对全国的总要求，涉及方方面面，包括浦东"15分钟教育生活圈"建设高质量发展或者说高质量推进浦东"15分钟教育生活圈"建设这一重大理论与实践问题。高质量推进浦东"15分钟教育生活圈"建设，具有重大的政治意义、现实意义及深远的历史意义。深层次看，高质量推进浦东"15分钟教育生活圈"建设，是全面贯彻习近平新时代中国特色社会主义思想、党的二十大精神、党的二十届二中三中全会精神，特别是习近平总书记关于新时代教育问题的重要讲话精神，包括总书记考察上海特别是浦东的重要讲话、重要指示及重要批示精神的必然要求与迫切需要。面对中国式现代化对教育和社区的要求，面对人民群众对新时代教育发展新期待，面对浦东高质量发展和可持续发展要求，对高质量推进浦东"15分钟教育生活圈"建设问题，必须提高政治站位。关键是要坚持党的全面领导，以一流党建引领浦东"15分钟教育生活圈"建设。具体要求：一是坚决维护党中央权威和集中统一领导，坚持不懈用习近平新时代中国特色社会主义思想凝心铸魂，确保社会主义现代化建设引领区浦东"15分钟教育生活圈"建设的正确方向；二是坚持和加强党对浦东"15分钟教育生活圈"建设的各领域、全过程、各环节的领导，提高党把方向、谋大局、定政策、促改革的能力和定力；三是各级党委要牢牢扛起全面从严治党主体责任，特别是在浦东"15分钟教育生活圈"建设实践中的履职尽责问题（含纪检部门监督责任），提高各级党组织和党员干部的政治判断力、政治领悟力、政治执行力。

（二）深化理论认识

习近平总书记强调："理论强，才能方向明、人心齐、底气足。"当前，浦东新区推进"15分钟社区生活圈"建设之教育任务的不平衡性、不充分性问题，包括浦东新区推进"15分钟教育生活圈"建设中的有关认识误区和实践误区，其产生的原因固然很多，但概念不清、认识不准、理论不足是一个重要原因。只有理论科学、认识正确、头脑清醒，才能政治坚定，也才能增强持续推进"15分钟教育生活圈"建设实践的行动自觉与历史自信。这迫切需要推进"15分钟社区生活圈"建设之教育任务的浦东新区教育局、各街镇教育主管部门、各类学校（包括托育机构、培训机构等）及关联方主要是浦东新区两级教育主管部门务必深化理论认识。可以通过课题研究、会议研讨、培训教育、自我学习、现场实践等方式，逐步地、持续地使浦东新区两级教育主管部门、各类学校（包括托育机构、培训机构等）及关联方等学懂弄通"15分钟社区生活圈"建设规划相关理论、方法及政策，如自然资源部《社区生活圈规划技术指南》（TD/T 1062—2021）、《上海市15分钟社区生活圈规划导则（试行）》（2016）、《上海市乡村社区生活圈规划导则（试行）》（2021）、《上海市"15分钟社区生活圈"行动工作导引》（2023），以及2023年和2024年《上海市"15分钟社区生活圈"行动方案》等，特别学深悟透"15分钟教育生活圈"建设的概念术语、内涵外延、指导思想、目标愿景、基本原则、实践路径及注意事项等，做到完整、准确、全面把握其实质与核心要义。

（三）坚持系统观念

坚持系统观念，是习近平新时代中国特色社会主义思想的世界观、方法论和贯穿其中的立场观点方法的重要方面，是中国共产党人的优良传统和宝贵经验，也是高质量推进浦东"15分钟社区生活圈"建设体系重要构成的"15分钟教育生活圈"建设任务的基本思路和根本方法。社区是城乡生产、生活和治理的基本单元，是党治国理政理念践行的主要载体。打造"宜居、宜业、宜游、宜学、宜养"的"15分钟社区生活圈"，是落实"人民城市"建设理念，提升人民获得感、幸福感和安全感的重要抓手。推进"15分钟教育生活圈"建设是"15分钟社区生活圈"中作为民生之本的教育的根本要求，其本身是一个涉及规划、建设、发展、治理"四位一体"、有机统一的复杂系统工程，其中既包括"15分钟社区"这个特定的时空范围内的各类教育资源整合规划、教育机构和各类学校建设、校园空间更新等"硬件建设"，也包括高质量发展、精细化管理、数字化建设等"软件建设"。这客观要求推进"15分钟社区生活圈"建设之教育任务的浦东新区教育局、各街镇教育主管部门、各类学校（包括托育机构、培训机构等）及关联方，主要是浦东新区两级教育主管部门务必坚持系统观念。坚持系统观念，主要是在"15分钟社区"时空范围内聚焦便捷优质均衡教育问题，需要统筹处理好浦东新区一盘棋和街镇基层差异化、教育系统资源整合（例如一个社区将托育服务、基础教育、社区教育、老年教育、家长教育、继续教育等有机整合到一起）和文体科技场所融合、政府主导社会居民参与、学校高质量发展和高水平安全、学校规划建设发展治理等关系，以增强推进浦东"15分钟教育生活圈"建设的系统性、整体性、协同性、实效性。例如，面对2028年初中入学高峰和2032年高中入学高峰，需要系统把握和推进学校建设。未来浦东新区务必结合财政资金情况、区域开发进度和人口分布情况，分清轻重缓急、注重梯度建设，在产业或功能布局区、人口导入区前瞻性布局初高中教育资源，将土地空间资源优先保障教育所需，加快学校立项建设，特别是高标准建设一批初中和高中，进一步挖潜、扩大学位供给；加强幼儿园和小学新建项目研究，合理有序推进小学和幼儿园建设，包括公办幼儿园建设由增量向提质转变等。同时要考虑入学高峰过后，学龄人口减少趋势下的学校建设的优化问题。

（四）定期科学测评

《上海市"15分钟社区生活圈"行动工作导引》第一部分"目标愿景"强调以全体市民的获得感为最高衡量标准，实现"宜居、宜业、宜游、宜学、宜养"的愿景，特别是"宜学"目标，强调提供便捷可及的全年龄段学习空间，提升社区文化氛围和人文体验。这里有两个值得关注关键词：一是全体市民的获得感，二是宜学。判断获得感和宜学，归根结底需要社区居民的高度参与，需要专业人员通过定期而非一次性的科学测评方法直接测量社区居民的实际感受，包括社区居民教育获得感、幸福感、满意度等重要指标，否则，无法知晓特别是精准知晓浦东新区在高质量推进"15分钟教育生活圈"建设中取得的实际效果、存在问题、成因分析及改进对策。基于此，定期开展科学测评活动至关重要。但是在实践中应该避免以下问题：测评项目不全，缺乏居民认为最重要的因素；测评走过场，走形式；测评缺乏持续性；测评方法不科学，测评的有效度和可信度值得怀疑；对测评所获得的信息利用不够等。另外，自评和他评是两种不同的测评方法，而各种测评方法有一定的局限性，因此，在实践中，需要综合运用，相互补充、相互印证，才能提高浦东"15分钟教育生活圈"建设成效测评的信度与效度。

（五）推动家门口学校高质量发展

高质量推进浦东"15分钟教育生活圈"建设，其实质是在"15分钟社区"这个特定的时空范围内做强做大最基本的民生问题——教育服务工作，更好地满足广大社区居民所期盼的优质均衡教育，持续提升社区居民教育获得感、幸福感、满意度，不断提高社区居民福祉、促进居民全面发展与社会全面进步、助推浦东高质量发展与高效能治理。然而，要为全龄段社区居民提供优质均衡的教育服务，就必须打造好每一个高质量的家门口学校。这是高质量推进浦东"15分钟教育生活圈"建设的主要载体和根本依托。实践证明，只有每一所家门口学校实现了高质量发展，才能真正使广大社区居民成功成才成长，才能造福每一位社区居民。这客观要求浦东新区及各街镇必须推动家门口学校高质量发展。其关键是完整、准确、全面贯彻新发展理念，以新发展理念的内在统一引领每一个家门口学校高质量发展，以新质生产力理论指导和推动每个家门口学校高质量发展。重中之重是创新，舍此，别无他途。这里的家门口学校既包括各类学校，也包括教辅机构、公办或民办幼儿园及各类托育服务机构。推动家门口学校高质量发展的主要抓手：一是推动家门口学校教学工作高质量发展，二是推动家门口学校科研工作高质量发展，三是推动家门口学校文化工作高质量发展，四是推动家门口学校人才工作高质量发展（包括学生人才、教师人才、职工人才、干部人才等），五是推动家门口学校安全工作高质量发展，六是推动家门口学校党建工作高质量发展。当务之急加快实施 2024 年 7 月底出台的《浦东新区新优质学校高质量发展引领行动计划》，打造高质量发展的家门口学校，树立新时代家门口好学校的价值标杆，形成普通学校优质办学路径。

参考文献

《习近平新时代中国特色社会主义思想学习纲要》，学习出版社、人民出版社，2023。

《15 分钟生活圈，城市重新被定义》，《解放日报》2024 年 7 月 8 日。

南剑飞、侯建荣：《顾客满意度研究：以成品油销售企业为视角》，上海交通大学出版社，2019。

B.3
浦东新区"15分钟卫生生活圈"建设

陈亦雨*

摘　要： 近年来，浦东新区积极推进空间可达、服务多元化、资源均衡、协同合作、持续发展的"15分钟卫生生活圈"建设，旨在扩大医疗资源覆盖面，构建分级诊疗新格局，扎实推动社区卫生服务能力提升，积极推动医疗健康服务多元供给，提高卫生资源均衡性与可及性。经过多年探索，"15分钟卫生生活圈"建设取得了诸多成效，但建设过程中仍面临一些挑战。需进一步因地制宜优化医疗资源布局、提升基层医疗服务能力、完善医疗系统信息化建设，并引入多元力量共建医疗服务生活圈，才能真正满足人民群众对优质公平医疗服务的迫切需求，有效增强社会凝聚力，为国家的繁荣稳定发展奠定基础。

关键词： 15分钟卫生生活圈　三级医疗服务体系　医联体　浦东新区

党的十八大以来，以习近平同志为核心的党中央高度关注人民健康，推进健康中国建设上升为国家战略。习近平总书记提出，"没有全民健康，就没有全面小康。要把人民健康放在优先发展的战略地位"，[①] 要"构建起强

---

* 陈亦雨，博士，中共上海市浦东新区委员会党校公共管理教研部讲师，主要研究方向为经济法学、行政法学。
① 《把人民健康放在优先发展战略地位》，新华网，http：//www.xinhuanet.com//politics/2016-08/22/c_1119429462.htm。

大的公共卫生体系,为维护人民健康提供有力保障"。①

通过优化和均衡配置卫生公共服务资源、推动优质医疗资源扩容下沉和区域均衡布局,可以有效加强优质医疗资源的可及性,满足人民群众对优质公平医疗服务的迫切需求。卫生公共服务资源的精准均衡配置能够提高整个卫生系统的应急响应能力,也是实现社会公平的重要体现,精准均衡的卫生公共服务资源配置将有效增强社会凝聚力、为社会的繁荣稳定发展奠定基础。健康是国家可持续发展的重要目标之一。精准均衡的卫生公共服务资源配置可以促进人口健康,减轻疾病负担,为国家的经济、社会和环境可持续发展提供有力支持。因此,"15分钟卫生生活圈"的建设不仅关乎医疗服务的公平性和可及性,还直接影响国民的健康水平和国家、社会的发展质量与前景,其重要意义不容忽视。

一 "15分钟卫生生活圈"建设的内涵

2016年,上海市首次提出"15分钟社区生活圈"理念,旨在通过构建便捷的社区服务体系,提升居民的生活质量。浦东新区积极响应并深入推进这一理念,结合自身区域特点,创造性地提出了"15分钟卫生生活圈"的建设目标。"15分钟卫生生活圈"以满足人民群众对高质量、高品质生活的需求为导向,通过优化资源配置、提升服务品质,构建城乡一体、方便可及、公平高效、均衡普惠的公共卫生服务体系。浦东新区"15分钟卫生生活圈"作为"15分钟社区生活圈"的重要组成部分,其建设在空间可达性、服务多元化、资源均衡性、协同合作性、持续发展性等方面有着丰富而独特的内涵。

---

① 《习近平:构建起强大的公共卫生体系为维护人民健康提供有力保障》,中央人民政府,https://www.gov.cn/xinwen/2020-09/15/content_ 5543609.htm。

（一）空间可达性

在空间布局上，"15 分钟卫生生活圈"确保居民在步行或短距离交通出行（一般不超过 15 分钟）的范围内，能够便捷地到达各类卫生服务设施场所。这意味着以居民居住地为中心，合理规划和分布社区卫生服务中心、卫生站、诊所、药店等卫生服务点，使居民无论身处城市的哪个区域，都能在较短时间内获取基本的医疗卫生服务。例如，在陆家嘴金融区周边的老旧小区与世纪大道沿线的新建高档住宅区，以及临港新片区的新兴居民区，都有合理分布的卫生服务点，实现服务全覆盖，消除服务盲区。

（二）服务多元化

"15 分钟卫生生活圈"涵盖多种类型的卫生服务内容，满足居民不同层次的健康需求。包括但不限于基本医疗服务，如常见病、多发病的诊断和治疗；预防保健服务，如疫苗接种、健康体检、慢性病管理；康复护理服务，为术后患者、残疾人和慢性病患者提供康复指导和护理；健康教育服务，通过举办健康讲座、发放宣传资料等形式，向居民普及健康知识和疾病预防方法。例如，社区卫生服务中心可以开展家庭医生签约服务，为居民提供个性化的健康管理方案；设置康复理疗室，为有需要的居民提供康复治疗服务。

（三）资源均衡性

"15 分钟卫生生活圈"注重卫生服务资源在不同区域、不同人群之间的均衡分配。一方面，要缩小城乡之间、不同区域之间的卫生服务差距，确保农村地区和偏远地区的居民也能享受到与城市居民同等质量的卫生服务，无论是办公楼、产业园等功能园区附近，还是居民区，抑或相对偏远的乡村地区，都努力保障居民能享受到同等质量的卫生服务。另一方面，要关注特殊人群的需求，如老年人、儿童、孕妇、残疾人等，为他们提供更加便捷、贴心的卫生服务。例如，为老年人设置专门的健康体检项目和康复服务；为儿童提供预防接种和儿童保健服务；为残疾人提供无障碍设施和康复辅助器具。

（四）协同合作性

"15分钟卫生生活圈"强调不同部门、不同机构之间的协同合作，共同推进卫生生活圈的建设。卫生部门要与规划、建设、交通等部门密切配合，在城市规划和建设中充分考虑卫生服务设施的布局和需求。同时，要加强各级医疗机构之间的协作，建立分级诊疗制度，实现优质医疗资源的合理流动和共享。例如，大型综合医院与社区卫生服务机构建立医疗联合体（以下简称"医联体"），通过专家下沉、双向转诊等方式，提高基层医疗服务水平。

（五）持续发展性

"15分钟卫生生活圈"建设是一个持续发展的过程，需要不断适应居民健康需求的变化和城市发展的要求。要加强对卫生服务设施的管理和维护，确保设施的正常运行和服务质量的持续提升。同时，要积极引入新的技术和理念，如互联网医疗、智慧医疗等，为居民提供更加便捷、高效的卫生服务。例如，利用互联网技术开展远程医疗服务，让居民在家中就能与医生进行视频问诊；建立居民健康大数据平台，为疾病预防和健康管理提供科学依据。

二　浦东推进"15分钟卫生生活圈"建设目标及举措

（一）浦东推进"15分钟卫生生活圈"的建设目标

根据《浦东新区卫生健康发展"十四五"规划》《2024年浦东新区卫生健康工作要点》《健康浦东行动（2020—2030年）》，浦东新区在推进"15分钟卫生生活圈"建设中主要有以下几点目标。

1. 加快资源均衡布局，大力推进卫生项目建设

浦东新区结合上海市对医疗服务体系布局的"顶天""立地""强腰"

三级医疗服务体系架构，① 不断推进医疗资源的均衡布局。

在"顶天"层面，要重点支持国家级、市级医学中心建设，推进国家儿童医学中心（张江院区）、一妇婴东院改扩建等项目建成投用，推动肿瘤医院东院二期开工建设，加快多个市级医院建设进度。

在"立地"层面，要持续推动社区卫生服务中心硬件设施达标建设，推进多个卫生服务中心等建成投用、迁建、综合整新，加快大团、浦兴等社区卫生服务中心项目方案研究及审批手续办理。

在"强腰"层面，要积极开展区级医院项目建设，推进多个区级医院建成投用、修缮，东方医院心脏病全国重点实验室、浦东新区妇幼保健院（妇幼保健中心）南院一期新建工程等项目开工建设，加快推进沪东区域医疗中心、精神卫生中心书院院区、浦东医院临港院区等项目建设进度。

2. 提高卫生资源可及性，扎实推动社区卫生服务能力提升

要持续加强社区卫生服务中心"五好"建设，积极推进新一轮高质量社区试点建设。加强全专结合，推动"一院一品"特色服务与医疗品牌建设，拓展社区医疗服务基本病种清单，提升社区卫生服务中心医疗服务能力。加快社区康复中心、护理中心建设。加快健康管理中心试点建设。推进社区口腔诊室标准化建设。稳步扩大家庭医生签约覆盖面，丰富家庭医生签约服务内涵，强化签约服务考核与激励，提升家庭医生签约服务质量。

3. 扩大医疗资源覆盖面，深化医联体建设

要推动区域医联体优质医疗资源下沉共享，做优专家社区工作站、联合病房等服务模式，提升社区诊疗水平。完善医联体内统一的药品目录及常见

---

① 上海正围绕医疗科创最前沿、百姓就医最迫切需求，推进公立医院高质量发展，构筑"顶天、立地、强腰"医疗健康新格局，也即三级医疗体系——市级、区属、社区，以此构筑起一张有梯度的分级就医网络。"顶天"，即三甲医院为代表的市级医院要瞄准医学科技最前沿勇攀医学高峰，致力于解决急危重症、疑难复杂疾病；"立地"，即社区卫生服务中心要扎根基层，做实做细服务，为民众提供优质便捷的基本医疗服务与健康管理；处于中间层的区属医疗机构，要"强腰"，成为区域性医疗中心，承接区域百姓的常见病、多发病就医需求，"上接"三级医院，"下联"社区医疗机构。

慢性病用药目录，及时增补调整，落实应配尽配，加快推进联合药学门诊建设。做实区域辅助诊断中心，推动医联体内检验检查信息互通共享，提高医疗资源使用效率。与市儿童医学中心、一妇婴、眼耳鼻喉科医院共同打造儿科、妇产科、耳鼻喉科医联体。

4. 推动医疗健康服务多元供给，增加医疗资源可选空间

建设高品质医疗服务集聚区，提高医疗服务辐射效应。支持国际医疗机构以合资或者合作方式设立医疗机构，鼓励符合条件的公立医院设立国际医疗部。探索有序放开医疗健康服务领域外资准入限制，探索外国医生来华执业许可优化措施和外国护士来华执业通道，扩大医疗健康服务开放。

（二）浦东推进"15分钟卫生生活圈"的具体举措

1. 持续促进优质医疗资源扩容提质，不断完善公共卫生体系建设

一是大力推进国家级医学中心和省市级医疗高地建设，重点推进国家儿童医学中心、国家口腔医学中心、国家中医医学中心、国家肿瘤医学中心建设。配合推进龙华医院浦东分院竣工启用，推动胸科医院浦东分院开工建设，加快推进国家儿童医学中心、国家口腔医学中心、上海临床研究中心、长征医院浦东新院项目、一妇婴东院改扩建、六院临港院区二期工程项目等建设进度。目前，国家儿童医学中心（张江院区）已建成投用，胸科医院浦东分院项目已开工。

二是加快推进区级项目建设，推动多个区级医院改扩建、达标修缮、建成启用、功能完善，推动浦东新区妇幼保健院南院（一期）、大团社区卫生服务中心、浦兴社区卫生服务中心等储备项目的立项工作，全面完成历史存量审计项目的审计清算工作。

三是加强临港新片区卫生资源配置，推动申港、万祥社区卫生服务中心完成竣工，推动浦东医院临港院区开工建设，推动书院社区卫生服务中心完工可审批。

2. 提升社区卫生服务能力，不断筑牢基层卫生服务网底

其一，加强顶层设计，建立健全"1+9"政策体系。2023年，浦东新

区发布了《关于全面提升浦东新区社区卫生服务能力的实施方案》，进一步推进社区卫生高质量发展，促进分级诊疗，增加百姓健康服务的可及度和幸福度。浦东新区围绕"以基层为重点"制定社区卫生服务能力提升"1+9"政策体系。其中，"1"是实施方案，重点聚焦目标、服务与资源，解决突出问题。"9"为配套文件，涵盖家庭医生签约、数字型、基本病种清单等。此方案结合区域实际，提出硬件标准化、中心全都标准，并创新公共卫生总师制度等，促进服务和管理升级。

其二，强化部门协同，推进社区卫生服务中心达标建设。2023年，浦东新区卫生健康委员会联合规资局、发改委、财政局及相关街镇，在15分钟医疗卫生服务圈100%全覆盖的基础上，结合现代化城区三个圈层，制定社区卫生服务机构达标建设"一街镇一方案"，加快推动相关街镇社区卫生服务设施建设。

其三，持续夯实基本医疗服务水平建设。浦东不断强化社区卫生服务中心的四大功能，即提供优质可及的基本医疗服务、以人为中心的健康管理服务、重点人群的康复护理服务、打造医防融合的公共卫生网底；推进社区卫生服务中心"五好"建设，即好医院、好药品、好设备、好床位、好技术，实现人民群众家门口"看好病"目标，强化基层医疗服务网底。在社区全科医疗的基础上，积极开展妇科、儿科、康复、口腔、精神卫生、皮肤、眼耳鼻喉科等专科服务，印发《浦东新区社区医疗服务基本病种清单（2023版）》，在上海市清单基础上增补了28个病种。

其四，加强健康管理，积极拓展家庭医生签约服务覆盖面，做实做优家庭医生签约服务。在确保重点人群签约的基础上，推动个人签约向家庭签约转变，通过门诊医疗、疫苗接种、健康体检、义诊科普等多种方式，不断提升常住人口签约率。持续优化家医服务对象的结构性。关注"一老一小、重点人群、特殊人群"签约。积极与学校签约共建，稳步提升中小学生、幼儿签约率，做好"一老一小"签约服务工作。做好需求评估2~6级人士、残疾人和计划生育特殊家庭等人群的签约服务工作，实现有需求的人群签约服务全覆盖。

3. 促进资源下沉和医疗服务能级提升

其一，浦东新区推进区域医联体建设，强化优质资源整合。为响应国家及上海市医联体建设要求，浦东新区自 2018 年起推进医联体建设，形成"区域+专科"多元化形式。现已建立九大区域医联体和多个专科医联体，并计划建立更多合作。同时，浦东新区以医联体建设业务紧密联动为抓手，构建"市级医学中心—区域性医疗中心—社区卫生服务中心"医疗格局，落实分级诊疗就医模式。

其二，浦东新区创新药品供应保障机制，更新医联体用药目录。建立医联体内统一药品目录和医联体内常见慢性病用药目录，切实推动区域内二、三级医疗机构与社区卫生服务中心的用药衔接，特别是常见慢性病用药衔接。同时，浦东新区推动上级医疗机构药师下沉社区开展用药指导和帮扶，推动医联体内开设联合药学门诊，落实合理用药进社区活动。

其三，强化医联体协同联动发展，各医联体牵头医院均开设社区服务专窗，社区转诊患者享有优先就诊、优先检查、优先住院。全面下沉专家门诊，引导上级专家参与基层学科建设，鼓励高水平的学科专家、专业领域的知名医生设立专家工作站。联合病房全覆盖运行，发挥医联体牵头医院优势学科辐射效应，将稳定期、康复期患者转至社区联合病房，由上级医院医护团队下沉查房和带教，提升社区医疗水平和床位使用率，形成有序的急慢分治、上下联动的分级诊疗秩序。

4. 引导并促进高水平社会办医，满足多层次、多元化需求

其一，制定相关政策与指引。发布《浦东新区社会办医疗机构举办指引（2024 年版）》（以下简称"指引"）。该指引旨在促进高水平社会办医，构建与浦东经济社会发展水平相适应的医疗服务格局。通过支持康复、护理、儿科等特色专业医疗机构的建设，鼓励创办中医类医疗机构，以及吸引国家及省级学术组织领导专家参与社会办医，提高社会办医服务品质。

其二，鼓励高端和国际化医疗机构发展。指引中明确鼓励打造床位规模达到 100 张、业务面积超过 2000m² 的高端或国际化医院的品牌化优质医疗

机构。这有助于引进国际先进的医疗设备和技术，提供高品质的医疗服务，满足患者对于高品质、高效率医疗的需求。

其三，不断引进优质医疗资源。一方面，浦东新区积极引进知名医疗集团，创办优质的医疗机构。通过引进知名医疗集团的资源，着重打造具有规模和影响力的医疗机构，为社会办医服务注入新的活力。另一方面，浦东新区支持非在职高级专家（团队）兴办医疗机构，这不仅可以为社会办医机构带来前沿的医学理念和技术，还能为专家提供新的发展平台，提升整体医疗服务水平。

5. 推进数字化体系建设，打通医疗服务 "最后一公里"

一是推进 "便捷就医服务" 数字化转型 3.0 工作。2023 年 10 月，"便捷就医服务" 数字化转型 2.0 项目完成终期验收，实现电子票据、智能诊后随访、基于区块链的中药代煎、智慧急救升级版等功能。

二是健全 "互联网+医疗健康" 服务体系。着力加快推进数智化医疗创新，推进 "互联网+医疗" 发展，实现互联网医院服务量逐年递增。拓展 "数字家门口卫生服务" 范围，提升互联网医院远程咨询的响应时间和效率。健全 "互联网+医疗健康" 服务体系，进一步优化药品配送环节，拟签订《浦东新区药品配送服务战略合作协议书》，为社区居民提供更便捷、更及时、更优惠的药品服务。

三是加快推进智慧社区医院建设。积极推动集 "智慧医疗、智慧服务、智慧管理" 于一体的智慧医院建设。加快推进 "1+2+3+4+N" 社区卫生信息化建设，试点单位加快推进智慧社区医院建设，以数智技术促进 "流程再造和智慧创新" 为着力点，提供便捷、可及、主动、精准的健康服务。持续推进智慧医院建设，在医院智慧医疗、智慧服务、智慧管理的 "三位一体" 智慧医院顶层框架下，结合浦东新区医院目前的实际情况，按照浦东新区智慧医院信息化建设指南 "1+X" 方案，规范和指导浦东新区各个综合与专科医院信息系统的建设和运维管理，推动区域内各医院之间医疗卫生信息系统的互联互通、信息交换和信息共享，实现服务协同和资源共享，推动公立医院高质量发展。

（三）浦东推进"15分钟卫生生活圈"工作特色

1. 多级医疗服务体系不断形成完善

大型综合性医院作为区域医疗的核心力量，拥有先进的医疗设备和专业的医疗团队，能够开展高难度的手术和复杂疾病的诊治，为危急重症患者提供及时有效的救治。基层医疗卫生机构则如同坚实的基石，遍布各个社区和乡镇，为居民提供基本医疗、公共卫生和家庭医生服务等。它们承担着常见病、多发病的诊疗工作，同时积极开展健康教育和预防保健，提高居民的健康意识和自我保健能力。此外，专科医院专注于特定领域的医疗服务，为有特殊需求的患者提供精准的治疗。浦东新区的多级医疗服务体系实现了医疗资源的合理配置，让不同层次的医疗需求都能得到满足。居民在家门口就能享受到便捷、高效、优质的医疗服务，极大地提升了居民的健康福祉和生活质量。

2. 聚焦优质医疗资源不断下沉基层

医疗资源向基层扩散是促进优质医疗资源扩容和区域均衡布局的重要一步。以医联体之"通"，破解群众就诊之"痛"。浦东新区通过打造上下贯通的医疗网络，组建各种城市医疗联合体形态，让群众在家门口就能享受到优质、高效的医疗服务。同时，信息化建设也助力优质医疗资源下沉，远程医疗会诊系统让基层患者能够与上级医院的专家进行实时交流，获得准确的诊断和治疗建议。此外，政府不断加大对基层医疗的投入，改善基层医疗机构的设施设备，为优质医疗资源的下沉提供了坚实的硬件基础。

3. 因地制宜不断优化功能社区医疗服务

浦东新区办公楼、商业区、产业园等功能社区数量众多。浦东新区根据不同功能社区单位特点，通过家医签约服务、医疗设备和技术升级、志愿服务、健康扶贫等活动，提升功能社区目标人群的健康获得感，也提高了功能社区和居民的黏合度，扩大医疗服务的覆盖面和影响力。

4. 覆盖不同领域、类型的医疗服务

浦东新区既有专注于疑难重症治疗的大型综合性医院，凭借高端的医疗

设备和顶尖的专家团队，为患者攻克各种复杂疾病；又有各具特色的专科医院，针对特定领域提供专业化、精细化的医疗服务。社区卫生服务中心则如同贴心的健康守护者，扎根基层，为居民提供基本医疗、预防保健、康复护理等全方位服务。同时，还有民营医疗机构作为有益补充，以灵活的服务模式和个性化的服务内容满足不同人群的需求。从城市中心到偏远乡村、从婴幼儿到老年人，浦东新区的医疗服务涵盖各个领域、类型，切实保障着每一位居民的健康。

三 浦东推进"15分钟卫生生活圈"建设成效及问题

（一）浦东推进"15分钟卫生生活圈"建设成效

1. 卫生资源配置全面丰富，优质医疗资源辐射面广

（1）区属医疗卫生机构

浦东新区区属医疗卫生机构共 224 所，其中医院 16 所（综合性医院 6 所、中医医院 2 所、中西医结合医院 1 所、专科医院 6 所、妇幼保健院 1 所），社区卫生服务中心 47 所，分中心 23 所，社区卫生服务站 126 所，专业公共卫生机构 6 所，其他机构 6 所。区属医疗机构中三级医院 6 所（综合性医院 5 所、中西医结合医院 1 所），二级医院 10 所（综合性医院 1 所、中医医院 2 所、专科医院 6 所、妇幼保健院 1 所），另有妇幼保健中心和眼牙病防治所各 1 所。[①]

（2）市属三级医疗机构

浦东新区范围内已有市属三级医院 10 所，其中综合性医院 4 所（上海市交通大学医学院附属仁济医院东院、复旦大学附属华山医院东院、上海市第九人民医院浦东分院、上海市第六人民医院东院），中医医院 2 所（上海

---

① 上海市浦东新区卫生健康委员会、上海市浦东卫生发展研究院编《2023 浦东新区卫生发展报告》，上海科学技术出版社，2024。

中医药大学附属曙光医院东院、上海中医药大学附属龙华医院浦东分院)，专科医院3所（复旦大学附属眼耳鼻喉科医院、肿瘤医院浦东分院、上海市儿童医学中心)，妇幼保健院1所（上海市第一妇婴保健院浦东分院)。[①]

（3）工业及其他部门医疗卫生机构

工业及其他部门医疗卫生机构共1342所，其中医院66所（民办医院61所)、门诊部349所、诊所290所、内设医疗机构216所、护理站62所、村卫生室327所、其他32所。浦东新区范围内共有社会办医疗机构1010所，其中，医院61所，门诊部349所，诊所（含内设、护理站）568所，其他32所。另外，全国首家外商独资医院——位于浦东的上海永远幸妇科医院于2015年落户上海自贸区外高桥保税区，2016年5月正式营业。[②]

（4）病床分配

2023年，浦东新区医疗机构实际开放床位3.02万张，病床使用率达87%。区属医疗卫生机构实有床位1.28万张（其中综合性医院6232张、中医医院554张、中西医结合医院750张、专科医院1820张、妇幼保健院200张、社区卫生服务中心3292张)，市属三级医院实有床位6477张（其中综合性医院2843张、中医医院1241张、专科医院1742张、妇幼保健院651张)，工业及其他部门医疗机构实有床位10833张（其中民办医院8283张)。区属医疗机构中，三级医院实有床位6332张、二级医院实有床位3224张、社区卫生服务中心实有床位3292张。[③]

（5）人员配置

2023年末，浦东新区卫生人员总数为55466人。按常住人口计算，2023年，浦东新区每千人口卫生技术人员数7.86人、每千人口执业（助理）医师数3.02人、每千人口注册护士数3.43人、每千人口床位数5.19

① 上海市浦东新区卫生健康委员会、上海市浦东卫生发展研究院编《2023浦东新区卫生发展报告》，上海科学技术出版社，2024。
② 上海市浦东新区卫生健康委员会、上海市浦东卫生发展研究院编《2023浦东新区卫生发展报告》，上海科学技术出版社，2024。
③ 上海市浦东新区卫生健康委员会、上海市浦东卫生发展研究院编《2023浦东新区卫生发展报告》，上海科学技术出版社，2024。

张。2023年，浦东新区医疗机构共有专业公共卫生机构人员1554人、全科医师2552人。按常住人口计算，每千人口专业公共卫生机构人员0.27人、每万人口全科医师4.39人。[①]

2.扎实筑牢基层卫生网底服务，实现家门口"看好病"

配齐配强社区医疗检查设备、积极打造社区"一院一品"。2023年，全年共有4家新建社区卫生服务机构项目建成，新增床位420张。完成3个社区卫生服务站新建，确保"15分钟服务圈"100%覆盖。目前，浦东新区所有社区已经基本设备应配尽配并全覆盖配置CT、移动DR、肺功能检测仪、心脏超声"四件套"，建立放射、心电、检验等区域辅助诊断中心，2023年度社区CT业务量已达4.5万人次，居民对家门口CT检查高度好评。[②]

做实做优家庭医生签约服务，持续提升家庭医生服务满意度。截至2023年底，浦东新区常住人口签约256.07万人，家庭医生签约率45.04%。十类重点人群签约115.30万人，签约率84.01%。2023年，浦东新区家庭医生签约服务满意度99.49%，近5年来签约居民对家庭医生的满意度均保持在95%以上，家庭医生签约服务受到浦东新区签约居民的广泛好评。由此可见，浦东新区已有效提升家庭医生的签约服务水平，使家庭医生签约服务向标准化、规范化、优质化迈进，签约居民满意度保持在了较高水平。[③]

凸显社区中医主阵地作用，中医特色服务品牌相继涌现。浦东新区积极探索中医药发展模式与机制创新，所有社区卫生服务中心建立以中医全科为主，兼顾中医专病专科的"全专结合"中医全科诊疗服务新模式，具有区域设置一体化、功能多元化，中医人才队伍全专复合化，中医诊疗服务标准化、同质化，诊疗流程便捷化、温馨化等特点。已启动中西医结合旗舰社区卫生服务中心3家，建设社区中医特色专病专科建设项目10个，设立上海

[①] 上海市浦东新区卫生健康委员会、上海市浦东卫生发展研究院编《2023浦东新区卫生发展报告》，上海科学技术出版社，2024。

[②] 上海市浦东新区卫生健康委员会、上海市浦东卫生发展研究院编《2023浦东新区卫生发展报告》，上海科学技术出版社，2024。

[③] 上海市浦东新区卫生健康委员会、上海市浦东卫生发展研究院编《2023浦东新区卫生发展报告》，上海科学技术出版社，2024。

市名中医工作室基层工作站 18 个，完成上海市中医药示范社区卫生服务站（村卫生室）9 个，中医全科新模式全覆盖建设。[1]

3. 打造上下贯通医联体，形成高效运行机制

其一，医联体有效整合和优化了城市医疗资源。通过这一机制，实现资源共享、优势互补，进而为浦东新区居民提供更加便捷、优质的医疗服务，有效缓解看病难、看病贵的社会问题，有效推动卫生工作重心下移和资源下沉，目前社区卫生服务中心设立 297 个社区专家工作室，[2] 部分社区开设双休日专家门诊，更好地惠及有就诊或陪诊需求的在职人群，整体医疗服务效能得到优化。

其二，建立医联体内统一药品目录并实行动态调整机制，社区药品不断扩容。除医保限定和不适宜在社区使用的药品种类外，基本实现社区卫生服务中心与医联体牵头医院药品配备同质化。加强药事服务和前置审方，保障社区患者在医联体内的用药连续性。目前，社区药品种类从 721 种扩容至 1170 种，社区卫生服务中心平均配备药品数较 2022 年底增加 400 余种，社区卫生服务中心与医联体牵头医院药品吻合度超过 80%，提升了"家门口"配药便利性，并将持续优化扩容。[3]

其三，医院临床药师和审方药师通过医联体项目，不断下沉到各个社区。医院临床药师和审方药师可按需对患者目前的用药进行药物重整，为患者提供用药教育、咨询指导等一系列专业化服务。同时还会对社区卫生服务中心的药师进行一系列的培训，帮助社区药师提升药学服务技能。[4]

4. 数字化转型 3.0 工作取得成效，"智慧医院"便民利民

其一，"便捷就医服务"数字化转型 3.0 工作加快转型。在已有的"便

---

① 上海市浦东新区卫生健康委员会、上海市浦东卫生发展研究院编《2023 浦东新区卫生发展报告》，上海科学技术出版社，2024。

② 上海市浦东新区卫生健康委员会、上海市浦东卫生发展研究院编《2023 浦东新区卫生发展报告》，上海科学技术出版社，2024。

③ 上海市浦东新区卫生健康委员会、上海市浦东卫生发展研究院编《2023 浦东新区卫生发展报告》，上海科学技术出版社，2024。

④ 《浦东积极发挥医联体作用，优化社区用药服务》，上观新闻，https：//export. shobserver. com/baijiahao/html/653033. html。

捷就医服务"数字化转型 1.0 和 2.0 基础上，浦东新区卫生健康委员会进一步整合拓展相关成果，以"随申办"移动端作为总入口，推进互联网医院多学科会诊、一键式病案服务、云陪诊服务、云胶片服务、医保电子处方中心、互联网医院专区服务六大应用场景。

其二，成功打造了一系列创新应用场景，"家门口的智慧医院"得到全覆盖。浦东新区 64 家医疗机构完成精准预约科室覆盖率 100%，实现预约病人 30 分钟内就诊、医联体转诊病人 15 分钟内就诊。327 所村卫生室实现"互联网+村卫生室"全覆盖，为村民提供上级医院优质线上互联网服务。①

（二）浦东推进"15分钟卫生生活圈"需要解决的问题

1. 资源配置仍旧不够均衡

截至 2023 年底，浦东新区三级、二级医院及社区卫生服务机构主要集中在浦东新区的西北片区，中部、东南部等地区或老旧社区的医疗资源相对匮乏，实践中仍然可能存在医疗机构数量不足、医疗设备陈旧、医护人员短缺等情况。需要加大对这些地区的投入，合理规划医疗机构的布局，确保每个区域的居民都能在 15 分钟内享受到基本的医疗服务。

2. 不同地区及机构之间医疗服务质量仍存在一定差异

一些基层医疗机构在诊疗水平、服务态度等方面还有待提高。一方面，大型综合性医院通常拥有更先进的设备、更专业的医疗团队和更完善的服务体系，而基层医疗机构可能在这些方面相对薄弱。另一方面，诊疗水平的不足体现在医生的专业技能、临床经验以及对疑难病症的诊断和治疗能力方面。基层医疗机构可能由于缺乏高端医疗设备和专业人才，在疾病诊断的准确性和治疗的有效性上存在一定局限。

3. 信息化建设尚有进一步强化空间

在浦东新区的卫生医疗体系中，信息化建设已经取得了一定的成果，但

---

① 上海市浦东新区卫生健康委员会、上海市浦东卫生发展研究院编《2023 浦东新区卫生发展报告》，上海科学技术出版社，2024。

仍有提升的空间。一方面,在某些领域未能充分发挥信息化的优势,医疗信息系统在互联互通方面还存在不足,患者的健康档案、诊疗记录等不能在不同医疗机构之间顺畅共享。另一方面,在信息化的深度和广度上还有待拓展。例如,存在信息录入不规范、数据共享不顺畅等问题,患者难以快速找到合适的医生和就诊时间。医院的医疗信息管理可能不够高效,如何真正发挥信息化优势,帮助提高服务质量、提升管理效率、优化医疗资源配置等问题还有待进一步深挖。

4. 社区参与度不高

居民对"15分钟卫生生活圈"的认知和参与度不够,部分居民可能仍然习惯前往大医院就诊,而忽视了身边的基层医疗机构。同时,社区卫生服务中心可能因为缺乏居民的反馈和参与,无法及时了解居民的需求,从而难以提供更加精准的服务。因此,要进一步加强宣传和教育,提高居民对基层医疗服务的信任度和认可度,鼓励居民积极参与社区卫生服务,共同营造良好的医疗环境。

5. 交通及可达性问题仍旧困扰居民

虽然目标是15分钟可达,但在实际中,一方面,部分城区通常道路狭窄,且规划建设年代较早,难以适应现代交通流量的增长。因此,可能由于交通拥堵、道路规划不合理等,导致居民无法在规定时间内到达医疗机构。另一方面,由于部分医院规划建设时预留的停车位较少,且尚未推广智能停车系统,存在医院周边停车难、用车拥挤等现实问题。需要优化交通网络,改善公共交通设施,提高医疗机构的可达性。

6. 资金投入压力较大

推进"15分钟卫生生活圈"需要大量的资金投入,包括建设新的医疗机构、更新医疗设备、培训医护人员等。政府财政投入是推进"15分钟卫生生活圈"建设的主要资金来源。然而,政府的财政资金有限,难以满足建设的全部需求。同时,社会资本的参与度不高,一方面是由于卫生领域的投资回报周期较长,风险较大;另一方面是受政策限制,外资进入医疗领域的渠道路径尚在探索中,且缺乏有效的激励机制和政策支持,难以吸引社会资本投入。确保资金的稳定来源和合理分配，是需要解决的问题。可以通过政府投入、社会资本参与等多种方式筹集资金，同时加强资金的监管和使用效率评估。

四　推进"15分钟卫生生活圈"建设的建议

在当今社会，人们对健康的重视程度与日俱增，对优质卫生服务的需求也愈发迫切。为了更好地满足居民的健康需求，提升居民的生活质量，浦东新区继续完善推进"15分钟卫生生活圈"建设显得尤为重要。以下是一些关于推进"15分钟卫生生活圈"建设的建议。

（一）进一步优化医疗资源布局

1. 进一步增加基层医疗机构数量

一方面，需聚焦浦东新区中部、南部地区，以及一些人口密集但医疗资源相对不足的功能区，如新兴的大型居住社区、城乡结合部等，加快新建社区卫生服务中心、社区卫生服务站等基层医疗机构，确保居民在15分钟步行范围内能够到达最近的医疗点。另一方面，增设社区卫生服务站或小型诊所，确保居民在步行15分钟范围内能够到达最近的医疗服务点。例如，可以利用改造闲置的商业用房、社区活动中心等场所，配备基本的医疗设备和医护人员。

2. 合理分布专科医院

除了综合医院，根据区域内的疾病谱和居民需求，浦东新区可继续大力引进专科医院，鼓励浦西的优秀专科医院来浦东开设分院。同时，合理布局专科医院，如口腔医院、眼科医院、妇幼保健院等。这些专科医院可以与综合医院形成互补，提供更加专业的医疗服务，减少居民前往其他区域就医的时间和成本。

3. 统筹调配大型医院资源

加强大型综合医院与基层卫生服务机构的合作，进一步扩大远程医疗、专家下沉、双向转诊等的服务范围，提高基层医疗服务的水平。大型医院可以定期派遣专家到社区卫生服务中心坐诊、培训，实现医疗资源的高效利用。

4.在基层卫生服务机构开展多样化的医疗服务

除了基本的医疗服务外，社区卫生服务机构还可根据居民的需求，开展中医理疗、康复护理、心理健康咨询等特色服务，满足居民多样化的健康需求。例如，设置中医馆，提供针灸、推拿、艾灸等中医治疗服务；建立康复中心，为术后患者、慢性病患者提供康复训练。

（二）继续提升基层医疗服务能力

1.加强医护人员培训与引进

一方面，定期组织基层医护人员参加专业培训、学术交流和进修学习，提高他们的医疗技术水平和服务能力。可以与上级医院或医学院校合作，开展培训项目，邀请专家进行指导和授课。例如，建立基层医护人员到上级医院轮岗培训的机制，让他们有机会学习先进的诊疗技术和管理经验。另一方面，制定优惠政策，吸引优秀的医疗人才到浦东新区基层工作，进一步提高基层医疗队伍的整体素质。例如，提供住房补贴、子女教育优惠等福利，解决人才的后顾之忧。

2.完善医疗设备配置

一方面，对社区卫生服务机构的环境进行改造和升级，提供舒适、整洁、安全的就医环境。增加候诊区的座位、改善通风采光条件、设置无障碍设施等，提高居民的就医体验。另一方面，加强交通配套：优化社区周边的交通线路和交通设施，增加公交线路、共享单车投放点等，方便居民前往社区卫生服务机构。同时，在社区卫生服务机构周边设置足够的停车位，满足自驾就医的需求。

3.建立远程医疗协作

利用互联网技术，不断建立完善基层医疗机构与上级医院之间、浦东医疗机构与浦西医疗机构之间、浦东医院与外地医院之间的远程医疗协作平台。开展远程会诊、远程诊断、远程培训等服务，让居民在家门口就能享受到优质的医疗资源，基层医生可以通过在线培训提高业务水平。

（三）加强完善医疗系统信息化建设

1. 建立统一的医疗信息系统

一方面，利用信息化手段加强医院管理效能是医院发展的必然趋势。整合区域内各级医疗机构的医疗信息，建立统一的医疗信息系统，实现患者信息、病历、检查报告等数据的共享，居民在不同医疗机构就诊时，医生可以方便地查阅患者的既往病史和检查结果，避免重复检查，提高医疗效率。另一方面，利用信息化手段优化门诊流程，建立医患交互系统。患者可以通过手机 App 或微信公众号了解住院流程和注意事项，医生可以在系统中及时了解患者的病情变化，护士可以在系统中进行护理记录和医嘱执行，从而为患者提供更加优质的服务。

2. 完善医疗质量管理系统

一方面，加强医院数据分析与决策支持，利用数据分析和挖掘技术，对医院的数据进行深入分析。例如，分析患者的就诊规律、疾病分布、医疗费用等，为医院的管理决策提供数据支持。同时，数据分析还可以帮助医院发现潜在的问题和风险，及时采取措施加以防范。另一方面，通过信息化手段对医疗质量进行实时监控和评估。例如，对手术过程进行视频监控，对药品使用进行跟踪管理，对医疗纠纷进行及时处理等。医疗质量管理系统可以帮助医院管理者及时发现问题，采取措施加以改进，提高医疗质量和安全性。

（四）引入多元力量共建医疗服务生活圈

1. 鼓励社会力量参与

一方面，出台相关政策，鼓励社会力量举办医疗机构，如民营医院、诊所等。社会力量举办的医疗机构可以提供多样化的医疗服务，满足不同居民的需求。同时，加强对社会力量举办医疗机构的监管，确保其医疗服务的质量和安全。另一方面，2024 年 9 月，商务部、国家卫生健康委、国家药监局拟允许在北京、天津、上海、南京、苏州、福州、广州、深圳和海南全岛设立外商独资医院。浦东可借此机会继续探索尝试引进外资医院,满足不同层次患者的就医需求,并利用外资的专业技能,提高本地医疗水平。

2. 拓宽融资渠道

其一,鼓励金融机构支持。鼓励金融机构加大对社会力量办医的支持力度,创新金融产品和服务。例如,扩大医疗设备融资租赁、医疗机构信用贷款等金融产品的服务范围,为社会力量办医提供资金支持。其二,积极引入社会资本参与医疗领域服务。鼓励社会资本通过股权投资、债券投资等方式投资兴办医疗机构。建立医疗产业投资基金,为社会力量办医提供资金支持和风险保障。其三,深化开展合作办医。鼓励公立医院与社会力量合作办医,实现优势互补、资源共享。合作办医可以采取多种形式,如股份制合作、委托管理、技术合作等。

3. 进一步提高居民认知和参与度

一方面,利用电视、广播、报纸、网络等多种媒体渠道,广泛宣传"15分钟卫生生活圈"的概念、意义和优势。制作宣传视频、海报、手册等宣传资料,在社区、学校、医院、商场等公共场所进行发放和展示。组织社区工作人员、志愿者等深入社区,开展"15分钟卫生生活圈"宣传活动。通过举办讲座、座谈会、健康咨询等形式,向居民介绍"15分钟卫生生活圈"的内容和服务项目,提高居民的认知度。另一方面,加强家庭医生签约服务的宣传和推广,让居民了解家庭医生签约的好处和服务内容。提高家庭医生的服务质量和水平,建立良好的医患关系,增加居民对家庭医生的信任度和签约率,为居民提供更加便捷、高效、优质的卫生服务。

习近平总书记指出,"要把人民健康放在优先发展战略地位,努力全方位全周期保障人民健康"。浦东新区"15分钟卫生生活圈"建设是一项旨在提升居民医疗服务可及性和便利性的重要举措。在建设过程中虽面临着诸多挑战,但经过不懈努力,浦东新区已经初步构建起"顶天""立地""强腰"的三级医疗服务体系,且覆盖不同领域、类型医疗服务,功能不断优化,优质医疗资源不断下沉的"15分钟卫生生活圈",为居民提供了更加便捷、高效、优质的医疗服务，切实提升了居民的健康福祉和生活质量。相信在不久的将来，浦东新区的"15分钟卫生生活圈"将以更加完美的姿态展现在我们面前，为居民撑起一把坚固的健康保护伞，成为人们幸福生活的坚实保障。

参考文献

张颖：《健康期望、医疗改革与卫生制度均衡》，东北财经大学博士学位论文，2021。

赵盼盼、贺睿博、唐文熙等：《基层医疗卫生机构服务的均衡供给与有效治理》，《中国卫生经济》2022年第3期。

《把人民健康放在优先发展战略地位》，新华网，http：//www.xinhuanet.com//politics/2016-08/22/c_ 1119429462.htm。

《习近平：构建起强大的公共卫生体系为维护人民健康提供有力保障》，中华人民共和国中央人民政府，https：//www.gov.cn/xinwen/2020-09/15/content_ 5543609.htm。

《上海构筑"顶天、立地、强腰"医疗健康新格局》，文汇报，https：//baijiahao.baidu.com/s？id＝17834035025106472908wfr＝spider&for＝pc。

B.4

浦东新区"15分钟养老生活圈"建设

李 宁 李 星*

摘　要： 浦东新区"15分钟养老生活圈"是落实"人民城市"理念，提升老年人获得感、幸福感和安全感的重要抓手。浦东通过完善养老资源的均衡配置、智慧技术的精准赋能、多元支持体系的建设等举措，推动浦东老年人友好型社会建设取得初步成效，养老公共服务资源配置逐步向精准化与均衡化迈进，但养老服务仍存在资金不足、供需结构错位、养老理念偏差等现实问题。展望未来，"15分钟养老生活圈"将充分考虑因地制宜布局养老服务资源，处理养老服务成本与效率间的难题，不断推动养老事业产业降本增效，兼顾三个圈层内多类型的养老服务圈建设。最终实现以"15分钟养老生活圈"高水平建设推动人口高质量发展，真正实现将养老服务延伸到老年人"家门口"。

关键词： 15分钟养老生活圈　公共服务　老年友好型社会　浦东新区

公共服务资源在向服务对象输送的过程中，其资源转化的效率和达到的服务效果在很大程度上取决于其配置的精准性与均衡性。养老服务事关亿万百姓福祉、事关社会和谐稳定，是落实积极应对人口老龄化国家战略的重要任务。"15分钟养老生活圈"建设是人口高质量发展，推动养老服务资源配置精准均衡的重要内容。《"十四五"国家老龄事业发展和养老服务体系规划》基本原则中提出"推进养老服务体系建设，强化政府保基本兜底线职能，促进资源均衡配置，确保基本养老服务保障到位"。党的二十大报告提

---

* 李宁，中共上海市浦东新区委员会党校助教，主要研究方向为基层治理、公共政策分析等；
　李星，中共上海市浦东新区委员会党校助教，主要研究方向为经济法、反垄断法等。

出要实施积极应对人口老龄化国家战略，发展养老事业和养老产业，优化孤寡老人服务，推动实现全体老年人享有基本养老服务。2023 年国务院发布的《关于推进基本养老服务体系建设的意见》中强调，基本养老服务在实现老有所养中发挥重要基础性作用，推进基本养老服务体系建设是实现基本公共服务均等化的重要任务。党的二十届三中全会再次强调要积极应对人口老龄化，进一步完善发展养老事业和养老产业政策机制。长期以来，我国养老建设面临着城乡服务资源不均衡、各类养老人群服务配置不精准的问题。因此，如何借助"15 分钟养老生活圈"的建设，推动养老公共服务精准均衡是当下政府部门落实养老服务高质量发展的重要抓手。

实现养老服务的均衡性对于社会的可持续发展和民生福祉至关重要，通过促进社会公平、经济稳定、人口红利和社会和谐等构成高质量发展的实质内容。均衡协调养老服务资源配置是应对人口老龄化和实现基本公共服务的可及性和均等化的关键举措，也是实现共同富裕和构建新发展格局的重要内容。养老资源配置的精准化通过对不同老年群体的需求提供相应的服务，可以更有效地利用资源，确保服务更加精准。养老公共服务资源配置的均衡性有利于加快补齐农村养老服务的短板，届时城乡一体化的进程将在养老服务资源优化配置中得以推进。因此，推动养老公共服务资源配置的精准均衡有利于走出一条具有中国特色、符合国情的应对人口老龄化道路，更好推进中国式现代化进程。

一 "15分钟养老生活圈"建设的内涵

目前，关于"15 分钟养老生活圈"，在学术界和实务部门尚无确切的定义，通常是把其置于"15 分钟养老服务圈"的概念中加以讨论。"15 分钟养老服务圈"被定义为老年人从家到养老服务设施最多只需步行 15 分钟，所有的养老服务在 15 分钟的步行范围内都能触手可及。① 成熟完善的"15

---

① 《多地推进城区"15 分钟养老服务圈"》，人民资讯，https：//baijiahao. baidu. com/s？id = 1712294720309352391&wfr=spider&for=pc。

分钟养老服务圈"则是以老年人实际需求为导向，构建居家养老服务中心、日间照料中心、老年餐桌、居家养老服务站、虚拟养老院等城市社区养老服务机构，通过采取上门服务与集体活动相结合的方式，实现以城市社区为基本单元，让老年人以家为中心，步行15分钟能够享受到日间照料、生活护理、医疗保健、家政、文体、社交等多样化的养老服务需求。我国推行的养老模式主要为"9073"，即90%居家养老、7%社区养老、3%机构养老。然而，居家养老的服务主体也是社区，因此"15分钟养老生活圈"的建设更能充分挖掘社会资源，最大限度释放居家养老的潜能，成为新时代养老的一种新模式。2023年，《关于加强新时代老龄工作的意见》中围绕创新居家社区养老服务模式对"15分钟养老生活圈"作出具体要求，即以居家养老为基础，通过新建、改造、租赁等方式，提升社区养老服务能力，着力发展街道（乡镇）、城乡社区两级养老服务网络，依托社区发展以居家为基础的多样化养老服务，实现做活普惠性养老服务目标。① "15分钟养老生活圈"主要通过社区托养服务，为社区内失能、高龄独居以及其他需要临时短期托养的老年人提供就近日托、全托以及上门等服务。通过与周边医院、社区卫生服务中心、康复护理等养老机构充分合作，引入社区卫生服务站、护理站等补充服务，为老年人提供文体娱乐活动、心理疏导、情绪管理指导及场所设施，逐渐满足老年人增长的多层次、高品质的养老需求。

上海市政府结合不同阶段的发展要求，明确养老服务发展思路，贯彻落实《国务院关于加快发展养老服务业的若干意见》，从构建"9073"养老服务模式到引领"15分钟养老生活圈"建设。2016年，《上海市15分钟社区生活圈规划导则》在"老有所养的乐龄生活"中提出，"15分钟养老生活圈"是按照居家养老为基础、社区养老为依托、机构养老为支撑的要求，依托社区养老院完善机构养老服务，重视居家养老服务，按标准配置综合为老服务中心、日间照料中心和老年活动室，全面覆盖老年人保健康复、生活

---

① 《民政部：将进一步优化居家、社区、机构养老服务供给》，澎湃新闻，https://baijiahao.baidu.com/s? id=1806878846658155736&wfr=spider&for=pc。

照料以及精神慰藉等多方面需求。2019年,《上海市社区嵌入式养老服务工作指引》出台,推进各街镇"15分钟养老生活圈"布局,重点建设集日托、全托、助餐、辅具推广、医养结合、养老顾问等功能于一体的"枢纽型"社区综合为老服务中心。① 2023年,上海市民政局出台《上海市家门口养老服务站设置指引》,从场所建设、服务内容等方面进一步细化社区养老服务网络建设。2023年发布的《上海市"15分钟社区生活圈"行动工作导引》,在宜养方面提出保障全生命周期的康养生活,实现机构养老更专业、居家养老更舒适的目标。②

浦东新区是上海市老年人口总量最大的区,截至2023年12月底,全区60岁及以上户籍老年人口111.48万人,占总户籍人口的33.41%,③ 已进入深度老龄化社会,建设好"15分钟养老生活圈"是解决好养老服务供需平衡问题和推动长期协调持续发展的重要举措,成为当前人民群众最关切的问题之一。近年来,浦东为深入落实"15分钟养老生活圈"出台《关于加快完善社会养老服务体系着力优化大城养老浦东样板的行动方案(2023—2025)》《浦东新区养老设施布局专项规划(2023—2035)》《浦东新区"十四五"养老服务发展财政扶持意见》等政策,规划中以总床位数与每千人社区养老服务设施建筑面积作为两项核心指标进行落点布局,有效保障多元化、差异化、便捷化的养老服务供给,最终实现一站式综合服务。浦东在街道"15分钟养老生活圈"规划中,除了养老服务机构外,社区综合为老服务中心和"家门口"服务站点也将提供两种层级的养老服务供给。④

---

① 《经济发达的上海也是中国最长寿地区之一,背后离不开这串数字密码》,上观新闻,https://export.shobserver.com/baijiahao/html/270100.html。
② 《〈上海市"15分钟社区生活圈"行动工作导引〉发布》,澎湃新闻,https://m.thepaper.cn/baijiahao_22108158。
③ 资料来源:浦东新区民政局。
④ 《养护院/认知站/健康小屋……这里的"15分钟养老服务圈"即将达成》,浦东发布,https://weibo.com/ttarticle/p/show?id=2309404573069120241816。

二　浦东推进"15分钟养老生活圈"建设目标及举措

（一）目标

在建设目标上，浦东新区按照养老服务水平整体提升、加强养老服务设施均衡化，以及养老服务设施功能优化三个阶段逐步推进。

1. 阶段一：养老服务水平整体提升（2021～2023年）

积极应对人口老龄化、高龄化趋势，巩固完善居家社区机构相协调、医养康养相结合的养老服务体系。根据《上海市养老服务条例》，按照不低于常住人口每千人40平方米的建筑面积配置社区养老服务设施，在城区重点推进社区嵌入式养老标准化、规范化建设，在郊区重点发展互助式养老。贯彻落实民心工程实事项目建设要求，在社区打造一批与老年人"养、食、居"密切相关的社区养老服务设施，按需灵活设置养老服务"微空间"，把养老问题解决在"家门口"。全面建成多点均衡布局的"东西南北中"区级养老机构，建成后预计新增养老床位5590张，加快构建大城养老的"浦东样板"。具体而言，三年内，共计推进养老项目102项。①

2. 阶段二：加强养老服务设施均衡化（2023～2025年）

"十四五"期间，浦东新区要全面推动为老服务功能"强"起来、养老设施力量"统"起来，到2025年，形成与全面建设社会主义现代化建设引领区相协调、与浦东新区经济社会发展水平相适应、与老龄化进程相匹配的老龄事业发展新体系。② 落实到"15分钟养老生活圈"的建设中主要体现为加强养老服务设施均衡化。如适当提高养老服务设施用地比例，实现保基本养老床位街镇全覆盖；支持充分利用存量资源改建为养老服务设施，推动床位功能结构优化；加密社区嵌入式养老服务设施，重点建设枢纽型养老综

---

① 《关于进一步推动"15分钟服务圈"提质增效三年行动计划（2021—2023年）》。

② 《浦东新区老龄事业发展"十四五"规划》。

合体,打造社区"养老服务联合体";在郊区重点发展互助式养老,建设"示范睦邻点",并将农村养老服务设施和服务纳入乡村振兴规划等。到"十四五"末,基本形成覆盖城乡、功能完善、保障基本、服务多元、监管到位的养老服务体系,养老服务供给能力、质量水平和匹配度、有效性显著增强,老年人的获得感、幸福感和安全感全面提升,养老服务工作整体水平持续走在全市乃至全国前列。①

3. 阶段三: 养老服务设施功能优化(2025~2035年)

延续分类服务供给的"9073"养老服务设施格局,完善居家社区机构相协调、医养康养相结合,各尽其责的"高度融合、综合服务"养老服务设施体系,加强养老服务设施之间的衔接和整体联动。促进居家社区机构养老服务融合发展,发挥养老服务机构的专业支撑作用,推动社区养老服务设施为家庭提供专业服务,鼓励养老机构开展居家和社区养老服务,提高养老服务资源利用效率。② 在具体目标设置上,浦东新区要确保全区养老床位总数不低于户籍老年人口数的3.1%,保基本床位数不低于户籍老年人口数的1.5%;其中各街道、各镇养老床位总数分别按不低于辖区户籍老年人口数的2.5%、3.5%配置,保基本床位数均不低于辖区户籍老年人口数的1.5%;全区及各街镇到2025年社区养老服务设施建筑面积不低于每千人50平方米(辖区常住人口),到2035年不低于每千人60平方米。③

(二)具体举措

1. 分层分类,系统谋划,加快构建协调养老服务体系

一是系统谋划构建居家社区机构相协调的养老服务体系。浦东新区坚持规划先行的总体思路,对于机构养老需求,全力以赴抓建设,充分发挥机构养老的支撑作用。针对社区养老需求,不断优化点位布局,大力推进社区嵌入式服务,持续加密点位布局,推动综合为老服务中心、日间照料中心标准

---

① 《关于加快完善社会养老服务体系着力优化大城养老浦东样板的行动方案(2023—2025)》。
② 《上海市浦东新区(32街镇)养老服务设施布局专项规划(2024—2035年)》。
③ 《浦东新区养老服务设施布局专项规划(2023—2035)》。

化设置,在提升硬件设施的基础上,进一步丰富内容、升级功能,结合实际适当提供个性化、智能化的低偿服务。针对居家养老需求,多样服务抓赋能,充分发挥家庭养老的基础作用。

二是分层分类推动医养结合稳步发展。浦东新区大力推进"养办医""医办养""医托养"等服务模式,并通过内设医疗机构、同址设置医疗机构、毗邻设置护理院和"养老院+互联网医院"四种方式大力推进医养结合。做优做实助餐、助浴、助行等居家上门服务,着力推进家庭照护能力提升项目"老吾老"计划,为社区轻度失能老人及其家属提供提升家庭照护能力辅导,加强及时转诊服务,对于居家或社区养老有需求并符合转诊条件的疑难病、危急重症老年患者,使其能够及时转诊至综合医院或专科医院。① 此外,浦东率先实现智慧陪诊助医服务落地,老人动动手指就可以预约到有资质、专业化的陪诊师,有效缓解陪诊就医的痛点难点。

2. 多元供给,加强监管,不断提升养老设施运营水平

一是鼓励发展多元化服务供给。浦东新区支持各类主体共同发展,支持公办公营、公办民营、民建民营等多种经营方式各显风采,展示活力。鼓励保基本、普惠型、个性化等多种养老业态共同发展,引导国企、民企、外企等各类主体同台竞技,丰富供给,上海普惠养老服务(集团)有限公司已正式揭牌。引导基层街镇创新发展。指导各街镇将提升为老服务融入"三个圈层"建设的工作中,因地制宜打造养老品牌。推进区域合作深入发展。与浙江省杭州市、宁波市、湖州市,江苏省南京市、常熟市,安徽省合肥市、福建省三明市、永安市和大田县等地签署共建协议;同浙江新昌、江苏盐城等地开展深度合作,利用当地优质自然资源搭建旅居康养平台;与云南省怒江州实施"浦东—怒江"养老服务人才共育计划。

二是不断提升养老服务设施运营水平。积极打造枢纽型社区养老服务综合体,发展专业照护、助餐服务、医养结合、健康促进、智能服务、家庭支持、养老顾问、精神文化等8大类24项服务功能。在全市率先实施日间照

---

① 《居家和社区医养结合服务指南(试行)》(国卫办老龄发〔2023〕18号)。

料机构分类管理（社区交往型、专业照护型、功能嵌入型），免费提供 21 项基础性服务。研究制定老年助餐点区级标准，进一步提升助餐规范化服务水平。引导老年助餐单位对老年人让利和优惠，并提供不同价位、不同品种的多样化菜品，供老年人自主选择。加强养老顾问队伍建设，不断深化养老顾问网络管理、队伍建设、服务方式，定期开展全员培训和分层分级培训，着力打通养老服务供需对接的"最后 100 米"。

三是构建智能化、高效化的监管体系。新区依托养老行业协同监管大数据平台，在全市率先建立浦东城市大脑同监养老服务应用场景。2024 年，新区在全市率先委托第三方机构，制定运营标准，对全区各类社区养老服务设施进行全面质量监测，并将监测结果与政策补贴相挂钩。同时，对公办社区养老服务设施，鼓励引入专业第三方团队运营，提升设施运营质量。

3. 凝心聚力，加大投入，强化对养老财政及人才支持

一是加大对养老事业财政支持力度。近年来，浦东新区财政不断加大对养老机构床位建设的资金投入，促进老龄事业全面稳步发展。同时，新区持续通过社会福利彩票公益金对养老机构内设医疗机构及招用医护专技人员予以补贴，年均补贴约 100 万元；按中央、市、区资金 1:1:1 配比安排资金 6 亿元支持中医药传承创新发展示范试点项目，推动构建中西医结合专科养老服务体系。此外，浦东新区持续加大对养老服务业的投入，增加资金总量，推进完善养老服务精准补贴机制，标准化实施对养老机构、社区养老、老年特殊对象、专项补贴四大方面的扶持政策，[①] 实行以奖代补、补贴与考核相结合等举措，提升服务规范化、专业化水平，提高财政资金的使用效益。

二是加强养老人才队伍建设。浦东新区积极鼓励引进康复、护理专业的高校毕业生到各类为老服务机构就业，建立了养老服务"工匠"工作室，在全市率先推行 5G 迷你实训舱，持续开展青年养老管理人才"珠峰计划"，定期组织院长提升班、青年骨干培训班、一线从业人员技能培训班等。建立健全养老人才"1+5+15"培训体系，做优做实"1+16+N"培训基地，通过

---

① 《浦东新区"十四五"养老服务发展财政扶持意见》（浦民规〔2021〕3 号）。

"培、练、赛"和"传、帮、带",全方面多维度培育养老专业服务人才。[①]
举行浦东新区养老服务从业人员技能竞赛,坚持"以赛促学、以学提能",积极探索"赛、训、证、用"融合统一竞赛目标,挖掘培育技能创新型养老人才。成立长三角社区养老服务联盟,各地共享人员队伍培养发展等资源。

(三)工作特色或者创新点

1. 以标准化建设保障养老服务资源均衡配置

围绕公共服务领域"15分钟社区生活圈"资源配置的实施路径、协同机制和成果应用,浦东提出"1+6"资源配置标准体系,包含10项国家标准、1项地方标准、10项区级标准和22项机构标准共43项标准。按照上海市有关文件要求,浦东新区加强养老服务领域标准研制,在全市率先探索"残疾人养护服务标准化试点""老年人日间照护服务标准化试点"等国家级试点项目。同步在全市率先完成认知障碍友好社区标准化2.0版本,出台了《老年助餐点建设服务规范》《15分钟服务圈养老资源配置规范》等区级标准。除此之外,浦东新区制定了《"15分钟社区生活圈"建设指南》,该指南作为试点项目的纲领性文件,明确了养老设施配置内容、建设要求、实施途径和验收管理等标准规范,为全区严格落地"15分钟养老生活圈"提供了标准化指引,填补服务设施配置标准的空白。

2. 以数字化建设赋能养老服务平台综合监管

促进养老服务数字化转型。打造"一站式"服务管家。整合汇聚全区各类社会养老服务资源,开发运营"浦老惠"为老服务平台,通过微信小程序、随申办浦东旗舰店、线下终端为老年人提供各类养老服务。浦东新区文明办依托新时代文明实践"志慧云"平台,通过各类项目活动的发布、居民点单、志愿者接单、老百姓评单等流程环节为社区老年群体送去丰富的精神食粮和便民服务。推进"一件事"综合监管。浦东在全市率先推进浦东养老服务机构综合监管"一件事"改革试点工作,搭建养老服务

---

① 《对新区政协七届三次会议第016号提案的办理意见》(浦民发〔2024〕30号)。

跨部门、跨层级、跨领域的协同机制。构建"一体化"智慧养老院。加快推进智慧养老院，建设运用包括智慧入住管理、智慧餐饮管理、智慧健康管理、智慧生活照护、智慧安全防护、智慧管理运营等一体化信息系统。

浦东新区民政局的科技助老信息系统，以"科技助老、智慧养老"为抓手，积极探索面向"互联网+"时代的智慧养老新模式。利用现代化的信息系统，搭建综合型的老年人信息数据库和服务资源库，实现无偿托底、低偿有限、有偿市场化服务三大综合服务模式，以信息化手段为老人提供紧急救助、主动求助、主动关怀及个性化的一系列服务。浦东新区持续深化"浦老惠"养老服务平台建设，推进智慧养老建设，完成养老地图开发建设。依托大数据监管平台，浦东新区在全市率先探索制定并运用养老机构信用等级评估和风险等级评估标准。深入推进社区新基础设施建设，依托养老行业协同监管大数据，深入推广应用场景，实现跨部门数据共享和智能预警，实现线上精准化的协同高效监管，做细做实"一网统管"。

3. 以银发经济引领养老事业和产业融合发展

早在 2024 年国办一号文提出"银发经济"概念之前，浦东新区就已充分发挥全国智慧健康养老示范基地，上海国际养老、辅具及康复医疗博览会等载体作用，挂牌成立了浦东新区智能养老产业园、上海市康复辅助器具产业园（张江园区），大力吸引优秀养老服务企业落户浦东，构建"一核多点"的养老产业布局，初步形成了"防、治、康、养"全生命周期的智能养老产业集群。工作中，区民政局以"浦江银龄"为主品牌，牵引开展各种类型的主题活动，筹备成立了浦东新区养老产业促进会，并牵头召开 2024 年浦东新区银发经济供需大会，帮助老年人共享智慧养老生活。通过开放养老应用场景，一批非传统养老领域优质企业的产品或服务进入新区养老机构，形成了新的赛道。新区各相关部门积极配合，努力构建银发文化产业优质供给模型，为老年群体提供更加优质和创新的文化产品与服务，助力老有所乐、老有所安、老有所为。通过丰富优质科普产品供给，为银发人群带去科学、权威、体系化健康产品，不断满足银发人群终身学习的精神文化需求。

三 浦东推进"15分钟养老生活圈"建设成效及问题

（一）"15分钟养老生活圈"建设成效

经过长期实践，浦东"15分钟养老生活圈"建设已经初步构建出体系化与高质量的大城养老样板。浦东的养老公共服务质量和水平得到显著提升，内部三个圈层的养老公共服务特色更加突出，养老资源配置逐渐向精准化、均衡化迈进。目前，浦东的老年宜居社区建设，已覆盖全区36个街镇，初步形成规模适度、布局合理、覆盖城乡、满足多元需求的养老设施空间格局，用以满足多层次、多元化养老服务需求，先后被命名为"全国养老服务社会化示范活动试点单位""全国养老服务示范单位""全国养老服务业综合改革试点区""全国智慧健康养老示范基地"，正奋力实现"老有颐养"的目标。

1. 养老体系精细化建设，推动养老资源精准投放

首先，浦东"15分钟养老生活圈"的资源配置逐步标准化。在全市率先探索"残疾人养护服务标准化试点""老年人日间照护服务标准化试点"等国家级试点项目，目前均已通过验收。在全市率先完成认知障碍友好社区标准化2.0版本，出台了《老年助餐点建设服务规范》《15分钟服务圈养老资源配置规范》等区级标准，探索形成可复制、可推广的养老服务经验。目前，浦惠明川养护院、浦东新区高桥镇凌桥养护院等9家标准化试点单位先后通过上海市民政局的验收。为推动医养资源能级提升，浦东加快促进医养康养资源精准投放。2024年，社区卫生服务机构与为老服务机构签约率100%。在社区为老服务设施中，发展养老机构内设医疗机构58家，综合为老服务中心同址或毗邻设置社区卫生服务站的60家。① 在居家养老场景中，

---

① 《直击引领区 | 助力引领区建设，浦东养老服务工作体系化推进、高质量发展》，新民晚报，https://baijiahao.baidu.com/s? id=1780524232124343282&wfr=spider&for=pc。

浦东积极推广家庭病床，已在 57 家养老机构设立了 910 张家庭病床。深化长护险试点，建立浦东特有"1+47"评估模式，开展多家"养老院+互联网医院"试点，实现"综合为老服务中心+互联网医院"的全覆盖。

其次，结合社区"15 分钟养老服务圈"建设，浦东形成了分类养老机构建设模式。城区内重点发展嵌入式养老，从 2019 年开始，浦东新区将各委办局所属的 49 处存量管理用房移交给街镇用于社区嵌入式养老设施建设。在此基础上，浦东各街镇也盘活了 93 处存量资源。目前，改造的 142 项社区嵌入式养老服务设施已全部运营开放。乡村内重点发展互助式养老，截至 2023 年底，浦东新区已建成 829 家睦邻点，其中市级示范睦邻点 610 家，实现了纯农地区市级示范睦邻点村组的全覆盖，预计到"十四五"末将扩大点位数量至 1000 家。①

最后，浦东形成了精细化的分类养老机构运营模式。在机构养老方面，浦东布局建设"东西南北中"7 家区级养老机构，建成后整体可新增床位 5590 张。从床位数量上看，目前新区共有养老机构 178 家、总床位 35104 张，提前完成了"十四五"规划的养老床位数量。在社区养老方面，浦东已建成综合为老服务中心 89 家、老年人日间照料中心 200 家、老年助餐场所 365 家（社区长者食堂 55 家、老年助餐点 310 个）、老年活动室 1540 家、社区养老睦邻点 829 家，实现了"15 分钟养老服务圈"的全覆盖。② 在居家养老方面，浦东开展"老伙伴"计划，结对关爱 5.1 万名高龄独居老人，招募志愿者 1 万余名。扩大家庭照护床位试点，让符合条件且有护理需求的老年人在家中享受专业机构照护服务。截至 2024 年 9 月，浦东适老化改造已经完成 3765 户，最大程度为"15 分钟养老生活圈"提质增效。③

2. 养老支持体系建设完善，提供高质量养老服务

首先，浦东依托"15 分钟养老生活圈"建设，养老服务保障水平稳步

---

① 《浦东首届睦邻文化节开幕 新区实现纯农地区市级示范睦邻点村组全覆盖》，上海市人民政府，https://www.shanghai.gov.cn/nw15343/20240619/7689fa0d76794e9bac0a8e1fbaff3ad0.html。
② 《推进养老服务工作高质量发展，浦东让最美"夕阳红"的美好愿景照进现实》，上海市民政局，https://mzj.sh.gov.cn/2023bsmz/20231017/584e8cc942ca4bfc8fb206ad3bb0db2d.html。
③ 资料来源：浦东新区民政局。

提升，初步形成以基础养老金、老年综合津贴、长护险、养老服务补贴制度为主体的支付保障体系，并从医养、队伍、产业、信息技术等方面着重保障养老服务的内涵式发展。2018年起，新区开始在养老机构推进认知障碍照护床位建设，截至目前，46家养老机构设置有认知障碍照护床位，共改建认知症单元128个，床位总数1940张，累计投入市区补贴资金5160万元。①养老服务的政策支撑体系更加健全，浦东形成了以《关于加快完善社会养老服务体系着力优化大城养老浦东样板的行动方案（2023—2025）》《上海市浦东新区（32街镇）养老服务设施布局专项规划（2023—2035年）》为指引，推动养老服务建设、运营、管理的配套政策体系。养老服务行业的监管制度不断健全，浦东以连续开展养老服务质量提升行动为契机，建立以诚信为核心、质量为保障的养老服务监管机制。

其次，浦东结合"15分钟养老生活圈"建设，实现养老事业和产业体系的高质量协同发展。近年来，浦东成功创建全国智慧健康养老示范基地，在社区养老服务领域积极推广运用智能产品和服务，挂牌成立上海浦东新区智能养老产业园，推动养老事业与养老产业双轮驱动。在此基础上，浦东充分发挥全国智慧健康养老示范基地、上海国际养老博览会等载体作用，挂牌成立浦东新区智能养老产业园、上海市康复辅助器具产业园，吸引优秀养老服务企业落户浦东，形成"一核多点"的养老产业布局。借助"15分钟社区生活圈"的品牌优势，浦东举办了"浦江银龄产业论坛""浦江银龄沙龙"等活动，成功搭建行业交流和供需对接平台，实现银龄经济的高质量发展。

最后，浦东将"15分钟养老生活圈"建设与养老服务品牌深度结合，最大程度为养老服务提供发展平台。目前，各地区结合地方养老特色因地制宜打造养老品牌，形成了"五福"养老、"百穗"养老、浦发"暄和"、新金桥"一院一中心一站点"、"周到"养老、"红日"养老、"缘源"助餐等一批品质化的为老服务品牌。其中，三林镇在全镇范围内开展居家环境适老

---

① 《对浦东新区政协七届三次会议第062号提案的答复》（浦民发〔2024〕36号）。

化改造项目宣传，对标老年人实际需求，因地制宜推进居家环境适老化改造工作。2022年，全镇共完成22户申请安装；2024年，共改造完工199户。东明路街道围绕精品城区建设和"15分钟社区生活圈"打造，进一步加强"长者食堂+助餐点+助餐配送"三种模式协同互补，织密老年助餐服务网络，推进智慧助餐服务，多样化的养老品牌设计为老年人提供了丰富的养老服务。

3.养老服务赋能体系升级，助推养老服务均衡化

首先，"15分钟养老生活圈"与智慧养老紧密结合，浦东积极开发运营"浦老惠"为老服务平台，通过微信小程序、随申办浦东旗舰店、线下终端为老年人提供紧急救助、护工上门、陪诊预约、配药、叫车等5大类52项服务，让老年人享受更为智慧、高效、安全、放心的养老服务体验。平台运行两年来，注册老人数达到106.8万人，服务订单和申请订单累计60.3万件，月均服务20多万人次。2023年，共提供主动关怀服务105万次、咨询服务68万次。① 浦东"15分钟养老生活圈"借助信息技术实现"一件事"综合监管，搭建养老服务跨部门、跨层级、跨领域的协同机制，已形成同消防、食药监等部门联合监管工作方案，实现了每月任务预排、实时派单、实地检查情况、整改复核情况等平台成效。2023年，累计开展消防联检147家，开展市场监管巡查和复核258家，在全市养老机构服务质量日常监测中，新区总体排名位居全市前列。目前，已有6家养老机构建成新区首批智慧养老院，2024年拟再新建8家，总量达到全市的1/4。

其次，浦东"15分钟养老生活圈"充分调动多元参与主体共同赋能养老事业。第一，浦东高位推动国企养老板块改革，通过深入推进公办养老机构管办分离改革，成立浦发、新金桥、浦惠3家区属国资养老公司，充分发挥国企在参与养老服务、产业发展上的示范作用。第二，在民营企业方面，浦东依托养老服务的巨大市场和良好的营商环境，吸引了各类养老企业到浦东投资兴业。目前，华康养老、红日养老等头部民营养老企业已成功入驻浦东，提升了浦东养老企业的整体实力。第三，浦东形成了强有力的养老服务

---

① 资料来源：浦东新区民政局。

人才队伍。现有养老服务机构护理员 6736 人，其中机构护理员 3658 人、居家护理员 3078 人，中高级护理员比例已达到 25%，[①] 2022 年有 8 人获评市级"金牌养老顾问"、2 人获全市首批高级技师，[②] 有效激发养老市场活力，提升养老服务品质。

（二）需要解决的问题

浦东"15 分钟养老社区生活圈"建设取得跨越式发展的同时，养老公共服务资源配置精准均衡化目标的实现依然存在养老服务成本与服务效率间的矛盾、供给较为不足且供需结构错位以及养老理念存在偏差等现实问题。

1. 养老服务成本与服务效率间的矛盾

"15 分钟养老生活圈"的公共服务生产和消费多是以面对面的形式完成，因而养老服务不能通过存储来应对需求的变化，养老公共服务本身成本较高。第一，养老服务的相关资金补贴中，机构的建设补贴占比较高，虽有助于促进机构与床位数量增长，但对需求变化反应不灵敏，仅靠大量投入可能无法提升服务效率，甚至造成资源浪费等问题，增加了隐性的养老服务成本。近年来，养老机构通常面临着初期投资高、回报周期长的经营困境，政府通过床位补贴的方式帮助养老机构度过早期困境，但是当前多地的床位补贴方案存在"一刀切"或"均等化"现象，虽然政府给予了一定的支持，但对于一些经济基础相对薄弱的街镇来说，资金压力仍然较大。第二，养老服务的社会资本参与度还不够高，社区养老服务高度依赖政府购买服务和补贴，资金来源渠道相对单一。第三，随着养老机构的增加，专业护理人才和照护员也较为紧缺，人才的缺口仍然导致养老成本持续上涨。因此，在养老成本持续上升而服务效率未能及时对标的情况下，养老服务的高质量发展面临着现实困境。

---

① 《持续完善体系化推进、高质量发展的"大城养老"浦东样板》，上海市民政局，https：//mzj. sh. gov. cn/2022bsmz/20220304/de104a11a859472e87d32af476867d61. html。

② 《推进养老服务工作高质量发展，浦东让最美"夕阳红"的美好愿景照进现实》，上海市民政局，https：//mzj. sh. gov. cn/2023bsmz/20231017/584e8cc942ca4bfc8fb206ad3bb0db2d. html。

2. 养老服务需求复杂性与市场配置精准性矛盾

"15分钟养老生活圈"内的养老公共服务均衡化发展强调的是促进享受到的公共服务机会均等和结果相对均等，而不是简单平均化。当前养老服务需求呈现新变化。一是养老服务需求总量增加，需要更充足、更有力的社会服务来及时回应家庭养老的压力。二是个性化需求不断增多，养老服务需求呈现个性化、差异化、多元化等特征，而服务供给能力以及资源配置参差不齐，出现了服务精准性欠缺、供需错位等问题。养老公共服务的潜在需求无法被及时感知，个性化需求难以被充分满足，服务资源的使用冷热不均等问题广泛存在，从而增加了养老服务精准化的难度。新时代，不同年龄段、不同健康状况老年人的特殊需求导致老年人逐渐形成复杂的养老预期、方式与偏好，这些现实场景对建立和创新精准化的社区养老服务体系提出了新要求，而市场的配置未能精准适配老年人的需求。养老服务要注意防止数量上不均等，更应该克服基本质量上的不均等。浦东三个圈层内的老年人在养老需求上呈现出多层次、多样化的特征，"三个圈层"内的老年人口密度及支付能力、支付意愿都存在差距，当下养老产业仍处于初步阶段，农村老年人更难获得优质养老资源，选择空间较为有限。当前睦邻点、日间照料中心更多是以棋牌娱乐健身活动为主，未能有效实现"医养护"的有机结合。市场对养老服务的需求识别误差及结果评估偏差均会造成养老资源浪费，难以满足老年人的实际需求。

3. 养老观念的偏差与养老生活圈建设的矛盾

政府对养老机构的重视和补贴政策，使得养老机构发展迅速，而居家社区养老服务发展相对滞后，导致老年人对养老机构的选择增多，但对居家社区养老服务的信任度不高。"15分钟养老生活圈"建设中由于老年人存在认识上的偏差，很多社区在推进居家养老方面存在政策悬浮现象，大部分社区居家养老服务中心和日间照料中心仍停留在宣传阶段，无法有效提供餐饮、床位等照料服务。同时，老年人的传统养老观念转变困难，对养老服务存在片面的误解。城市社区养老方面，有些老年人对社区过于依赖，而有的又受传统家庭养老观念的影响，难以迈出家门。乡村养老方面，老年人对养老服务存在误解，认为只有无依无靠的人才需要养老机构等服务，这种观念限制了养老机构的发展，也影响了农村老年人的养老选择。因此，养老生活圈在机构建设过程中可能存在"上头打得火热、下头一片寂静"的矛盾。

四 推进"15分钟养老生活圈"建设的建议

针对目前存在的养老服务成本与服务效率之间、养老服务需求复杂性与市场配置精准性之间，以及养老观念的偏差与养老生活圈建设的矛盾，提出如下建议。

（一）优化投入产出，不断推动养老事业产业降本增效

一要完善财政投入持续增长机制。坚持积极应对人口老龄化和促进经济社会发展相结合，发挥财政资金在支持养老服务发展方面的促进示范作用，建立长期稳定的养老服务经费财政保障机制。优化财政支出结构和资金分配方式，加大对基本养老服务的优先保障，加大对重点领域、重点项目和重点工程的资助扶持。提高资金投入的有效性和精准度，健全资金安全监管机制，确保资金使用规范和安全有效。

二要推动养老服务降本增效。探索推出租金减免、运营补贴、水电气热优惠、增值税加计抵减等政策，减轻养老社区经营负担；积极推广"无忧就医"绿通服务，把线上互联网医院专家挂号、云端诊疗服务延伸到线下，将养老机构"互联网医院"服务辐射至周边社区，推广"无忧就医绿通卡"，试点开展专家挂号、就医陪诊等增值服务。

三要做强做大银发经济。聚焦多样化需求，培育潜力产业，如发展抗衰老产业，开发老年病早期筛查产品和服务；丰富发展养老金融产品，支持金融机构依法合规发展养老金融业务；拓展旅游服务业态，完善老少同乐、家庭友好的酒店、民宿等服务设施，鼓励开发家庭同游旅游产品；推进适老化改造，开展居家适老化改造，鼓励老旧小区加装电梯、家庭配备智能安全监护设备等。政府部门要继续通力配合，继续加强行业指导，抓紧谋划浦东区

属国企参与养老事业和养老产业的具体路径，让"大城养老、浦东样板"的国企品牌越擦越亮。

（二）提高专业水平，不断满足个性化养老服务需求

一是支持拓展个性化养老服务。规范引导社会力量根据市场需要打造面向具有一定支付能力和意愿群体的个性化养老服务，加快构建与年龄层次、健康状况、收入水平等衔接匹配的立体式健康养老服务供给体系，进一步丰富服务供给，满足多样服务需求。因地制宜推进适老化改造，如充分考虑市场需求，在方案阶段对床位设置、空间布局等进行充分论证，合理配置不同床位数量的房间户型，更多地倾向于四人间、三人间，并适当增加两人间、单人间的比例。① 同时完善平台功能应用，对平台做更精细化的数据分析和总结，找准居家养老的需求点，开展更有针对性的服务。

二是提升养老行业人才队伍专业化水平。在加大养老行业人才激励方面，符合一定条件的养老行业人才，可通过特殊人才渠道落户，享受租房申请绿色通道并根据相应标准发放租房补贴等。在补贴激励方面，实行包括入职补贴、专技人才补贴、技能提升补贴、竞赛获奖补贴等补贴政策。在完善培训和晋升机制方面，通过以赛代评等方式，完善培训体系，强化专业技能，积极推进养老护理员持证提升，培养中级及以上技能等级养老护理员，提高全区养老护理员持证率。选拔青年优秀管理人才，提高养老服务机构整体管理水平；开展继续教育、赋能培训、养老社工、养老顾问等常规培训，多维度提高养老从业人员的工作能力，综合提升养老服务品质。

（三）加强宣传指导，营造丰富和乐的养老服务建设环境

浦东政府要进一步加强对街镇的指导，完善医养康养体系，推动养老服务均衡化、便捷化、优质化、可持续发展。首先要统筹推进机构、居家、社区相协调。一是加密社区点位，促进设施共享。结合新区"十四五"全面

---

① 《对浦东新区七届人大四次会议第 074080 号建议的答复》（浦民发〔2024〕34 号）。

推进"15分钟社区生活圈"系列行动的实施,加密社区养老设施布局,进一步满足"15分钟养老服务圈"配置需求。支持社区婴幼儿照护等服务设施与社区养老设施功能衔接、共建共享,提升康复辅助器具租赁的服务能级,进一步丰富器具配备,加强功能使用指导,持续建设老年认知障碍友好社区和长者运动健康之家,实现区内街镇全覆盖。二是支持家庭养老,加强保障赋能。规范有序发展居家养老服务。按照公益定位、社会运作、市场助推原则,全面开展老年家庭适老化、智能化改造,实现有需求、有条件的老年家庭愿改尽改。将无障碍环境建设和适老化改造纳入城市更新、老年认知障碍友好社区建设、老旧小区改造、公共场所及人居环境整治提升等项目统筹推进。其次要推动医养、康养、乐养相结合,营造支持社区和居家养老的良好氛围。聚焦老年群众的文化和生活需求,有效拓展活动空间,提升出行便利度、文化体验感和社区参与度。一是着眼"乐行",追求品质,通过定制专线巴士,完善公交线路,设置个性化门岗、电子亲情卡,有效解决子女探望老人停车难问题。二是着眼"乐活",以文化人,开设特色课程,设立社区学习坊,为老年学员深入了解特色文化提供支撑,积极回应老年群众文化诉求,把优秀文化项目配送到家门口。三是着眼"乐力",自治共享,引导老年退役军人、退休干部等踊跃投身社区建设,提供伴老扶老、安全护航等服务。

"15分钟养老服务圈"建设在人口迅速老龄化背景下,有助于养老服务难题的化解,实现社区养老服务的资源可达。浦东在养老生活圈建设中紧扣资源配置的"精准化"和"均衡化"两个关键,以"不断满足老年人对美好生活的向往"为目标,方便老年人居家养老,提高公共服务的可及性和服务质量,巩固和完善大城养老的"浦东样板"。养老作为一项系统工程,"15分钟养老生活圈"建设是推进老年友好型社会的重要抓手,有利于实现老年群体真正从"养老"到"享老"的转变。展望未来,浦东将在"15分钟养老生活圈"的指引下继续深挖养老应用场景。在养老机构建设方面,重点关注障碍干预、健康监测、安全管理和应急处置等领域。在社区养老方面,加大在陪诊服务、老年教育、适老化设备等领域的精细化建设，让老年人依托"15分钟养老生活圈"真正实现老有所依、老有所养、老有所乐。

参考文献

史晓丹、陈友华：《经济效率视角下的"十五分钟养老服务圈"分析》，《东南学术》2022年第4期。

向绪鹏、朱国义：《15分钟社区生活圈：源起、发展与启示——基于浦东新区的经验分析》，《上海城市管理》2024年第5期。

《概念·方法·实践："15分钟社区生活圈规划"的核心要义辨析学术笔谈》，《城市规划学刊》2020年第1期。

程蓉：《15分钟社区生活圈的空间治理对策》，《规划师》2018年第5期。

B.5
浦东新区"15分钟文化生活圈"建设

王昊　张继宏*

摘　要：　浦东新区把打造"15分钟社区生活圈"作为推动社会主义现代化建设引领区的重要举措。浦东通过制定资源配置标准化体系、完善文化设施均衡化布局、推动文化产品社会化供给、提供文化服务个性化匹配、打造文化活动品牌化效应、推动文化平台数字化升级等举措机制，在公共文化设施、公共文化品牌、公共文化服务效能、文化遗产保护方面都取得了一定成效，但在文化产品的质与量、区域均衡化、个性化服务、社会参与等方面仍有较大提升空间。展望未来，浦东将在科学规划提供政策支撑、需求导向提供精准服务、科技赋能延伸服务半径、多元参与强化服务内容等方面继续努力，打造共建共享的公共文化服务体系。

关键词：　公共文化服务　15分钟社区生活圈　文化产品供给　浦东新区

习近平总书记提出："要推动公共文化服务标准化、均等化，坚持政府主导、社会参与、重心下移、共建共享，完善公共文化服务体系，提高基本公共文化服务的覆盖面和适用性。"[①] 党的十八大以来，在党中央的重视和推动下，我国公共文化服务水平不断提升，公共文化服务体系建设也渐趋完善。早在 2002 年 1 月 30 日，中央在《关于进一步加强基层文化建设指导意

---

* 王昊，中共上海市浦东新区委员会党校副教授，主要研究方向为网络法学、网络文化学等；张继宏，中共上海市浦东新区委员会党校高级讲师，主要研究方向为公共管理、社会治理等。
① 《【每日一习话】提高基本公共文化服务的覆盖面和适用性》，央广网，https：//news. cnr. cn/dj/sz/20231101/t20231101_ 526470526. shtml。

见的通知》中就指出，要做好基层公共文化设施的规划和建设工作。此后，《国家"十二五"时期文化改革发展规划纲要》《国家"十三五"时期文化发展改革规划纲要》进一步强调，要加强基层公共文化设施的顶层设计并依托多种形式的基层公共文化设施实现公共文化服务的重心下移。其间，《公共文化服务保障法》《公共图书馆法》先后颁布实施，中办、国办也印发《关于加快构建现代公共文化服务体系的意见》《国家基本公共文化服务指导标准（2015—2020年）》等文件。"十四五"期间，《关于推动公共文化服务高质量发展的意见》《"十四五"公共文化服务体系建设规划》等一系列重要文件相继出台，对基层公共文化服务的发展提出了新要求，有力推动基层公共文化服务的高质量发展。

相应地，2017年《上海市城市总体规划（2017—2035年）》颁布，上海在全国率先提出打造"15分钟社区生活圈"。提出以"15分钟社区生活圈"作为上海社区公共资源配置和社会治理的基本单元，配备较为完善的养老、医疗、教育、商业、交通、文体等基本公共服务设施。建设"宜居、宜业、宜游、宜学、宜养"的社区生活圈，努力推动实现幼有善育、学有优教、劳有厚得、病有良医、老有颐养、住有宜居、弱有众扶。这是党和政府对人民日益增长的精神文化需求的积极回应，是满足人民群众对美好生活新期待的重要路径，也是上海推进公共文化服务高质量发展先行区建设的重要举措。

一 浦东新区"15分钟文化生活圈"建设的内涵

根据《上海市15分钟社区生活圈规划导则》，社区生活圈将成为上海社区公共资源配置和社会治理的基本单元。"15分钟社区生活圈"就是要让市民在以家为中心的15分钟步行可达范围内，享有较为完善的养老、医疗、教育、商业、交通、文体等基本公共服务设施。① 通过构建"宜居、宜业、

---

① 《上海市15分钟社区生活圈规划导则》，上海市规划和自然资源局，https：//ghzyj.sh.gov.cn/gzdt/20230223/848d65a2f3294bba9e84bf1f4f1aff48.html。

宜学、宜游"的社区服务圈,提高居民生活品质。这一理念的提出,旨在通过优化资源配置和空间布局,提升居民生活品质,促进社区融合,推动城市发展,从而增强居民的获得感和幸福感。

随着经济社会水平的快速发展,人民对美好生活的需求不断增强,对更丰富、更高品质的精神文化需求更为迫切,因而提高公共文化服务质量和效能成为提升人民群众的获得感、推进社会主义文化强国的重要任务。党的二十届三中全会通过的《中共中央关于进一步全面深化改革、推进中国式现代化的决定》中强调,完善公共文化服务体系,建立优质文化资源直达基层机制,健全社会力量参与公共文化服务机制。这与党的二十大报告提出的健全现代公共文化服务体系一脉相承,更加明确要让优质文化资源与老百姓"直接见面",突出为广大基层人民群众提供更高质量、更有效率、更加公平、更可持续的公共文化服务,为上海打造"15分钟文化生活圈"指明了方向。

随着人民生活水平的不断提高,浦东市民对公共文化服务的需求不断上升。为满足人民群众不断增长的对美好生活的需求,浦东新区按照市委市政府的工作部署,坚持把打造"15分钟社区生活圈"作为推动社会主义现代化建设引领区的重要举措,从2017年起率先在新区全域布局,不断拓展内涵,提出以"精品城区""现代城镇""美丽乡村"三个圈层全面推动现代化城区建设,并将"15分钟社区生活圈"建设作为增强浦东文化软实力的重要抓手。

二 浦东推进"15分钟文化生活圈"建设的目标及举措

浦东新区积极响应中央和上海市的号召,深入推进实事惠民工程,从2017年起全力打造"15分钟文化生活圈",从目标定位出发,推出了许多卓有成效的举措。

(一)浦东打造"15分钟文化生活圈"的目标定位

在区委区政府的高度重视和正确领导下,新区宣传部(文体旅游局)

始终坚持以习近平新时代中国特色社会主义思想为指引，贯彻"人民城市"重要理念，实现职能重组、项目重组、人才重组、空间重组和业态重组，高起点谋划、超常规运作、高频率开动、跨地域协作、大纵深开拓、全方位塑造，有力地促进了浦东公共文化高质量发展，充分发挥引领区辐射、带动和示范作用，为人民群众提供丰富多样精准匹配的文化服务，极大地满足了人民群众日益增长的精神需求，提升了民众的获得感和幸福感。

"十四五"时期是我国开启全面建设社会主义现代化国家新征程，向第二个百年奋斗目标进军的第一个五年。按照《上海"十四五"时期社会主义国际文化大都市建设规划》《浦东新区国民经济和社会发展"十四五"规划和2035远景目标纲要》等文件精神，以及推动国家公共文化服务体系示范区向示范引领的新能级跨越发展的要求，浦东新区制定了《浦东新区建设国际文化大都市核心承载区"十四五"规划》，确立了浦东新区构建高品质公共文化服务体系的目标定位，具体为：加快构建具有浦东特色的高品质公共文化服务体系，大幅增加高质量和国际化的文旅优质资源和制度供给，到2025年基本建成国际化和大众化并进的公共服务高品质供给标杆；对标国际最高标准、最好水平，健全文化公共服务体系，建设一批功能完善的文化公共服务设施，以科技创新提升服务效能，补齐公共服务短板，国际化区域体现公共服务的优质化和特色化，市民生活区域体现公共服务的均衡化和精细化，不断优化区域服务供给；进一步发挥政府的主导作用，创新服务和管理模式，营造多元共建格局，着力提升公共服务均衡化、优质化水平；到2025年末，人均公共文化设施面积达到0.28平方米，人均文化场馆服务达到4次。

当前，浦东正在全力构建"精品城区""现代城镇""美丽乡村"各美其美、美美与共的现代化城区建设新格局，将在实践中持续深化内涵理念、细化目标方向和重点任务，进一步加快建设"15分钟社区生活圈"，为人民群众打造高品质生活空间，持续提高民生福祉。

（二）浦东打造"15分钟文化生活圈"举措和机制

"十四五"以来，浦东围绕社会主义现代化建设引领区建设的要求，在公共文化服务体系创新发展示范区的建设实践中，以高质量公共文化服务打造"15分钟文化生活圈"，着力构建资源配置标准化体系、优化公共文化设施空间布局、推动文化服务社会化供给、加强个性化精准匹配、打造浦东文化服务品牌、提升数字化服务能级等方面采取了一系列举措，进行了多项创新探索。

1.制定资源配置标准化体系

以长效机制推动公共文化服务建设。浦东区委区政府高度重视基本公共服务标准化工作，专门成立浦东新区基本公共服务"15分钟服务圈"资源配置标准化专项试点领导小组及办公室，由分管区领导牵头统筹安排，各成员单位联络员具体负责行业领域的分项试点工作。制定《浦东新区基本公共服务"15分钟服务圈"资源配置标准化专项试点实施方案》，形成阶段性专项试点工作计划，明确试点推进的各项任务时间节点。并把试点相关工作纳入浦东总体规划，作为区委区政府年度重点工作任务进行考核评估。

以标准体系引领资源配置。浦东新区结合社情民情，提出"以人为中心"配置公共服务设施的全新视角，以社区为单位，以居村委为起点，在15分钟慢行区域范围内配置居民生活所需的基本服务设施，构建了"1+6"资源配置标准体系，"1"是基础标准体系，明确标准化工作的基本要求；"6"是应用标准体系，对应六项重点工作（工作机制、信息平台、规划布局、设施及人力配置、运行管理、评价改进）。[①] 顶层设计统筹规划为"15分钟文化生活圈"的推进提供了体制机制保障，最终目标指向以标准化、均衡化、社会化、个性化、品牌化的高质量公共文化服务满足群众日益提升的精神文化需求，实现浦东人民高品质生活的美好愿望。

2.完善文化设施均衡化布局

构建公共文化设施总分馆体系。聚焦区级文化馆总分馆制建设，形成了"1+4+X"的文化馆总分馆体系。其中，1为1个区级总馆，指浦东新区文化艺术指导中心（浦东群艺馆）；4为4个类型的区级分馆，包括区域分馆、

---

① 资料来源：浦东新区宣传部（文体旅游局）。

特色分馆、街镇分馆和社会分馆；X 为若干个基层服务点，将全区 1200 多个基层综合文化活动中心，以及文化睦邻点等全部纳入了文化馆总分馆体系。同时，区层面对总分馆采用统一规范标准进行评估考核。

完善公共文化空间布局。浦东新区结合新情况新特点，对图书馆、文化馆总分馆功能布局进行创意性改造，大胆探索将不同形态、不同类型的社会主体创办的公共文化新型空间，作为社会分馆、特色分馆统一纳入文图两馆总分馆体系。先后建成 48 个图书馆分馆、8 个主题书房、410 个延伸服务点、301 个农家书屋，以及 52 个文化馆分馆、1300 多个基层文化延伸服务点和望江驿等社会化文化驿站，[①] 形成区—区域—街镇—村居—社会五级的文化空间科学布局，有效实现了全区全覆盖，进一步完善了全区公共文化空间均衡化布局。

优化乡村文化空间网络。针对城乡文化差异较大的问题，新区把文化建设融入美丽乡村建设，推进城乡公共文化服务一体化，因地制宜挖掘乡村文化底蕴，在各镇组织实施乡村文化艺术振兴计划，打造乡村音乐节活动品牌，通过对农村书房、村史馆、综合文化服务中心进行统一改造，设立艺术家驻村工作站、艺术坊，形成乡村新型文化空间。推动实现从"送文化"到"种文化"，再到"创文化"的历史方位性转变。

3. 推动文化产品社会化供给

文化产品供给决定了公共文化服务的质量。浦东新区撬动社会力量，吸引多元主体参与服务。针对人口多样性带来的文化需求多样性，新区鼓励企业、社会组织和个人等多元主体参与公共文化设施建设和运营，孵化培育文化类社会组织，实现全区社区文化活动中心社会化、专业化管理全覆盖，推动公共文化与文化产业、体育旅游融合发展、同频共振。如在陆家嘴"活力 102"空间探索新型"体育+文化"社区生活空间，吸引浦东新区射箭协会、陆家嘴垂直登高俱乐部、陆家嘴咖啡文化中心等 6 家单位挂牌入驻，创造了具有居民黏性的新型基层文化空间。

---

① 资料来源：浦东新区文化艺术指导中心。

4.提供文化服务个性化匹配

首创延时服务模式，延展空间效能。浦东新区在 18 个各类公共文化空间以延时服务为核心，在原来每天开放 8 小时、每周开放 56 小时的基础上，将每天开放时间延长 4 小时，每周开放达 80 多小时。根据各场馆实际情况，"一馆一对策""一馆一特色""一馆一服务"开设各类延时服务项目 249 项，加快推动公共文化服务向优质化提升，人群覆盖面和场馆利用率等显著提升。

首创"文采会"模式，优化"供需对接"平台。新区在全国首创"文采会"形式，搭建公共文化采购服务平台，打造一条精准文化"供应链"，推动"政府端菜+群众点菜"向"政府端菜+群众点菜+群众做菜"成功转型，形成了"服务联网、百姓点单、资源下沉、服务成网"的四级公共文化服务体系。目前，"文采会"已在全国复制推广，影响力日益扩大。

探索文化服务精准供给——村居在线点单。浦东依托全区公共文化产品供给服务平台，为全区 1327 个居村提供在线自主点单权，实现一居村一账号，并建立了居村文化点单供给全流程规范机制。浦东每个居村都能在线上自主点单文化产品，并全程参与文化供给的实施、评价和反馈，这是从源头上实现文化资源自主精准配置的一项重要创新举措。

5.打造文化活动品牌化效应

探索"4+1"服务模式，强化制度保障。一是建立"文化专管员"制度，为每个纳入分馆的公共文化空间派驻 1 名文化专管员，承担"首问"职责，以及协调文化资源、指导文化团队、打造品牌项目等职能。二是优化"文艺指导员"制度，每年完成 4500 课时的派送服务工作，将导赏、讲座和体验活动覆盖到陆家嘴 6 个重点楼宇服务片区（驿站）。三是创新"文化巡查员"制度，面向社会招募一批文化巡查员就近开展服务巡查工作，及时反馈、动态优化服务质量。四是开启"文化志愿者"制度，成立 6000 多名以文化馆业务人员、文艺专业人才和社会文艺爱好者为主的文化志愿者队伍，定期前往各空间开展文化志愿服务。"1"是探索"文化名家艺术导师制"，邀请名家出任公共文化空间的导师为对口空间开展指导，确立明星导师带动明星空间的示范引领。

打造"100"系列品牌加强空间赋能。充分利用各类文化空间开展形式多样、丰富多彩的"100"系列文化活动,为各个文化空间注入品牌文化服务。制度化推动各空间定期开展沿江沿海百村行、100场纳凉晚会、100场文化团队大走亲、文化团队嘉年华等活动。持续开展百强团队表彰、千优团队评选、万支团队展示,推出陆家嘴读书会、云上音乐会等特色活动,进一步持续掀起文化空间活动热潮。

6. 推动文化平台数字化升级

开展数字化转型,推动空间功能迭代升级。新区贯彻新发展理念提升数字文化服务能力,推动全区基层文化空间的全面功能升级,云预约、云直播、云培训、云展览等数字化服务实现100%覆盖,帮助短板空间弯道超车。推动场馆数字化改造,提供体验式、交互式等令人耳目一新的公共服务载体、形态和样式。加强数字文化内容和管理服务大数据资源建设,建立全区公共文化产品供给服务平台,设立10个类型1627个产品的文化产品库,将文化供给的实施、评价和反馈延伸到每个基层公共文化空间。

三 浦东推进"15分钟文化生活圈"的建设成效及问题

为回应新时代城乡群众对高品质生活的新期待,浦东新区全力打响"上海文化"品牌,打造浦东文化高地,显著提升引领区软实力,努力成为彰显文化自信的实践范例。

(一)建设成效

"15分钟文化生活圈"是浦东新区高质量建设公共文化服务现代化、打造新时代文化高地、提升人民群众精神生活的一项创造性工作。自2017年浦东在全市率先推动全域布局"15分钟社区生活圈"以来,浦东持续推进"15分钟社区生活圈"提质升级,扎实开展两轮三年行动计划,推动各类公共服务补齐短板、提质增效。2019年上半年,浦东新区现代公共文化服务体系基本建成。截至 2023 年底，第二轮三年行动计划全面收官，两轮累计消除基本公共服务缺配项 768 个，实现公共服务设施增量 1686 个。[①]

浦东新区这些年来将"15 分钟社区生活圈"各项理念、要求融合到现代化城区建设中，推动各项任务落实落细。在推动公共文化服务城乡一体化、创新服务和管理社会化、文化体制改革，以及文化发展数字化等方面进行了诸多探索，形成了具备浦东特色的高品质公共文化服务的创新典型和浦东样本，比如浦东图书馆多元化理事会机构、艺术指导中心对社会文化类的组织培育孵化等做法在全国具有示范引领效应。浦东各项公共文化指标均有增长，其中公共图书馆、文化馆达标率和街镇文化中心设备完备率均为 100%；万人拥有公共文化设施面积、百万人口注册文化志愿者数量和新型公共文化空间数量均实现倍数增长；文化产品供给的数量、质量、演艺场次及参与度连续增长，群众满意度逐年提升。在改革创新领域，推出公共文化空间大赛、公共文化服务产品采购大会、公共文化场馆延时服务等创新项目。浦东获评全国书香城市，浦东图书馆等单位获得全国文明单位、中宣部全国服务基层文化建设先进集体等奖项，并在 2022 年国家公共文化服务体系示范区创新发展复核中获评"优秀"。

浦东新区通过"15 分钟文化生活圈"建设、优化公共文化设施布局、提升文化空间服务能级等举措，在标准化体系构建、公共文化产品供给、基础公共设施建设投入、创新公共文化服务管理模式等方面取得显著成效，形成了城乡一体、布局完善的公共文化设施网络，把更多优质文化资源送到群众"家门口"，充分体现了"人民城市"的理念，为长效推动公共文化服务高质量发展形成全新的发展理念、运营机制、服务方式等提供了富有引领意义和推广价值的生动实践。

1. 公共文化设施日益完善

一是探索出了文化空间运营的崭新路径。浦东新区连续举办六届全国范围的最美文化空间大赛，在文化空间打造、设计人才集聚和文化空间创新方

---

① 资料来源：浦东新区发改委统计数据。

面积累了丰富经验，为全国文化空间的运营开辟了一条新路。二是引领数字化智慧场馆建设。推出场馆智能管理平台、大数据展示平台，利用物联感知、大数据、计算机视觉、自然语言处理等技术能力，建设了客流分析、VR智能导览、课程报名、场馆预约等系统。2023年下半年建成以来，平台一键预约入馆人次达20万+、在线预约课程报名人次80000+、文化小程序注册用户日均注册用户300+。[①]

2. 公共文化品牌亮点频出

一是持续提升浦东文化品牌影响力。如连续举办十二届浦东文化艺术节，持续打造上海（浦东）沪剧艺术节、上海淮音艺术节、上海民俗文化节、浦东戏曲戏剧节、长三角曲艺大赛等品牌活动，惠及百万市民，在规模凝聚力、品质吸引力、创意新活力等方面收获良好声誉。二是孵化打造一批潮流文化品牌。如结合"五五购物节"推出"潮·生活文化节"，结合非遗主题日推出"今潮非遗 精致生活"系列活动等。三是打造全区群众文化展示的"大舞台"。面向全区文化团队、文艺骨干和广大文艺爱好者举办"七彩生活·欢乐浦东"周周演活动、"音乐下午茶"等品牌系列活动。四是打磨提升一批优秀原创作品。推出一批本土创作成果展览，充分反映浦东引领区建设丰硕成果、展示浦东历史文化的群众文艺创作成果。同时开辟公共文化宣传新赛道，浦东新区文化艺术指导中心将馆办刊物升级为公开发行的综合性文艺杂志《东·艺术》，以赠阅的形式入驻浦东美术馆、浦东星河湾等高星级酒店，以"一刊一号"（《东艺术》和"浦东文化"公众号）为主要阵地，视频号、小红书、抖音、大众点评网等全平台粉丝超50万人，大众点评场馆评分高达4.9分，位居浦东文化类好评榜前三。[②]

3. 公共文化服务效能持续提升

一是高质量完成公共文化配送任务。2023年，全区完成各类配送681场，其中36个街镇点单450场，专题配送125场，服务浦东群众400万人

---

① 资料来源：浦东新区文化艺术指导中心统计数据。
② 资料来源：浦东新区文化艺术指导中心统计数据。

次。全年公益电影共计放映 12916 场。依托"市民夜校"创新沉浸式培训，增设市民夜校服务点 16 个，推出晚间课堂与周末大美育 19 门艺术课程，让市民沉浸式获得艺术培训的全新体验。二是基层公共文化服务再赋能。加快推进文化馆总分馆由体制内向体制外、由单一主体向多元主体、由公共场馆向公共空间拓展延伸。深化"一街镇一导师一精品团队"提升项目，全年完成市级指导员 9000 课时、区级指导员 3000 课时，辐射受众 11 万人次。三是公共文化服务效能再升级。做实公共文化延时服务机制，推出新版精品供给菜单，常态化开展需求调研与分析，动态化调整培训菜单。浦东文化志愿者在册达 30175 人，2023 年开展服务 9173 次，服务群众 76.2 万人次。[①]

4. 文化遗产保护加大推广

一是盘活各类文物保护单位和文物点。在文物普查的基础上对全区各类文化遗产进行分类、梳理，与基层文化服务供给相结合，优化资源配置，扩大公共文化服务圈。二是多角度推广非遗。包括精心策划非遗主题活动，让广大市民享受文化与潮流的沉浸式个性化文化体验。全年组织开展"多彩非遗·人民共享"社会大美育课程，45 场非遗体验、导赏活动，1500 余人次参与。打造浦东非遗体验馆，以"非遗源于生活、流传于生活"为设计思路，汇集浦东新区 83 个非遗项目的介绍展示和体验互动，成为浦东承续优秀传统文化、讲好浦东非遗故事、发展社会美育实践的高品质平台。[②]

（二）问题与挑战

浦东新区在探索"15 分钟文化服务圈"的实践中，也遇到了一系列难题和挑战。与人民群众日益增长的精神文化生活需要相比、与人民群众对高品质文化生活的期待相比，公共文化服务仍有一定差距。

1. 文化产品质与量仍有提升空间

新时代，人民群众的美好生活需要日益增长。文化需要是人民群众美好

---

① 资料来源：浦东新区文化艺术指导中心统计数据。
② 资料来源：浦东新区文化艺术指导中心统计数据。

生活需要的重要部分，随着经济、社会的不断发展，浦东人民对于公共文化服务的需求，不仅仅停留在数量方面，更体现在质量方面。这些年来，浦东新区通过公共文化配送、"文采会"等方式，不断丰富公共文化服务内容，加大公共文化服务总量，努力实现"文有乐享"。在公共文化服务的供给上，浦东新区可以说是领先于国内许多城市，但仍有较大的提升空间。随着公共文化服务体系建设的不断完善，文化产品的供应数量也有望进一步增加，在此基础上丰富种类、提升质量，才能充分满足浦东人民对于精神文化生活的美好需求，提升他们的满意度和获得感，体现"人民城市"的重要理念。

2. 区域不均衡问题依然存在

浦东新区是上海面积最大的市辖区。2009 年，浦东与南汇两区合并，成为现在的浦东新区，下辖 12 个街道、24 个镇。辖区内既有高楼林立的现代化城区，也有瓜果飘香的美丽乡村，还有在城区与乡村之间的衔接交融地带。由于城乡差异及历史发展原因，各个街镇间的公共文化服务建设差异较大，在文化空间、文化设施及其他文化产品的总量和人均拥有量上都有较大差异。城区人口密集，交通便利，文化设施和文化空间相对密集，文化产品和文化服务的配送也相对便捷；乡村地区则相对地广人稀，文化设施、文化空间都少一些，在产品和服务的配送上选择也较少。比如，黄浦江沿岸，尤其是陆家嘴地区公共文化设施较为密集，每公里的文化设施数量超过其他许多区域。这些年来，浦东新区在公共设施的建设以及文化服务的配送上，都在往城乡一体化建设发展，对当前公共文化服务薄弱地区有所倾斜，也收获了一些成效，但受限于资金、时间、社会参与力量等，当前至今后的一段时间内，区域间的不均衡问题仍然存在，"15 分钟文化服务圈"尚未做到百分百全覆盖，仍有少数地区不能达到步行 15 分钟享受社区文化服务的标准。

3. 个性化服务有待进一步拓展

浦东新区不仅是上海市面积最大的市辖区，也是人口最多的市辖区。《2023 年上海市浦东新区国民经济和社会发展统计公报》显示，"截至 2023 年底，浦东新区常住人口为 581.11 万人。其中，外来常住人口 237.72 万人，区户籍人口则为 333. 66 万人"。① 浦东新区人口流动大，外来人口多，构成复杂，既有土生土长的浦东本地人，也有被浦东产业、经济发展吸引而来的"新浦东人"，还有在浦东工作生活的海外人士，也不乏因各种各样原因在浦东短暂停留的过客。他们来自不同的地区、民族，甚至国家，年龄不一、学历不同、文化背景各异，对文化产品和文化服务的需求也呈现多元化。在这种情况下，仅靠标准化的公共文化服务显然是远远不够的。浦东坚持因地制宜，采取点单式服务，在一定程度上满足了群众的多样化需求。但在整个公共文化服务体系建设中，为了尽快达到服务覆盖的广度和宽度，一定的标准化必不可少，而这可能会牺牲一部分较为小众的个性化需求，有待在将来进一步拓展。

4. 社会各方资源力量可以进一步整合

近年来，浦东在公共文化服务体系建设中，大多靠政府力量予以推动，由政府给予土地、资金、人力等方面的支持。虽然也通过志愿者招募、项目招标、社会化运营等方式吸引个人志愿者、社会组织、市场主体等参与，但力量仍显薄弱，基层活力尚未完全激发，时常面临资源不足、资金短缺、人员紧张等问题。即使对现有资源，如文化设施、文化空间的盘活利用，也因各种原因不能充分展开。比如，一些由市场主体经营的文化空间，有些因经营不善屡屡换人，有些建成后疏于管理，有些经营人或管理人不专业导致服务出现偏差等，造成了公共文化资源的不当闲置，甚至浪费。

四　推进 "15分钟文化生活圈" 建设的建议和展望

多年来，浦东新区持之以恒将"15 分钟社区生活圈"的"目标蓝图"细化为"施工图"，并进一步转化为居民身边的"实景画"，基本建成城乡一体、方便可及、公平高效、均衡普惠、高质量发展的公共服务体系。公共

---

① 《2023 年上海市浦东新区国民经济和社会发展统计公报》，上海市浦东新区人民政府，https：//www. pudong. gov. cn/zwgk/tjj_ gkml_ ywl_ tjsj_ gb/2024/106/325948. html。

文化服务体系作为其中的重要内容，也初具规模，在标准化、普及化、精准化等方面都作出了重要突破。展望未来，浦东推进"15分钟文化生活圈"，还可以在以下几个方面持续发力、不断完善。

（一）科学规划提供政策支撑

"15分钟文化生活圈"是一项系统工程，是在建设公共文化服务体系的过程中，对组织体制和运行机制的改革和完善，其中政府在统筹协调、项目推进、资源配置等方面的主导作用必不可少。长效推动公共文化服务体系建设的可持续发展，关键在于顶层设计和体制机制的与时俱进。通过顶层设计，制定"15分钟文化生活圈"的建设标准、实施细则等，科学规划、合理布局，促进浦东全区公共文化服务标准化、均衡化建设，推进城乡一体化高质量发展。不断总结既往经验，完善公共文化服务社会化发展的政策支撑体系，完善相关政策体系，探索建立公共文化空间服务配置的标准化工作机制和保障机制，研究出台公共文化空间发展政策，探索适合不同空间形态样式的运营方式，打通最后一公里，以优质供给满足群众日益增长的美好生活需要，营造群众家门口的文化生活场景，促成公共文化服务的可持续长效发展。

（二）需求导向提供精准服务

个性化是这个时代的特征和趋势，满足个性化需求往往意味着更高的成本和更复杂的流程。"15分钟文化生活圈"乃至整个"15分钟社区生活圈"的建设，本意就是为了给老百姓提供就近、便捷的公共服务，提高品质生活。群众有所呼，政府有所应。为满足人民群众多样化、个性化的文化需求，在进一步提高供给量和质的基础上，更应从实际出发，以人为本、因地制宜，重视每个群体乃至每个个体的实际需求，精准匹配、精细服务，提高人民群众的获得感和满意度。这也是"人民城市人民建，人民城市为人民"重要理念的充分体现。在新的时代语境之下，公共文化新型空间的打造、公共文化产品和公共文化服务的配送，应坚持"群众要什么，我们就做什么"。在做强基础性、常态性服务项目的基础上，统筹协调、动态调整,以文化创新赋能空间重塑,激活全社会的文化创造激情。浦东新区在全国首创"文采会"形式,促进供需对接,为精准服务创造了良好的开头。在此基础上,未来继续做大做强"文采会",搭建公共文化采购服务平台,打造精准化、精细化"供应链",以采购服务平台为基础,通过社会化、专业化的方式将丰富的文化资源注入社区文化中心、家门口文化服务站、旅游服务景点等各类文化空间,推动"政府端菜+群众点菜"进一步向"政府端菜+群众点菜+群众做菜"转型,以丰富的多样性文化满足多元的个性化需求。

(三)科技赋能延伸服务半径

伴随着人类的科技创新与新一轮产业革命的快速推进,科技对人类的生产生活方式产生了变革式的影响。现代文化产品的生产、传播、流通、消费,以及文化服务的供给,越来越依赖现代科技。科技、文化、创意的跨界融合,使现代公共文化服务有了崭新的方式。数字化、信息化、大数据、人工智能等新兴技术,极大地丰富了文化产品和文化服务的表现方式与展示手段,为文化产品的生产、传播、消费提供了广阔的渠道和多样的手段,提高了文化产品和文化服务的可达性、公平性和多样性。浦东打造"15分钟文化生活圈",利用数智化等新技术手段拓展空间,促进供需对接,提升公共文化服务,有助于丰富文化产品库,提高文化服务配送率,促进城乡一体化发展,提升公众的文化获得感,实现公共文化资源和服务在街镇、村居的普及和创新应用,提高公共文化服务的快捷性、便民性。

(四)多元参与强化服务内容

"15分钟文化生活圈"的打造,应是政府主导、社会参与、共建共享的一项系统工程。要进一步提升公共文化服务质量,充分满足人民的美好生活需要,仅靠目前的力量是不够的。"人民城市人民建",人民不但是城市建设成果的享有者,也是城市建设的主体。一方面,可以更大程度激发基层活力,吸引基层积极参与公共文化服务,调动群众积极性,广泛招募各类志愿者，并借此发掘和打造文艺骨干、文艺团队，培育文化能人、文化智库。另一方面，继续扩大开放，吸引更多社会力量参与文化建设的蓬勃热情，创新文化空间项目投入机制，引入市场化运作模式，撬动更多金融和社会资本投入空间建设、参与功能服务，促进多方合作和资源共享，使功能提升针对性、合理性更强，内容和服务更专业多元，文化空间潜力进一步有效释放。通过多元主体参与，优化文化产品和文化服务的供给，促进资源整合，推动优质文化直达基层，进一步丰富浦东公共文化服务的形式与内涵，提升人民群众的参与度与社会凝聚力，构建起一个更加开放、包容、多元、创新的文化生态。

文化兴国运兴，文化强民族强。当前，浦东正在全力构建"精品城区""现代城镇""美丽乡村"各美其美、美美与共的现代化城区建设新格局。建设"15 分钟文化生活圈"，打造高品质文化空间，提供优质文化产品和文化服务，推进公共文化服务的精细化、智能化，满足人民群众不断增长的多样化、高品质的文化需求，以"润物细无声"的方式，点亮人民群众的美好生活。

参考文献

寇垠、张静：《共生理论视角下城乡公共文化服务体系一体建设路径研究》，《决策与信息》2024 年第 6 期。

徐小丰、陈世香：《社会政策执行过程中的多重制度逻辑冲突与行动策略——以 T 市公共文化服务体系示范区创建为例》，《华中师范大学学报》（人文社会科学版）2024 年第 2 期。

冯佳：《高质量背景下"文化服务圈"的建设发展研究》，《国家图书馆学刊》2023 年第 4 期。

李毅荆、林波：《新时代乡村公共文化建设的功能目标及其实践路向》，《甘肃社会科学》2020 年第 5 期。

李少惠、赵军义：《农村居民公共文化服务弱参与的行动逻辑——基于经典扎根理论的探索性研究》，《图书与情报》2019 年第 4 期。

褚凌云、邓屏、杨卫武：《公共文化设施满意度实证研究——以上海市为例》，《经济师》2011 年第 7 期。

浦东新区"15分钟体育生活圈"建设

叶志鹏*

摘　要：　浦东新区在"15分钟体育生活圈"建设中，形成了"市—区—街镇—村居"四级体育设施服务体系，有效提升了居民的体育参与度和满意度。通过科学规划、设施升级、社会力量参与和数字化赋能，浦东新区逐步实现了体育公共服务的广泛覆盖和精准供给。各阶段工作重点从基础设施布局到提升服务质量，再到推动现代化体育服务综合体的建设，不断推动全民健身深入发展。未来，浦东将继续加强政策引导，优化资源整合机制，推动绿色体育设施建设和多元治理模式，为居民提供更高品质、更便捷的体育服务，助力构建现代化和谐城区。

关键词：　15分钟体育生活圈　公共体育服务　全民健身　浦东新区

习近平总书记在党的二十大报告中强调："我们要实现好、维护好、发展好最广大人民根本利益，紧紧抓住人民最关心最直接最现实的利益问题，坚持尽力而为、量力而行，深入群众、深入基层，采取更多惠民生、暖民心举措，着力解决好人民群众急难愁盼问题，健全基本公共服务体系，提高公共服务水平，增强均衡性和可及性，扎实推进共同富裕。"[①] 这一重要论述深刻揭示了实现人民根本利益与提升公共服务水平之间的紧密联系，指明了

---

* 叶志鹏，华东师范大学公共管理学院副教授，硕士生导师，主要研究方向为区域发展管理、政府治理创新、基层社会治理等。

① 习近平：《高举中国特色社会主义伟大旗帜 为全面建设社会主义现代化国家而团结奋斗——在中国共产党第二十次全国代表大会上的报告》，新华社，2022年10月25日。

体育公共服务资源配置精准均衡的重要性与发展方向。

在现代社会中，体育不仅是增进人民身体健康的关键因素，也是提升生活质量、促进社会和谐的重要手段。随着人们对健康和生活质量要求的提高，建设"15分钟体育生活圈"成为浦东新区响应国家号召的重要举措。通过科学规划和合理布局，确保每位居民在15分钟内能够便捷地享受到高质量的体育服务，真正体现"人民城市人民建、人民城市为人民"的城市发展理念。而精准均衡的公共体育服务资源配置，有助于缩小不同区域、不同人群之间的服务差距。习近平总书记强调，要增强公共服务的均衡性和可及性，而体育服务的均衡化正是实现这一目标的重要环节。

由此可见，浦东新区"15分钟体育生活圈"不仅是提升体育公共服务能力的重要举措，更是推进共同富裕、实现社会和谐的重要路径。通过科学合理的资源配置与建设，能够更好地满足人民群众的需求，推动社会的全面发展，让每一位居民享受到体育服务的可及性与精准均衡配置。

一 "15分钟体育生活圈"建设的内涵

"15分钟体育生活圈"是"15分钟社区生活圈"建设的重要组成部分。2015年以来，在国务院的政策倡导下，"15分钟社区生活圈"建设成为新时代城市发展与建设的一项公共服务供给的标准配置内容，北京、上海、广州等大城市以及一些省份相继在"十三五"规划中相继提出"15分钟社区生活圈"的建设理念与思路，标志着这一理念的广泛认可和推广。

为深入践行"人民城市"重要理念，上海市浦东新区坚持把打造"15分钟社区生活圈"作为推动"中国式现代化"的重要举措，从2017年起率先在新区全域布局，并不断深化拓展内涵。2024年3月，上海市委组织部、市委党校、浦东新区在浦东联合举办"加快构建'15分钟社区生活圈'"专题研讨班，明确要求把"15分钟社区生活圈"作为打造现代化城区的重要抓手。在浦东区委区政府的领导和上海市相关部门的指导帮助下，浦东坚持将"15分钟社区生活圈"的"目标蓝图"细化为"施工图"，并进一步转化为居民身边的"实景画",不断增强群众获得感。[①]

结合浦东实际情况,浦东新区将"15分钟体育生活圈"的规范标准界定为:步行15分钟(约1公里距离)到达居村级公共体育健身设施,如健身苑点;骑行15分钟(约3公里距离)到达街镇级公共体育健身设施,如健身步道、公共运动场、市民健身中心;车行15分钟(约10公里距离)达到区级以上大中型公共体育健身设施。[②]

"15分钟体育生活圈"有助于提升居民健康水平。随着生活方式的变化,人们对健康的重视日益增强,便利的体育设施使居民更容易参与锻炼,促进了居民身体素质的提高。通过丰富的健身设施,居民可以根据个人需求选择适合的运动方式,增强体育活动的参与度,形成健康的生活习惯。

"15分钟体育生活圈"有助于增强和促进社区凝聚力。邻里关系的疏远在现代城市生活中普遍存在,而体育作为一种社交活动,为居民提供了互动的机会。通过社区运动会、健身课程等活动,居民不仅能锻炼身体,还能增进交流,提升邻里关系的亲密度,形成积极向上的社区文化。

"15分钟体育生活圈"还有助于推动可持续发展。合理的体育设施布局能够有效利用城市空间,提高土地使用效率,同时促进生态友好的运动环境建设。将绿地、河流等自然资源融入体育设施中,不仅美化了城市环境,也提升了居民的生活质量。

综上所述,浦东新区"15分钟体育生活圈"建设是提升居民生活质量的重要措施,具有便捷的设施布局、促进健康、增强社区凝聚力以及推动可持续发展的深远内涵。通过科学规划和有效实施,浦东新区不仅能满足居民的体育需求,还将为实现全民健身的目标打下坚实基础,助力城市的现代化进程。

[①] 《浦东持续深化"15分钟社区生活圈"建设 不断增强群众获得感》,浦东新区发展和改革委员会内部资料,2024年7月。

[②] 《浦东新区15分钟生活圈建设体育系统相关工作总结》,浦东新区文化体育和旅游局体育处内部资料,2024年8月。

二 浦东推进"15分钟体育生活圈"建设目标及举措

（一）建设目标

1. 2017~2023年：推动中国式现代化的重要举措

浦东新区自 2017 年起，积极践行"人民城市"理念，将"15 分钟社区生活圈"建设作为推动"中国式现代化"的重要举措。在此期间，浦东率先在新区全域布局，力求通过科学规划和合理配置公共资源，满足居民日益增长的生活与体育需求。通过创建便捷的体育生活圈，浦东不仅改善了居民的生活质量，还提升了他们的健康水平，促进了社区的和谐与发展。

这一阶段的主要目标是确保居民能够在步行 15 分钟内到达各类公共体育设施，从而鼓励更多人参与日常锻炼，增强身体素质，形成健康的生活方式。此外，浦东还不断深化"15 分钟社区生活圈"的内涵，着力于增强服务的均衡性和可及性，以解决区域间资源配置不均的问题。

2. 2024年起：作为打造现代化城区的重要抓手

进入 2024 年，浦东新区的"15 分钟社区生活圈"建设被进一步明确为打造现代化城区的重要抓手。2024 年 3 月，上海市委组织部、市委党校与浦东新区联合举办了"加快构建'15 分钟社区生活圈'"专题研讨班，强调要将这一建设理念转化为具体的实施方案和行动计划。

这一阶段的目标主要集中在以下几个方面。

实现全面覆盖：确保每位居民都能在 15 分钟内便捷地到达各类公共体育设施，提升体育服务的可及性。

增强社区凝聚力：通过组织社区体育活动，促进居民之间的互动与交流，提升社区的整体氛围。

推动可持续发展：在城市建设中融入绿色空间和生态友好的体育设施，促进环境的改善和可持续发展。

强化政策引导：结合政府的政策要求，进一步优化体育资源的配置，增强公共服务的质量和效率。

（二）具体举措

1.起步阶段（2017~2020年）：补齐短板，布局基础设施

2017~2020 年，浦东新区的工作重心在于通过大规模的体育设施布局，解决公共体育设施"有没有"的问题，确保基础设施的扩大覆盖，为全区居民提供步行 15 分钟内即可到达的健身场所。在"十三五"规划的指引下，浦东新区启动了大规模的基础体育设施建设计划，重点填补社区、村居等区域的健身设施缺口。经过第一轮三年行动计划（2018~2020 年），浦东新区在这段时间全面补齐了 522 个公共服务设施缺配项，并新增 1116 个设施项目，包括大量的社区健身苑点、步道和户外运动场。[①]

这一阶段的主要成效体现为场地数量与覆盖率的提升。到 2020 年，全区的基础保障类公共服务设施 15 分钟可及覆盖率从 2018 年的 36%上升至 94%。[②] 这一显著提升标志着浦东新区在基础体育设施覆盖方面取得了关键进展，基本实现了居民步行 15 分钟内可达的目标。

2.提质阶段（2020~2023年）：提升品质，扩大服务覆盖

进入"十四五"时期，浦东新区的工作重心从"补短板"转向"提质量"，聚焦提升公共体育设施的服务能力和多样性，解决"够不够""好不好"的问题。此时，街镇级公共体育设施的建设成为工作的重点。一是设施提质增效。在这一阶段，浦东通过实施第二轮三年行动计划（2021~2023年），投入 680 亿元推动 570 个项目的落地。新建的社区健身中心、健身步道和多功能运动场，使居民不仅步行可到达基础设施，还能通过骑行或短途出行享受更多元化的运动选择。二是数字赋能与服务创新。数字化管理手段的引入成为此阶段的亮点。浦东通过智能健身步道、数字化预约平台等提升了设施的使用效率，居民可以在线预定场地并获得个性化的健身建议。通过

---

① 《浦东持续深化"15 分钟社区生活圈"建设 不断增强群众获得感》，浦东新区发展和改革委员会内部资料，2024 年 7 月。

② 《浦东持续深化"15 分钟社区生活圈"建设 不断增强群众获得感》，浦东新区发展和改革委员会内部资料，2024 年 7 月。

这些措施,设施的使用率和管理效率得到了显著提升。①

这一阶段的主要成效体现为两方面。其一,人均体育场地面积的提升:到 2023 年,浦东新区的人均体育场地面积提升至 2.58 平方米。社区市民健身中心、长者运动健康之家等街镇级设施的基本全覆盖,让不同年龄段的居民都能找到适合自己的运动项目。② 其二,全民健身的参与度增加。例如,陆家嘴街道、南汇新城镇、康桥镇、川沙新镇等街镇通过定期举办健身活动和体育赛事,有效增强了社区居民的运动参与度,提高了居民的获得感。

3. 升级阶段(2023年以来):全面覆盖,推进现代化城区建设

2023 年后,浦东新区进入"全面升级"阶段,工作重心从设施的数量提升转向设施的质量和功能升级,特别是在大型综合性体育服务综合体的建设上,这一阶段的目标是将"15 分钟体育生活圈"与浦东新区现代化城区的建设目标相结合,打造高质量的运动健身环境。

一是大型综合体育设施建设。浦东新区在这一阶段大力推进市级和区级体育设施的建设。以 2023 年 11 月启用的区属场馆周浦体育中心为例,这座占地 100 亩、建筑面积近 9 万平方米的综合体育场馆,成为浦东南片地区最大的体育服务综合体,提供了多功能的体育服务,包括篮球、网球和游泳等项目。③ 2024 年 10 月,建成于 1958 年的区属场馆川沙体育场历时五年完成升级改造,开始试运营。新建场馆占地 6.4 万平方米、建筑面积 7.8 万平方米,成为全民休闲健身场所和少体校训练基地。④

二是智能化与数字化的深度融合。浦东新区在 2024 年 9 月推出了"浦东 15 分钟生活圈"微信小程序,通过该平台,市民能够便捷地查询周边体

---

① 《浦东持续深化"15分钟社区生活圈"建设 不断增强群众获得感》,浦东新区发展和改革委员会内部资料,2024 年 7 月。

② 《浦东新区 15 分钟生活圈建设体育系统相关工作总结》,浦东新区文化体育和旅游局体育处内部资料,2024 年 8 月。

③ 《助力打造浦东"15分钟社区体育生活圈",周浦体育中心开启试运营》,"浦东发布"公众号,2023 年 11 月 25 日。

④ 《"老"场馆焕发"新"面貌,这个体育场开始试运营啦!》,"上海体育"公众号,2024 年 10 月 13 日。

育设施、参与设施评价以及在线预约使用场地。这一智能化的手段进一步增强了体育设施的可达性与使用效率。

三是政策引导与支持。2022年以来，浦东先后发布了《街道整体提升打造精品城区专项行动计划（2022~2025年）》《城镇优化升级打造现代城镇专项行动计划（2023~2025年）》《推进百村示范打造美丽乡村专项行动计划（2023~2025年）》，并即将报请区委全会审议全面推进现代化城区建设的意见，构建以1份意见为引领、3个行动计划具体落实、N项支持政策协助推进的"1+3+N"政策体系。

这一阶段主要致力于设施数量和质量的双重提升。2022年1月，《浦东新区全民健身实施计划（2021—2025年）》（以下简称《实施计划》）正式发布。《实施计划》指出，到2025年，浦东将基本建成与全球著名体育城市和"健康上海"、社会主义现代化建设引领区相适应的更高水平的全民健身公共服务体系，推动全民健身公共服务均等化、标准化、融合化和智慧化，基本实现全民健身治理能力现代化，打造"人人运动、人人健康"的体育活力城区。在发展目标方面，浦东将加强全民健身场地设施建设，力争人均体育场地面积达到2.68平方米。新（改）建体育健身设施项目超过2200个。浦东将全面推进"市—区—街镇—村居"四级公共体育设施服务体系建设，完善举步可就的体育设施服务圈建设。在社区层面，"十四五"将新（改）建72条健身步道，新（改）建社区健身苑点1700个，基本实现社区市民健身中心街镇全覆盖。新建居住社区足球场地设施全覆盖，既有城市社区因地制宜配建社区足球场地设施覆盖率将达30%。①

（三）工作特色与创新点

1. 分层分级的设施布局与清单化管理

浦东新区在"15分钟体育生活圈"建设过程中，最大的特色是清单化

---

① 《上海市浦东新区：以创建为契机 进一步完善全民健身公共服务体系》，《中国体育报》
2023年2月3日。

管理和分层分级的设施布局，确保各类体育设施的合理分布和均衡覆盖。一是分层分级的设施布局。基于不同区域居民的需求和地理特点，浦东新区创造性地采用了"步行15分钟、骑行15分钟、车行15分钟"分层布局的方式，确保各类健身设施能够合理布局。其中，步行15分钟可达的居村级设施（如健身苑点）重点满足居民日常运动需求，而骑行15分钟可达的街镇级设施（如健身步道、公共运动场）则提供更为专业和多样的健身选择。这种设施布局不仅优化了资源配置，也提升了设施的利用效率。二是清单化管理与精准实施。浦东新区在"15分钟体育生活圈"建设中实施了清单化管理，即为每个街镇和社区制定了设施建设任务清单和补缺设施点位图，确保所有缺配设施点逐一落实和解决。各街镇通过挂图作战的方式，确保了设施建设的高效推进和精准落地。

2. 因地制宜的规划策略与多样化模式

浦东新区根据各街镇的资源禀赋、人口分布和社区特点，灵活制定了适应不同区域的"15分钟体育生活圈"建设方案，打造了具有地方特色的社区服务模式。一是因地制宜的规划布局。浦东新区在设计和建设体育设施时，结合城市中心区、城镇化地区和远郊地区的不同特点，因地制宜地提出了不同的"15分钟生活圈"划定标准。例如，塘桥街道通过"TIVO"街区打造小而精的社区健身场所，而东明路街道则通过建设智慧社区和韧性社区，塑造了适应当地居民需求的健身环境。二是多样化发展模式。各街镇结合现代化城区建设，发展了各具特色的体育设施。比如陆家嘴的高端体育设施与现代金融中心的功能结合，而一些城郊地区则融入了生态体育公园的概念，将自然景观和体育设施有机融合，为居民提供了生态友好、宜人的运动空间。①

3. 数字赋能与智能化管理

浦东新区在推进"15分钟体育生活圈"过程中，充分利用数字技术赋

① 《浦东持续深化"15分钟社区生活圈"建设 不断增强群众获得感》，浦东新区发展和改革委员会内部资料，2024年7月。

能公共服务管理，提高了设施的使用效率和居民参与度。一是构建数字化信息平台。2024年，浦东新区上线了"浦东15分钟生活圈"微信小程序，居民可以通过该平台实时查询周边体育设施、预定场地、反馈设施问题，并进行活动报名。这种数字平台的引入，不仅为居民提供了便利，还为政府部门的设施管理和优化提供了重要的数据支持。二是智能分析与辅助决策。浦东新区利用智能化设备（如智能跑道、运动传感器等）对居民的运动行为和设施使用情况进行数据监测，从而帮助政府进行数据驱动的决策。例如，通过分析人口密度和使用频率，政府能够更好地规划和优化健身设施的分布，确保资源的最大化利用。[①]

4. 多元化供给与社会力量参与

浦东新区在"15分钟体育生活圈"建设中，通过政府引导、社会力量参与的方式，有效推动了公共服务设施的多元化供给。一是公建民营与社会资本参与。为提高体育设施的运营管理水平，浦东新区鼓励社会资本的参与，通过"公建民营"等模式，吸引企业或社会组织参与公共体育设施的管理。例如，洛克篮球公园、前滩体育公园等体育设施项目由社会资本投资建设，成为全民健身服务供给的有力补充。这种模式提升了运营效率，同时也丰富了设施的运营内容。二是社区与企业共建共享。浦东新区积极推动社区与企业的合作，鼓励企业在其场地或设施中向社区居民开放健身空间。例如，部分工业园区和商务楼宇通过与社区合作，共同开发健身设施，形成了居民和企业员工共享健康资源的模式。

5. 生态友好与可持续发展

浦东新区在"15分钟体育生活圈"建设中，强调将体育设施与生态环境相结合，推动可持续发展。一是绿色生态健身设施。在设施的规划和建设中，浦东新区注重将健身设施与绿地、河流等自然景观结合，建设了如环世纪公园步道、滴水湖环湖健身步道等生态友好的健身路径。这种将自然环境

---

① 《浦东持续深化"15分钟社区生活圈"建设 不断增强群众获得感》，浦东新区发展和改革委员会内部资料，2024年7月。

融入体育设施的方式，不仅美化了城市环境，也为居民提供了更加宜人的健身场所。二是绿色建筑标准。浦东新区在新建的体育设施中积极推行绿色建筑标准，采用环保材料、节能技术以及低碳设计理念，进一步推动了设施的可持续发展。例如，周浦体育中心采用了环保建筑设计，减少了能源消耗，为居民提供了绿色健身的环境。①

6. 社区参与与全民共建

"15分钟体育生活圈"强调居民的直接参与，通过激发社区力量，实现共建共治的目标。一是社区体育理事会的设立。浦东新区在部分街道试点设立了社区体育理事会，让居民能够直接参与健身设施的规划与管理，提升居民的归属感与参与度。这种基层治理创新模式有效调动了居民的积极性，增强了设施的管理效果。二是志愿者参与体育文化活动。通过动员社区志愿者参与公共体育活动的组织和运营，浦东新区有效增强了社区凝聚力。例如，社区运动会、家庭运动日等活动的举办，不仅促进了居民之间的互动，还推动了社区体育文化的发展。

三 浦东推进"15分钟体育生活圈"建设成效及问题

（一）建设成效

1. 形成"市—区—街镇—村居"四级公共体育设施服务体系

目前，浦东"15分钟体育生活圈"建设已经形成了"市—区—街镇—村居"四级公共体育设施服务体系。拥有东方体育中心、浦东足球场、久事国际马术中心3家市级场馆，拥有源深体育中心、浦东游泳馆等7家区属公共体育场馆，同时建成25家社区健身中心、13个长者运动健康之家、4416个社区健身苑点、501个市民球场、163条市民健身步道，并建有3条

---

① 《浦东新区15分钟生活圈建设体育系统相关工作总结》，浦东新区文化体育和旅游局体育处内部资料，2024年8月。

特色步道——东岸滨江公共空间步道、环世纪公园步道和滴水湖环湖健身步道。截至 2024 年 8 月，浦东新区有各类体育场地 11373 个、体育场地面积 15006431 平方米，人均体育场地面积达到 2.58 平方米。公共体育设施免费或低收费开放率达到 100%。[1]

2. 显著提升体育公共服务设施覆盖面

纵向比较来看，浦东全区基础保障类公共服务设施 15 分钟可及可达覆盖率从 2018 年的 36% 上升至 2023 年的 94%，基本建成城乡一体、方便可及、公平高效、均衡普惠、高质量发展的公共服务体系。据《2020 年度上海市基本公共服务资源布局与高质量发展报告》，浦东公共服务资源均衡度全市领先。[2]

3. 显著提升体育公共服务活动类型与质量

例如，浦兴路街道致力于全民健身建设，每年不定期举办各类体育赛事，健身讲座、培训，积极打造并持续完善"15 分钟体育生活圈"。目前，社区市民益智健身苑点有 115 个、健身器材 1000 多件，辖区内免费公共体育场馆 3 个、健身休闲公园 2 个、社区文化活动中心 2 个，经营性体育运动场馆 40 多家。在与社区的共建互动中，有多家经营性体育场馆主动承担社会责任，积极参与社区体育建设，提供公益时间公益价格，让居民就近享受喜爱的健身项目，满足不同的健身需求。[3]

4. 以打造体育服务综合体为引领，不断拓宽公共体育资源

例如，2023 年 11 月，浦东南片地区最大的体育服务综合体——周浦体育中心启动试运营，周浦体育中心主要由篮球馆、网球馆和游泳综合馆三个主体建筑组成，内设各类群众接受度高、需求量大的公共体育场地。周浦体育中心通过最大限度开放场地资源，释放有效公共体育空间，为居民提供良

---

[1] 《浦东新区 15 分钟生活圈建设体育系统相关工作总结》，浦东新区文化体育和旅游局体育处内部资料，2024 年 8 月。

[2] 《浦东持续深化"15 分钟社区生活圈"建设 不断增强群众获得感》，浦东新区发展和改革委员会内部资料，2024 年 7 月。

[3] 《浦兴路街道致力把"15 分钟体育生活圈"打造成为居民的"幸福圈"》，"运动浦东"公众号，2024 年 1 月 11 日。

好的运动休闲环境和高水平的场馆服务。为浦东新区"15分钟体育生活圈"的提质增效贡献力量。①

作为上海2023年全民运动健身模范街镇建设试点单位，"十四五"以来，浦东新区三林镇不断拓展公共体育资源，积极打造高品质运动休闲空间，进一步完善"15分钟体育生活圈"建设。2023年3月，Young's新东里都市运动中心在三林镇开幕，这也是全市首个在都市运动中心内嵌入社区市民健身中心的项目。这座总建筑面积达33318.43平方米的设施，包含三林非遗体验馆以及篮球馆、共享健身房、乒羽馆、共享操舞房、普拉提馆、攀岩馆、潜水馆等近十个运动空间，部分项目公益开放，承担社区市民健身中心的功能，同时引进餐饮、休闲等配套服务，营造集青少年运动培训、运动体验、休闲娱乐于一体的体育消费新场景，成为兼具科技性、趣味性、体验性、公益性的全民健身和文体产业融合发展的新型体育服务综合体。②

随着符合市民多元健身需求的社区市民健身中心、体育公园相继建成，三林全镇共有市民益智健身苑点177处、百姓健身步道18条、自行车道1条、市民健身中心2个、市民多功能运动场21个、市民球场9个。社区居民步行5分钟可以抵达市民益智健身苑点、市民健身步道以及绿道、骑行道等公共健身设施，步行15分钟可以抵达市民多功能运动场、市民健身驿站、长者运动健康之家、社会足球场（包括社区足球场）等专项化健身设施，"15分钟体育生活圈"逐步完善，基本形成"处处可健身"的良好环境。

作为全民健身成果，截至2023年底，三林全镇拥有7支青年体育俱乐部，镇所属84个村（居）委拥有245个民间体育健身团队及组织，项目涉及舞龙、门球、象棋、围棋、广场舞、木兰拳、太极拳、健身气功、骑游、

---

① 《助力打造浦东"15分钟社区体育生活圈"，周浦体育中心开启试运营》，"浦东发布"公众号，2023年11月25日。
② 《总面积超3.3万㎡！全市首个嵌入社区市民健身中心的都市运动中心来了》，"上海体育"公众号，2023年3月28日。

乒乓、秧歌、持杖操、拍打操、哑铃操、经络操等，其中镇级优秀团队 15 个、老年体育团队 230 个、其他团队 700 余个，总人数超过 8000 人。三林镇积极开展群众体育赛事活动，每年举办和参与赛事不少于 70 次，参与群众体育赛事活动人次约 40 万。2023 年 9 月的"三林杯"上海市男子武术太极拳比赛，成为镇年度赛事亮点，来自全市 26 支队伍的 240 名太极高手欢聚一堂，以拳会友，共话太极，尽显风采。[①]

5. 加快场地设施布局规划

"十四五"期间，浦东新区计划新增体育健身设施超过 144 万平方米，新（改）建体育健身设施项目超过 2200 个，人均体育场地面积力争达到 2.68 平方米。例如，在周浦体育中心建成开放背后，"浦东新区 2023 年度为民办实事——社区体育设施建设任务"已超额完成，包括建成社区市民健身中心 5 个、长者运动健康之家 3 个、市民球场 5 个、市民健身步道 8 条、市民健身驿站 8 个、市民益智健身苑点 58 个（原计划建设 50 个）。[②]

（二）需要解决的问题

公共体育服务资源现状与浦东新区的经济地位和国内外影响力相比、与浦东新区未来的发展目标相比，还面临着诸多的瓶颈。主要表现在以下几个方面。

1. 场地设施的现状与问题

一是在覆盖范围与设施布局方面，浦东新区的公共体育设施基本覆盖了全区所有街镇和居村，基层居村级的体育设施网络布局较为完善。然而，随着城市化进程的加快，居民对高品质体育设施的需求不断增加。当前，街镇级市民健身中心的建设水平和服务能力仍存在明显差距，尤其是在运动器

[①] 《打造高品质运动休闲空间，三林镇深入推进"15分钟社区体育生活圈"建设》，"浦东发布"公众号，2023 年 12 月 23 日。

[②] 《浦东新区 15 分钟生活圈建设体育系统相关工作总结》，浦东新区文化体育和旅游局体育处内部资料，2024 年 8 月。

械、场地管理、活动组织等方面。此外，区级体育中心的布局相对失衡，部分区域的体育资源亟待提升。

二是设施类型与功能不足。尽管基础设施布局较为合理，但其类型和功能却未能满足多样化的体育需求。尤其是在青少年喜爱的体育项目（如足球、篮球和羽毛球）方面，相关设施的供给严重不足，影响了青少年的锻炼和发展。室内体育场地短缺的问题更是突出，尤其是在天气不佳时，居民的锻炼选择受到限制，这直接影响了公共体育服务的有效性。

2. 服务人群的现状与差距

一是数量与品质之间的矛盾。当前，公共体育服务设施的数量虽然在不断增加，但在品质和多样性方面与居民的实际需求仍存在明显差距。特别是在青少年和女性等特定人群的服务设计上，现有设施的适用性和吸引力不足，导致这些群体的参与率不高。

二是项目选择的局限性。浦东新区的公共体育设施在项目选择上相对单一，缺乏针对性和创新性。除了传统的田径、游泳等项目，对新兴运动项目（如攀岩、极限运动等）的支持不足，无法满足年轻一代的需求。这种局限性不仅影响了居民的锻炼兴趣，也在一定程度上制约了体育文化的多样性和丰富性。

3. 浦东经济地位与国内外影响力的对比

一是从经济地位来看，浦东新区作为中国经济的先锋，其经济实力和国际影响力使其在公共体育服务的投入和建设上具备了较好的基础。然而，相较于经济发展水平，公共体育设施的建设和管理水平尚未与之匹配，存在明显的资源配置不合理、设施更新滞后的问题。

二是与国内外城市相比，在国内外其他先进城市中，公共体育设施的普及率、服务质量和创新性均较高，这些城市能够提供更加多样化和高品质的体育服务，吸引了大量居民参与。而浦东新区在这方面仍有提升空间，尤其是在吸引高水平教练、丰富活动内容、提升设施使用效率等方面，需要借鉴国内外的成功经验，进行系统性改进。

四 推进"15分钟体育生活圈"建设的建议

（一）进一步强化"15分钟体育生活圈"建设的政策保障

一是要持续推进体育设施建设。在市民健身中心、市民健身步道、市民益智健身苑点、多功能运动场等体育健身设施的建设中，明确责任部门和资金来源，制定详细的建设计划和时间表，确保各项设施按时投入使用。

二是要构建服务网络。建立覆盖各社区的体育设施服务网络，确保居民可以在15分钟内便捷到达体育健身设施。这不仅提高了居民参与体育锻炼的积极性，还增强了他们的健康意识。

三是要定期评估政策效果。定期对"15分钟体育生活圈"的建设成效进行评估，收集居民反馈并进行数据分析，及时调整政策和建设方向，确保建设的科学性和合理性。

（二）进一步引导出台配套政策，推动公共设施建管并重

一是要进一步加强管理服务机制。引导相关行业部门建立和完善配套管理服务机制，确保公共服务设施投入使用后的运行效率和社会效益。要对设施的使用情况进行定期检查和维护，及时发现并解决问题。

二是要进一步鼓励社会力量参与。引导、鼓励和支持社会力量积极参与文化、体育、养老等公共服务设施的建设和管理，以助推服务供给的多元化和服务消费的提质扩容。例如，可以通过与社会组织合作，吸引志愿者参与体育活动的组织和管理。

三是要进一步促进公共与私营部门合作。探索公建公营、公建民营、民建民营等多种建设运营模式，推动公共和私营部门在公共服务设施建设中的深度合作，以提高资源的利用效率和服务的多样性。

（三）持续完善设施规划布局，打造功能复合的嵌入式社区服务设施示范项目

结合"十四五"规划中期评估、"十五五"规划前期研究，在各街镇已有规划和项目安排的基础上，根据区域人口分布、服务需求、资源禀赋等因素，进一步统筹教育、卫生、文体、养老等各类设施建设方案，加强"一老一小"等服务保障。

一是要推动体育设施与公园绿地、生态空间融合发展，加快体育公园建设，打造全民健身新载体，塑造独具魅力的城市健身休闲新空间。加快已建公园和公共绿地改造提升，增设健身步道、跑步道、骑行道、运动场地、健身器械等设施，结合世纪公园全面对外免费开放，打造以路跑、足球等体育运动项目为特色的体育公园。

二是要强化服务功能整合。在新建或改建的体育设施中，加强与健康、养老等服务设施的功能整合，推动长者运动健康之家、职工健身驿站等复合型体育场所的建设，实现资源的共享和利用。

三是要建立示范项目。在各街镇选择部分区域，作为功能复合的嵌入式社区服务设施示范项目，探索成功经验并推广到其他区域，提高整体服务水平。

（四）资源整合机制、多元治理主体参与

在推进"15分钟体育生活圈"建设的过程中，应加强资源整合与多元治理主体的参与，以实现更高效的资源配置和服务供给，具体建议如下。

一是要建设都市运动中心。加快都市运动中心新型体育服务综合体的建设，鼓励利用公共体育用地、产业园区、各类商业设施、旧厂房和仓库等城市空间和场地设施资源，打造健身休闲的新场所，推动城市更新。

二是要鼓励社会力量参与建设和运营。通过政策引导和资金支持，鼓励社会力量参与体育设施的建设和运营，增强运营发展的活力。可以设立专项资金，对优秀的社会组织和企业给予支持，鼓励他们参与公共服务设施

建设。

三是要推行多元治理模式。探索多元治理模式，鼓励社区、企事业单位和社会组织等各方参与"15分钟体育生活圈"建设，形成合力，共同推动社区体育服务的提升。

（五）进一步加强数字赋能，推动综合信息平台提质增能

数字技术的发展为"15分钟体育生活圈"的建设提供了新的机遇，必须充分利用数字技术提升服务效率和管理水平，具体建议如下。

一是要全面升级信息平台。对现有的综合信息平台进行全面升级，整合各类公共服务数据，促进与人口相匹配的资源配置。通过数据分析，帮助决策者了解居民的实际需求和体育设施的使用情况，提升决策的科学性和有效性。

二是要推动"掌上生活圈"应用。推广"掌上生活圈"核心模块的试运行，便于居民随时随地获取体育设施和活动的信息，提升居民参与体育活动的积极性。

三是要结合民生诉求。在推进数字化建设时，深入了解居民的民生诉求，指导各街镇立足自身资源禀赋，深化细化项目方案，合理排定实施计划，以确保各项措施落到实处。

自2017年以来，浦东积极响应国家号召，通过科学规划和合理布局，建立了覆盖市—区—街镇—村居的四级公共体育设施服务体系。尽管浦东已在设施覆盖和公共服务水平上取得显著成效，但仍面临场地设施分布不均、服务人群需求差距及设施类型单一等问题。因此，浦东新区应进一步强化政策保障，推动公共体育设施的建设与管理，鼓励社会力量参与，完善设施规划布局，并借助数字技术提升服务效率。通过不断优化资源配置和完善公共体育服务体系，浦东新区将更好地满足居民日益增长的体育需求，提高群众的获得感与满意度，助力实现全民健身目标并构建和谐社会。

参考文献

程子诺、屈张：《后疫情背景下的"15分钟体育生活圈"——社区体育设施提升与建筑策划研究》，《住区》2022年第4期。

柴彦威、李春江、张艳：《社区生活圈的新时间地理学研究框架》，《地理科学进展》2020年第12期。

李萌：《基于居民行为需求特征的"15分钟社区生活圈"规划对策研究》，《城市规划学刊》2017年第1期。

李洁：《体育与生活的互嵌：上海15分钟社区生活圈构建研究》，《成都行政学院学报》2020年第3期。

孙鑫：《〈"健康上海2030"规划纲要〉发布打造15分钟体育生活圈》，《上海人大月刊》2017年第10期。

王健清、刘兵：《上海"30分钟体育生活圈"建设对市民体育参与影响的实证研究》，《上海体育学院学报》2021年第8期。

向绪鹏、朱国义：《15分钟社区生活圈：源起、发展与启示——基于浦东新区的经验分析》，《上海城市管理》2024年第5期。

周岱霖、黄慧明：《供需关联视角下的社区生活圈服务设施配置研究——以广州为例》，《城市发展研究》2019年第12期。

浦东新区"15分钟商业生活圈"建设

王英伟*

摘　要：　"浦东15分钟商业生活圈"是浦东新区政府依托15分钟的时空尺度，提升社区商业的功能复合度与品质、焕活城市商业细胞的重要战略举措。本报告从以下三个方面对浦东的建设情况进行了详细阐述：一是对建设目标、阶段性计划与实施举措的系统梳理；二是对浦东在推进"15分钟商业生活圈"中的特色与亮点进行了提炼；三是探讨了项目推进过程中潜在的问题以及可能的应对策略。本报告通过对浦东"15分钟商业生活圈"建设过程与经验的系统梳理和提炼，剖析了浦东打造高品质商业环境的逻辑思路，以期为其他城市建设高效便捷的社区商业生活圈、提升基层治理能力提供一定的参考和借鉴。

关键词：　商业生活圈　高品质　社区商业综合体　浦东新区

随着我国城市发展战略从生产驱动向生活驱动转变，提升居民生活质量成为新时代城市发展的重要方向。上海市深入贯彻习近平新时代中国特色社会主义思想，落实市委市政府的重点工作部署，坚持以人民为中心，践行"人民城市"理念，持续完善社区服务功能，以高效的基层治理服务保障高质量发展和高品质生活。① 在这一背景下，上海率先提出并实施了"15分钟

---

* 王英伟，管理学（行政管理）博士，华东师范大学公共管理学院讲师，主要研究方向为数字治理与公共政策。

① 於阅、李骏、杨宗：《基层绩效与政府信任：以上海"人民城市"社区公共服务设施建设为例》，《社会科学》2024年第9期。

社区生活圈"概念，旨在通过优化社区内商业、服务等设施布局，提升居民生活的便利性与品质感。浦东新区作为上海现代化建设的先行区，自2014年10月上海在首届世界城市日提出"15分钟社区生活圈"这一充满人本关怀的空间单元概念后，① 于2016年起在全区加快推进"15分钟商业生活圈"建设。② 经过多种类型的实践探索，从理想概念模型逐渐走入寻常生活，从微更新发展至全域优化，社区的空间与时间资源实现了紧密嵌套与系统治理，极大提升了城市基层公共资源配置的精准性与社区生活的丰富度和幸福感。其中，商业生活圈作为这一理念的关键组成部分，通过优化社区商业资源配置，保障居民能够在步行15分钟的范围内获得全面、便捷、高品质的商业服务，显著改善了居民日常生活体验。

浦东将商业规划视角聚焦人的日常生活，以15分钟的时空尺度积极提升社区商业的功能复合度与品质，以焕活城市商业细胞的方式，实现精致便利的城市商业布局。③ 浦东新区通过统筹规划，围绕社区商业功能提升、服务创新和资源整合，逐步构建起服务完善、布局合理的商业生活网络。特别是2022年起，浦东新区加大了对社区商业、餐饮、休闲等多功能复合型商业设施的投入与创新，通过数字化赋能实现商业服务的智能化和精细化管理，满足了居民多层次、多样化的消费需求。④ "15分钟商业生活圈"成为浦东新区推进现代化城区建设的重要抓手。本报告通过系统梳理上海"15分钟商业生活圈"的内涵与演进历程，提炼其特色与经验并思考其可能存在的不足与改进意见，进而提出迈向更理想的15分钟社区商业未来生活图景的提升策略。

① 《打造"人民城市"新样板，浦东全面推进"15分钟社区生活圈"行动》，浦东发布，https：//mp.weixin.qq.com/s/f3A2_ OUPM-kfx41Ir3FXWQ。
② 《［15分钟社区生活圈］纳百态生活，圈幸福未来——上海"15分钟社区生活圈"的十年探索》，上海规划资源，https：//mp.weixin.qq.com/s/21d05XrI-FoG2_ vOM 4FyLw。
③ 吴秋晴、王睿、奚文沁：《时间城市规划的上海探索——15分钟社区生活圈规划的时间路径》，《国际城市规划》2024年第3期。
④ 《上海市商业空间布局专项规划（2022—2035）上海商务》，上海商贸行业管理处，https：//mp.weixin.qq.com/s/JpvMhORnbjDA9sJEloHgnw。

一 浦东"15分钟商业生活圈"建设的内涵

"15分钟商业生活圈"通过优化商业网点和公共服务设施布局，使居民能够在15分钟步行范围内便捷地获得购物、餐饮、医疗、教育和文化娱乐等多样化服务。[①] 这一城市社区商业规划理念不仅有助于提升居民生活便利性，还有助于减少居民对长距离出行购物的依赖，从而节约出行时间，提升整体生活效率，同时增强社区内部的经济循环和凝聚力，带动社区经济的发展。[②] 与依赖远距离购物和大型商业中心的传统模式相比，"15分钟商业生活圈"能够有效缓解城市中心区的交通压力。更为关键的是，商业设施与公共服务的有机结合，使居民无须离开社区便可享受完善的公共服务，极大地丰富了社区的生活层次与多样性。"15分钟商业生活圈"建设进程的推进不仅是前沿城市理念的本土化探索，还为其他中国城市的城市化进程提供了宝贵经验，彰显了浦东在现代化城区建设中的引领作用。

二 浦东推进"15分钟商业生活圈"建设目标及举措

浦东新区作为上海市和全国"15分钟商业生活圈"建设的先行示范区域，致力于打造高效、便捷、全面的社区商业生活圈，旨在提高居民的生活便利性、幸福感以及推动区域经济发展。通过多阶段规划和实施，浦东逐步形成了明确的建设目标和创新性举措，并在社区商业与居民日常生活深度融合的过程中取得了显著成效。以下将详细阐述浦东新区在建设"15分钟商业生活圈"中的目标、具体举措以及其工作特色与创新点。

---

① 王爱、付伟、陆林等：《基于15分钟生活圈的住区公共服务设施配置研究》，《人文地理》2023年第4期。

② 彭勃：《从"抓亮点"到"补短板"：整体性城市治理的障碍与路径》，《社会科学》2017年第1期。

（一）建设目标

浦东新区的"15分钟商业生活圈"建设目标是逐步提升居民在社区内的生活便利性，保障居民能够在步行15分钟内获得必要且丰富的商业服务，涵盖日常生活所需的各种基本消费和服务功能。这一目标的实践主要分为三个阶段，从基础设施的全覆盖，到服务质量的提升，再到打造国际一流商业圈，最终形成一个现代化、便捷化、智能化的商业生活圈。

1. 初期阶段目标（2016~2020年）

在"15分钟商业生活圈"建设的初期，浦东新区的主要目标是补齐社区基础商业服务设施的短板，解决居民在日常购物、获取基本生活服务方面的便利性问题。自2016年浦东新区惠南镇海沈村试点第一批典型城乡社区生活圈开始，浦东社区商业的规划布局就更加注重围绕"15分钟生活圈"的时效要求，保障商业网点的覆盖率，做到每个社区都能在步行15分钟内满足居民的基本消费需求，如日用商品购买、餐饮服务、医疗药品采购等。这一阶段的目标核心在于解决"有没有"的问题，通过全面布局社区商业网点，使居民无须长距离出行即可获得生活必需品。为实现这一目标，浦东新区重点规划和实施基础商业设施建设，确保商业网点的均衡分布，特别是对新区和老旧社区的商业空白进行填补。[①]

2. 提升阶段目标（2020~2024年）

随着"15分钟商业生活圈"基础设施布局查漏补缺任务的基本完成，浦东新区在2020~2024年的目标从"有没有"向"好不好"转变。这一阶段的核心目标是提升社区商业服务的品质和多样性，应对居民对消费体验和服务质量的更高要求。具体而言，这一阶段不仅要确保居民能够方便获取生活必需品，还要引入更多高品质、差异化的商业服务，如休闲娱乐、特色餐饮、健身等，从而满足社区居民日益多样化的消费需求。与此同时，浦东新

---

① 《浦东新区及上海市商业空间（2017~2035）总规划》，沪上地产，https://mp.weixin.qq.com/s/Up9apWJRSnc-ccj67FFDGw。

区还致力于提升社区商业的环境质量和服务标准，使每个社区的商业设施不仅是满足生活需求的场所，更是提升生活品质的重要组成部分。

3. 全面提升阶段目标（2024年以后）

2024年以后，浦东新区的"15分钟商业生活圈"将进入商圈能级的全面提升阶段。根据《上海市商圈能级提升三年行动方案（2024—2026年）》的通知要求，浦东新区政府将围绕上海市的商圈行动规划，重点围绕打造"一圈一策"的全球一流商圈。[①] 目标是打造现代化、高品质的商业生活圈，使社区商业不仅能够满足居民日常的购物需求，还要具备高端、智能的商业功能。这个阶段的建设目标是通过广泛应用智慧商业和现代化管理手段，推动社区商业向智能化、精细化和集约化方向发展。居民不仅可以享受便捷的购物和服务，还能够通过智能技术提高生活效率，获得更个性化的消费体验。[②] 升级目标还包括推进"人民坊""六艺亭"等多功能综合体的建设，使社区商业设施与文化、休闲、教育等公共服务设施实现有机融合，打造一个完整的生活服务生态系统，使"15分钟商业生活圈"成为现代化城市治理和居民幸福生活的标志性项目。

（二）具体举措

浦东新区在建设"15分钟商业生活圈"过程中，根据不同时期的目标和居民需求，科学规划、稳步推进。从早期的基础设施建设到中期的服务提升，再到智慧化、精细化的管理模式，体现了其持续创新和优化的能力。

1. 基础商业设施覆盖（2016~2020年）

在2016~2020年的初期阶段，浦东新区的首要任务是实现基础商业设

---

① 《上海市商圈能级提升三年行动方案（2024—2026年）》（沪商商贸〔2024〕57号），上海市人民政府，https：//www.shanghai.gov.cn/gwk/search/content/fd00c1f5afe24e4d8a101df1e647cf7a。

② 李萌：《基于居民行为需求特征的"15分钟社区生活圈"规划对策研究》，《城市规划学刊》2017年第1期。

施的全面覆盖，确保每个社区居民在步行 15 分钟内能够获得基本的商业服务。为此，浦东新区实施了第一轮三年行动计划，专注于基础商业设施的建设和完善。在这一阶段，主要采取了以下举措。首先是补齐商业设施短板。浦东新区通过对各个社区的商业服务现状进行详细调研，识别出设施不足的地区，尤其是在新区和老旧社区中商业网点较为稀缺的区域，优先进行设施建设和布局。通过这一阶段的努力，浦东新区新建了大量超市、便利店、餐饮网点，确保居民能够在较短的时间内满足日常购物需求。此外，社区医疗和药品采购服务也得到了显著加强，一些药店和社区诊所相继开设，进一步便利了居民生活。其次是调整商业网点布局。在初期阶段，浦东还通过科学规划调整商业网点的布局，使之更加合理。通过政府的政策引导和税收扶持等措施，鼓励商业企业进驻尚未完全开发的社区，为居民提供基本的日用商品和服务。

2. 商业服务提质增效（2020~2024年）

2020~2024 年的举措重点从设施增量转向商业服务的提质增效，进一步提升服务品质和多样性。在该阶段，浦东新区采取了一系列措施，力图在提升商业服务质量的同时，增加居民的消费选择，改善整体消费体验。首先，优化社区商业结构，引入更多高端商业服务品牌和差异化的服务业态。例如，特色餐饮、高端零售、社区健身中心等新业态进入社区，不仅满足了居民的多样化需求，也提升了社区整体的消费层次。通过这些举措，浦东新区的社区商业从以日常必需品为主的基础服务，逐步拓展为能够提供娱乐、休闲、文化等多样化体验的综合性服务网络。其次，注重休闲与文化元素的融合。在这一阶段，浦东新区进一步推动社区商业与文化、休闲功能的结合。例如，一些社区新建了小型电影院、书店、咖啡馆等文化场所，使居民能够在商业消费的同时，享受文化和精神生活的便利。这些新增的设施不仅丰富了居民的日常生活，还提升了社区的整体文化氛围，成为吸引居民和游客的重要元素。最后，浦东新区开始初步引入智慧商业模式，探索通过智能技术优化社区商业服务。例如，智能无人超市、共享空间等新兴业态逐渐在部分社区中推广。这些设施通过自动化和智能化技术，不仅大大提高了商业服务的便利性和效率，还降低了居民购物的时间成本，使居民能够随时随地享受便捷的购物服务。

3. 现代化智慧商业与综合服务（2024年以后）

自2024年起，浦东新区进入"15分钟商业生活圈"建设的全面能级提升阶段。[①] 此阶段的核心举措是推动智慧化商业模式全面推广，提升商业服务的精细化和智能化水平，使社区商业服务不仅更加高效便捷，还能够满足居民个性化、多元化的需求，甚至对标国际一流水平。首先，浦东新区在这一阶段大力推广智慧商业。通过引入智能无人超市、智能物流系统和智慧服务平台，浦东的社区居民能够更加便捷地购物和获取服务。例如，智能无人超市的普及使居民可以24小时购物，而智慧物流柜的应用使居民能够快速收到网购商品，无须再等待长时间的配送。此外，浦东新区还通过智能社区生活平台，整合线上和线下的服务，居民可以通过手机完成订餐、支付、购物等一系列生活事务，极大地方便了日常生活。其次，浦东新区开始推动商业设施与公共空间的深度融合。这一阶段重点推动"人民坊""六艺亭"等多功能综合体的建设，这些设施不仅提供商业服务，还结合了文化、教育和公共服务功能，成为居民日常生活的中心。[②] 通过这种商业与公共服务设施的结合，浦东新区的"15分钟商业生活圈"不再仅仅是一个购物场所，而是集购物、社交、文化体验于一体的综合性空间，提升了居民的整体生活体验。此外，浦东新区还打造了特色商业圈，根据不同社区的地理位置、居民特点和消费习惯，量身定制各具特色的全民友好型社区商业圈。

（三）工作特色或创新点

1. 多功能空间融合创新，提升社区商业多样性

浦东新区高度重视商业空间的多功能化，通过创新设计和灵活布局商业

---

① 《上海市商圈能级提升三年行动方案（2024—2026年）》（沪商商贸〔2024〕57号），上海市人民政府，https：//www.shanghai.gov.cn/gwk/search/content/fd00c1f5afe24e4d8a101df1e647cf7a。

② 《"15分钟社区生活圈"打造一站式综合服务中心——上海已新建改建约30个"人民坊"项目》，文汇报，https：//mp.weixin.qq.com/s/iNa4SR-ZemDlpAS14eF9Eg。

空间，推动社区商业的多样化发展，并显著提升了服务水平。这种商业空间的设计不仅满足了商业需求，也注重增强公共空间的互动性和可参与性，创造了更加开放、包容的城市生活场景。以前滩公园巷为例，这一项目模糊商业街与城市道路的边界，结合创意美陈设计，为市民打造了可互动、可漫步的邻里空间，传递出轻松的商业理念"Lite You Up"，成为前滩"15 分钟生活圈"的典范。① 该商业项目还无缝连接滨江公园和晶耀前滩，三层空中走廊将被打造成"巷里食街 Red Market"，聚集多元风味美食，为社区增添了烟火气息。项目通过街巷这种城市最小单元，破解浦东"缺乏人情味"的局限，激活城市脉络，勾勒出了生动的城市肌理。前滩公园巷的开放式环境既适应核心商务区的快节奏，又营造了安闲的慢生活氛围。通过新空间与新业态的融合创新，项目实现了国际化与海派文化的共荣发展，在 15 分钟的社区商业生活圈内展现了多元、多样的共生态势，成为浦东新区再造城市烟火气的创新实践。

2. 商业设施与公共服务相结合，打造精致温馨的综合服务网络

浦东新区在"15 分钟商业生活圈"建设中，注重商业设施与公共服务的有机结合，全力打造功能齐全、服务高效的商业综合体。这一模式不仅提升了居民的日常生活便利性，也通过优化资源配置和空间布局，显著增强了社区服务的整体效能。特别是通过将商业设施与医疗、教育、文化、养老等公共服务进行一体化规划，浦东形成了多功能协同运作的服务网络，使居民能够在短时间内便捷获取多样化的生活服务。以浦发唐城印象天地为例，该项目依托地铁 2 号线创新中路站的交通枢纽优势，聚焦年轻化国际社区的需求，打造了集娱乐性、互动性和沉浸式体验于一体的多元化消费场景。项目引入"Family & Social Park"理念，从"家庭"和"社交"两个角度出发，服务唐镇国际社区的家庭及年轻白领群体，形成了一个集温馨感、元气感与精致感于一体的 15 分钟开放式社交生活圈。与此同时，项目借鉴浦发三林

---

① 《前滩公园巷开街，构建"可漫步的邻里"》，新民晚报，https：//baijiahao.baidu.com/s？id=1811416556294115582&wfr=spider&for=pc。

印象汇的成功经验，持续深化"创业主理人计划"，与周边有创意的年轻人共同开发高黏度的商业内容，进一步增强了区域商业的吸引力。通过商业与公共服务的深度结合，该商业项目不仅为周边 30 万人口的消费需求提供了多元化选择，还为社区创造了一个自在舒适、充满活力的社交生活空间，形成了精致温馨的综合服务网络，有效满足居民对生活品质和社区归属感的需求。这种融合式的发展路径不仅提高了区域商业的吸引力，还为城市生活注入了更多人情味和归属感。

3. 推进全面友好型商业模式，打造陪伴式社区商业

浦东新区在建设"15 分钟商业生活圈"中，特别强调通过推进全面友好型商业模式，打造陪伴式社区商业，提升居民的生活便利与归属感。[①] 如浦发三林印象汇在业态布局上充分考虑了多样化与高频需求的结合，不仅打造了涵盖多种品类的餐饮矩阵，提供小食、咖啡茶饮、日料、烘焙等丰富选择，形成"家门口的美食后花园"；还特别关注家庭和年轻消费群体，通过"全年龄层共享"的模式，设立了无障碍亲子卫生间、VIP 育婴室，并提供儿童推车租赁、老人关怀等服务，进一步提升了社区的亲和力。此外，浦发三林印象汇引入了多家品牌首店，包括赞自助烤肉火锅、小富婆海鲜餐厅等首发品牌，通过与周边具有创意的年轻人共同开发商业内容，激发商业创新活力。项目还邀请在地品牌主理人参与商业空间的共创，与社区居民的持续互动，推动了社区友好型商业模式的形成，为居民提供了灵活创业的平台。[②] 这一社区商业综合体通过商业与社区资源的整合，实现了陪伴式社区商业模式的构建，推进了"15 分钟商业生活圈"的深度实践，提升了居民生活的便利性与舒适度。

4. 实施清单化管理与分类配置，精准完善商业服务体系

浦东新区在推进"15 分钟商业生活圈"建设中，采取了清单化管理和

---

① 翟宝昕、朱玮：《家庭生活圈使用模式及其差异特征研究——以上海市为例》，《人文地理》2024 年第 2 期。

② 《浦发三林印象汇：社区商业的 1+N 个创新》，新商业之家，https：//mp. weixin. qq. com/s/Z7RfhPlWg_ _ SOqvph7c2FA。

分类配置的策略，保障商业资源的精准投放和高效利用。所谓清单化管理，是指浦东对社区居民日常生活中的核心需求进行梳理，形成一个详细的民生需求清单。在此基础上，针对商业服务的需求，浦东通过区级、社区级和居村级的三级网络体系，将商业服务资源细分，确保不同层次的社区都能获得与之相匹配的商业服务支持。这种管理模式有利于将商业服务与社区需求紧密结合，实现服务的定制化。例如，针对不同年龄段和职业群体的需求，浦东新区在社区内布局了各种便利商店、超市、餐饮设施以及其他零售服务。居民可以在步行15分钟的范围内，快速获取日常生活所需的各类商品和服务。同时，浦东还注重商业服务的多元化，实现基础商业服务（如超市、便利店等）的广泛覆盖，以及新型商业服务（如社区电商、配送服务等）的逐步引入。通过这种方式，浦东不仅满足了居民的基本生活需求，还为居民提供了便利和多样的消费选择。此外，浦东新区通过与国家和地方公共服务标准的对接，确保商业服务设施配置的科学性和合理性。这种清单化管理与分类配置策略，推动了社区商业服务体系的精准完善，显著减少了居民获取生活服务的时间成本，使居民可在步行范围内完成生活必需品的采购和消费，极大提升了居民的生活质量和便利性，为浦东打造高效的社区生活圈提供了强大的支撑。

5. 项目化推进与数字化赋能，覆盖率与服务质量双提升

项目化推进和数字化赋能是浦东推进"15分钟商业生活圈"建设的又一特色与亮点。在项目化推进过程中，浦东新区通过多个年度的社区服务规划和商业设施建设，不断增加社区内的商业网点和公共服务设施，以保障居民能够在短时间内获取所需的各类商业服务。浦东新区的项目化推进包括盘活现有存量资源和新增商业设施。[①] 例如，通过利用政府机关、事业单位、国有企业和居民小区的存量房屋资源，浦东新区将其改造为居民所需的商业服务设施，极大增加了社区商业设施的供应。这些盘活存量的做法，使许多原本闲置的空间被高效利用，填补了社区商业服务的空白。

---

① 柴彦威、李春江：《城市生活圈规划：从研究到实践》，《城市规划》2019年第5期。

同时，也通过新增社区商业综合体等大规模商业设施项目，进一步提升社区商业服务的覆盖率。通过这些措施，浦东成功解决了 522 个基本公共服务设施的短缺问题，并新增了 1116 个服务设施。[①] 同时，数字化赋能在"15 分钟商业生活圈"建设中发挥了至关重要的作用。浦东新区通过构建"15 分钟社区生活圈"综合信息平台，利用大数据和智能技术，优化社区商业网点的布局和管理。居民可以通过"掌上生活圈"等数字平台，便捷地查询社区内的商业设施、预订服务或参与社区活动。这种数字化手段不仅提升了商业服务的效率，还为居民提供了更加便捷的消费体验。通过项目化推进与数字化赋能的双重手段，浦东新区在提升商业设施覆盖率的同时，也显著提升了社区商业的服务质量，极大提高了社区居民的生活满意度。

三 浦东推进"15分钟商业生活圈"建设成效及问题

（一）浦东推进"15分钟商业生活圈"建设成效

1. 完善了社区商业服务体系

浦东新区在推进"15 分钟社区生活圈"建设过程中，商业服务体系更趋完善，通过多种手段确保居民能够在短时间内获得所需的各类生活服务和商业配套。这种体系的建立不仅是传统商业模式的升级，更是社区服务体系的进一步深化。在这一过程中，浦东积极推动超市、便利店、餐饮店、社区医疗机构等基础商业服务设施的布局，以满足居民日常生活需求。这种集中于居民生活需求的规划，极大地减少了居民获取生活服务的时间成本，使社区居民可以在步行范围内完成日常生活的各项需求，从而大大提高了生活的便利性和生活质量。此外，浦东新区还通过引入新的服务业态，如社区电商

---

① 《浦东而立浦东再出发 | 15分钟服务圈更便利 社会治理更智能 美好生活全面升级》，浦东发布，https://sghexport.shobserver.com/html/baijiahao/2020/11/11/295855.html。

服务、智慧社区平台等，进一步丰富了居民的消费选择，提升了服务的智能化水平。这种体系化、智能化的商业服务布局，使浦东的社区商业在功能、覆盖面和服务质量上都有了显著的提升，也为其他城市和地区提供了宝贵的经验。

2. 创新了多功能商业空间

浦东在推进"15分钟社区生活圈"的过程中，注重商业空间的多功能化，通过打造创新型商业空间如"人民坊"和"六艺亭"等，进一步增强了社区商业服务的多样性和丰富性。这些创新的商业空间不仅仅是提供购物服务，还结合了休闲、文化和社区服务功能，成为居民日常生活的重要活动场所。例如，许多"人民坊"项目结合了社区的文化需求，不仅提供购物、餐饮等商业服务，还通过引入文化活动、教育培训等功能，满足不同年龄段居民的多元化需求。这种多功能商业空间的设计，打破了传统单一商业模式的局限，使社区商业服务不再仅限于物质需求的满足，而是逐步向精神和文化层面延伸。此外，这些商业空间还通过提供公共服务设施如健身房、社区图书馆等，增强了社区的公共服务功能，为居民提供了更全面、更人性化的服务体验。这种多元化、多功能的商业空间建设，有效提高了社区的整体服务水平，增强了居民的生活满意度，也使浦东新区的社区商业模式更具创新性和前瞻性。

3. 提升了商业设施的覆盖率与品质

自2017年以来，浦东新区注重提升商业设施的覆盖率与服务品质。浦东通过多个年度的社区服务规划和商业设施建设，成功解决了522个基本公共服务设施的短缺问题，并新增了1116个公共服务设施，包括各类商业网点。这些新增的设施不仅在数量上满足了社区居民的日常需求，还在服务质量上有了大幅提升。例如，周家渡街道努力把辖区居民的"需求清单"转化为"15分钟便民生活圈"的"满意清单"。位于周家渡街道成山路500号浦乐汇成山店更新项目按照建设社区"15分钟便民生活圈"补齐基本保障类业态、发展品质提升类业态的要求，在充分调研评估、确定经营定位的基础上,进行改造升级。① 升级后的项目以家庭消费为主体,兼顾周边居民日常消费,业态涵盖餐饮、零食、教育培训、休闲娱乐,并提供配套生活服务。入驻品牌诠释浦乐汇"邻距离,惠生活"的品牌理念,包括盒马奥莱、想开汤泉、红石影院、星乐荟游艺、星巴克、瑞幸咖啡、老凤祥、大富贵以及各类潮玩娱乐品牌。周家渡街道将继续提升服务精细化、人性化、便利化水平,持续推动辖区"15分钟生活圈"建设迈上新台阶,为辖区居民的幸福生活加码,使居民能够"近"享便利美好生活。此类商业综合体不仅包括传统的购物和餐饮服务,还提供了诸如娱乐、健身、文化等多元化服务,使社区居民的消费体验得到显著提升。与此同时,浦东新区还通过推动社区商业标准化管理和服务质量的监管,确保所有商业设施都能提供高水平的服务。这种在覆盖率和服务质量上的双重提升,有效提升了整个社区的商业吸引力和竞争力,为推动浦东新区的现代化城区建设打下了坚实的基础。

4. 推动了智慧社区与商业模式的融合

随着智慧城市的逐步推进,浦东新区在"15分钟商业生活圈"的建设中积极推广智慧社区与商业模式的融合,通过智能化技术手段提升社区商业的运营效率和服务质量。例如,浦东新区在一些先进的社区引入了智能无人超市、智能快递柜等创新服务,这些设施不仅方便了居民的日常购物和物流需求,还通过大数据分析等技术手段,进一步优化了社区商业的管理和运营。这种智慧商业模式的引入,不仅使居民的生活更加便利,还有效提升了社区商业的整体效率和灵活性。此外,智慧社区的建设还通过智慧平台推广,居民可以通过手机 App 实现生活服务的在线预订、购物以及参与社区活动等,大大简化了社区生活的流程。这种智慧社区与商业模式的深度融合,增强了社区的商业服务能力,提升了居民的消费体验,也使浦东新区在智慧城市建设的道路上走在了前列,为全国其他地区提供了良好的示范作用。

---

① 《完善15分钟便民生活圈,这个社区商业中心试营业》,浦东发布,https://mp.weixin.qq.com/s/fHVtCXZqBmbouqLETPudvA。

5.实现了商业与多元文化特色的有机融合

浦东通过商业与多元文化的有机融合，进一步丰富了社区商业的内涵，提升了区域的文化氛围与品牌价值。这种融合不仅体现在引入新兴消费业态与文化内容的交互合作上，更通过在地文化传承和现代商业的创新结合，展示了浦东独特的文化特色，推动了商业与文化共生发展的新模式。例如，在有着深厚历史底蕴的"千年古镇"三林，浦发三林通过一系列富有创意的活动，力图推动商业与文化联动。项目与三林龙狮团队合作，推出了"潮小龙"龙年卡通形象，为传统舞龙文化注入了新活力。浦发三林发起了名为"龍头精神"LOONG TALK 的访谈视频系列，结合了网红品牌、头部商业公司及非遗文化传承者，多角度呈现品牌与文化的共鸣，展现了"龙头精神"在商业与文化中的核心作用。同时，项目还与杂货品牌酷乐潮玩合作，推出了"豚豚崽"IP 互动活动，① 这一深受欢迎的卡皮巴拉形象，结合三林非遗龙头元素，融入商场的公共空间装置、商户定制产品、特制影厅等环节中，进一步加强了文化 IP 与商业场景的深度结合。通过这些创新实践，该商业项目不仅促进了商业与在地文化的深度融合，也为传统文化在现代商业环境中的创新表达提供了新的路径。项目通过文化与商业的互相渗透，赋予社区商业更多的文化内涵，真正有助于实现"15 分钟商业生活圈"中商业与多元文化特色的和谐共生。

（二）浦东推进"15分钟商业生活圈"存在的问题

1.部分区域商业设施分布不均衡

尽管浦东新区在整体上提升了商业设施的覆盖率，但在一些区域，商业设施的分布仍然存在不均衡的问题。特别是在新区开发区域，商业设施的布局相对稀疏，导致居民获取商业服务的时间成本较高。这种不均衡的分布主要由于新区开发区域的路网规划和交通体系尚不完善，商业设施的建设速度

---

① 《又一商业新地标，即将开业》，浦东发布，https://mp.weixin.qq.com/s/JBn4TCtGVjYDnuzzgjM3Sw。

相对滞后，无法与居民的需求相匹配。与之相对，浦东老城区的商业设施密度过高，导致商业资源浪费和过度竞争，使部分商家难以维持长期运营。这种区域内商业设施分布不均的问题，不仅影响了社区居民的日常生活便利性，也在一定程度上制约了商业圈的整体效益提升。未来，浦东新区需要进一步优化商业设施的空间布局，确保不同区域的居民都能享受到便捷的商业服务，缩小区域间的服务差距。

2. 社区商业品质差异显著

尽管浦东新区在整体上提升了社区商业设施的数量和覆盖率，但在服务品质方面仍然存在显著差异。部分社区的商业服务设施水平较低，无法有效满足居民日益增长的消费需求，尤其是在高品质的购物、餐饮和娱乐设施方面，部分社区仍显得不足。这种商业服务品质上的差异，主要表现在一些新建社区和老旧社区之间的设施差距上。新建社区往往能够获得更多的资源投入和商业配套设施，而一些老旧社区由于基础设施落后，难以吸引高品质的商业服务入驻，导致居民需要前往其他区域获取更优质的服务。这不仅增加了居民的出行负担，也在一定程度上削弱了"15分钟商业生活圈"项目的初衷。为了进一步提升社区商业服务的品质，浦东新区需要在老旧社区的改造和升级方面加大投入，确保这些区域的居民也能够享受到高质量的商业服务。此外，在新建社区的规划过程中，也应注重商业服务的层次和多样性，确保能够满足不同收入和消费层次居民的需求，从而实现商业服务品质的全面提升。

3. 商业空间与公共空间利用不足

在部分农村社区，商业空间的规划与公共服务空间之间存在一定程度的分离，未能实现功能的有机结合，导致居民在获取商业服务和公共服务时不得不在不同的空间之间进行频繁转换，增加了不必要的时间和交通成本。例如，一些社区虽然商业设施布局较为集中，但公共服务空间如公园、图书馆等设施较为分散，无法形成一个整体的社区生活圈。这种商业与公共空间利用不足的问题，导致居民的日常生活不够便捷，也影响了社区整体的生活质量。为了有效解决这一问题，浦东新区需要在未来的规划中更加注重商业设施与公共服务设施的联动布局，确保这两类设施能够在空间上相互补充，形成一个完整的社区服务体系。此外，还应在规划中引入更加人性化的设计理念，通过打造综合性的社区服务中心，减少居民在不同设施之间的转换时间，提升社区生活的便利性和舒适度。这种商业与公共空间的有机结合，将有助于进一步提升"15分钟商业生活圈"的综合效能，增强居民的生活体验。

4. 智慧社区商业推广不够深入

尽管浦东新区在部分先进社区推广了智慧商业模式，但整体推广进度仍然较为缓慢，许多传统社区仍然依赖传统的商业模式，未能充分享受智慧城市建设带来的便利。这种智慧社区推广不足的问题，主要体现在智慧商业设施的覆盖率不高，以及居民对智慧商业模式的接受度有限。许多社区缺乏智能无人超市、智能物流配送系统等先进设施，导致居民的日常购物和消费体验相对滞后。此外，部分社区虽然引入了智慧商业设施，但由于技术普及率不高，许多居民仍然习惯于传统的购物模式，对智能设施的使用不够熟悉。这在一定程度上影响了智慧商业模式的推广效果。为了解决这一问题，浦东新区需要在智慧社区商业的推广方面加大投入，确保更多的社区能够享受到智慧城市建设的成果。通过加强智慧设施的普及和居民的技术培训，使更多人能够掌握和使用这些设施，从而提升整个社区的商业服务水平。同时，还应通过政策支持和市场激励，引导更多商家和企业参与到智慧社区商业的建设中，确保智慧商业模式能够在社区中得到广泛应用。

5. 居民需求与商业服务之间的错位

在浦东新区的"15分钟商业生活圈"建设过程中，尽管项目的整体规划较为全面，但在一些社区中仍然存在居民需求与商业服务供给之间的错位问题。这种错位主要体现在商业服务设施的规划未能充分考虑不同居民群体的具体需求，尤其是在老年人和低收入群体较为集中的社区，商业设施往往更侧重于满足年轻人的消费需求，而忽视了这些特殊群体的需求。例如，一些社区内虽然有便利店和快餐店，但老年人所需的医疗保健、文化娱乐等服务设施的配套不足，导致这些居民在日常生活中面临诸多不便。为了更好地解决这一问题，浦东新区需要加强对不同社区居民需求的调研和分析，确保商业服务设施的规划能够更加贴近居民的实际需求。在未来的商业设施布局中，可以引入更多针对老年人、儿童以及低收入群体的专门服务设施，确保不同群体的需求都能够得到满足。此外，还应在商业服务设施的规划中引入更多弹性和多样性，以便根据居民需求的变化，随时进行调整和优化，确保商业服务供需之间的平衡。这将有助于提升"15分钟商业生活圈"项目的服务水平，提高居民的生活满意度。

四 推进"15分钟商业生活圈"建设的建议

在深入分析浦东新区"15分钟商业生活圈"建设的成效和问题的基础上，为了更好地推进这一项目的可持续发展，提升社区居民的生活质量，以下将从强化党建引领、优化空间布局、推进智慧社区建设、提升服务品质、公共参与与协同治理等方面提出具体的建议。这些建议旨在通过更加科学合理地规划和实施，进一步提升"15分钟商业生活圈"的功能性、便利性和可持续性，确保这一项目能够真正为社区居民带来长久的生活便利和幸福感。

（一）党建引领，社区治理与商业服务相结合

浦东新区在"15分钟商业生活圈"建设中，始终坚持党建引领，推动社区商业发展与基层治理的有机结合。通过加强社区党组织的引导作用，浦东在多个社区建立了党群服务中心，并以此为平台推动商业服务的升级和优化。这种模式的创新在于，社区党群服务中心不仅是基层党组织活动的场所，也是商业生活圈的服务核心，协同推动社区治理与商业发展。例如，党群服务中心整合了社区党员志愿服务、公共服务平台等功能，为居民提供一站式的社区服务和商业支持。这种以党建为核心的商业服务整合，不仅增强了社区的治理效能，也提升了商业服务的质量和居民的生活满意度。[①]

---

① 张振洋、王哲：《行政化与社会化之间：城市基层公共服务供给的新尝试——以上海市C街道区域化大党建工作为例》，《华中科技大学学报》（社会科学版）2017年第1期。

（二）优化商业与公共服务设施的空间布局

当前，浦东新区的"15分钟商业生活圈"在商业设施和公共服务设施的分布上还存在一定的不均衡问题，优化空间布局是推进项目可持续发展的关键措施之一。一是在新区开发区域应加大商业设施的建设力度，对于商业设施覆盖率较低的地区，应通过政府的政策引导，鼓励更多商业投资进入，以确保这些区域居民的生活便利性。可以通过设立商业补贴、减免租金等方式，吸引更多中小型商业企业在这些区域开设网点。同时，也应加强对新区的交通规划，确保商业设施的可达性，使居民能够方便地获取所需服务。二是在老城区，应该通过空间再利用的方式，避免商业资源过度密集和浪费。针对一些过度竞争的商业区域，可以考虑通过重新规划商业用途、改造空置商业设施为社区文化或公共服务中心等手段，优化商业资源配置。与此同时，应根据不同社区的实际需求，将部分商业设施与公共服务设施进行整合，打造更加紧密的综合服务空间，提升社区的整体功能性。三是优化商业和公共设施的空间布局时，应注重与城市其他功能区域的联动。将商业设施的布局纳入城市整体空间规划中，使其与交通枢纽、文化场所、医疗设施等形成更加便捷的服务网络，提升整个城市生活圈的功能层次。通过这一优化措施，不仅能有效提升设施的使用效率，还能增强居民的获得感和幸福感。

（三）加快智慧社区与智慧商业的推广

浦东新区在智慧社区建设和智慧商业模式的推广方面已取得了一定成效，但其整体覆盖率和推广力度仍存在不足。因此，在未来的"15分钟商业生活圈"建设中，应加快智慧社区与智慧商业的全面推广，确保所有社区都能享受到智慧城市建设带来的便利。一是政府应加大对智慧商业基础设施的投入力度，在更广泛的社区内引导资本推广智慧购物、智慧物流等服务。可以通过智能无人超市、智能快递柜、社区电商平台等手段，为居民提供更加便捷、高效的购物和配送服务。特别是在老年人群体较为集中的社区，应加强智慧服务设施的普及和技术支持，确保老年人能够方便使用这些设施,享受到智慧社区带来的便利。二是应大力推动智慧平台的推广与应用。开发便捷的社区生活服务 App,居民可以通过平台满足日常生活的各类需求,如在线购物、预约社区服务、参与社区活动等。这不仅能提高居民的生活便利性,还能通过大数据技术优化社区商业的管理与运营,提高整个商业圈的运行效率。政府可以通过补贴和激励措施,鼓励更多商家加入智慧社区商业平台,推动智慧商业模式的普及。三是应加强智慧商业的技术培训和服务支持,确保社区居民能够熟练使用智慧设施。可以通过定期的社区培训和技术讲解会,帮助居民掌握如何使用智能设备、如何通过社区平台完成日常事务等。这种技术培训不仅能提升居民的参与度,还能增强他们对智慧社区和智慧商业的认同感,推动智慧城市建设的深入发展。

(四)进一步推动全龄友好型商业生活圈建设

在"15分钟商业生活圈"的建设中,有必要进一步考虑不同年龄段居民的需求,特别是老年人、儿童和残疾人等特殊人群的需求。全龄友好型商业生活圈不仅要满足年轻人的消费习惯,还应提供针对老年人和儿童的专门服务设施。[①] 例如,在每个商业生活圈中,应具备一定数量的无障碍设施,如无障碍通道、低台阶、便捷的公共交通站点等,以方便老年人和残疾人使用。此外,社区内的商业设施应考虑提供老年人友好的商品和服务,如健康食品、医疗设备租赁、专门的休闲场所等。针对儿童群体,应在商业生活圈内增加儿童娱乐场所、亲子互动空间以及安全性高的游戏设施。这些设施不仅能够满足儿童的娱乐需求,也有助于缓解家长的育儿压力。在设计这些设施时,安全和教育功能应成为重要考量,保障儿童可以在社区内享受到健康、安全的活动环境。

(五)推动可持续发展与绿色商业生活圈建设

绿色与可持续发展应成为当前及未来社区商业规划中重要的考虑因素。

---

① 何静、周典、刘天野等:《老龄化社会西安城市公共服务设施环境质量评价方法研究》,《建筑学报》2022年第2期。

在社区商业建设过程中可通过引入绿色商业设施和生态友好型建筑技术，推动商业生活圈的可持续发展。社区商业圈应结合绿色建筑的理念，大力推广清洁能源的使用，同时，在商业设施的设计中，注重废物回收、节水和绿色交通等措施的落实，推动社区商业的绿色转型。此外，社区商业生活圈还应倡导"绿色消费"理念，推广绿色商品和服务。例如，可以通过社区农产品直销点、绿色超市等，鼓励居民购买有机、无公害食品，减少对环境的负面影响。同时，还可以推动社区内的绿色交通网络建设，鼓励居民步行或使用自行车、公共交通工具出行，减少对私人汽车的依赖，减少碳排放。这一系列的绿色措施，不仅有助于提升社区的生态环境质量，也有助于培育居民可持续生活方式，形成绿色健康的社会风尚。

B.8

浦东新区"15分钟公园生活圈"建设

余敏江 谭 腾*

摘　要：　"15分钟公园生活圈"强调践行"以人为本"的高质量公共服务供给、驱动"生态优先"的高水平城市绿色发展、打造"功能多元"的高品质城市生活空间，是提升城市公共服务精准均衡性的重要抓手。浦东新区坚持推进"15分钟公园生活圈"建设，是深入践行习近平总书记提出的"人民城市"理念的重要举措，也是发展生态宜居的"公园城市"的实践探索。通过制定明确具体的建设目标和计划，浦东取得了一系列显著成效，呈现出规划引领、全过程人民民主、"一公园一特色"、数字化赋能、绿色共享、具有人文温度等建设亮点。为持续推动"15分钟公园生活圈"建设的提质升级，建议浦东更加重视建设长效常态管理机制、坚持以居民需求为导向、激发更广泛的社会参与、加强先进经验交流学习，将自身成功经验更好转化为可复制、可推广的"浦东样本"。

关键词：　15分钟公园生活圈　公园城市　高品质生活　浦东新区

党的二十大报告强调，要"健全基本公共服务体系，提高公共服务水平，增强均衡性和可及性"。《"十四五"公共服务规划》指出，要"持续推进基本公共服务均等化，着力扩大普惠性非基本公共服务供给，丰富多层次多样化生活服务供给"。伴随城市化进程的加速，提高公共服务资源

---

* 余敏江，同济大学政治与国际关系学院教授，博士生导师，国家社科基金重大项目首席专家，主要研究方向为环境政治与治理、社会治理与国家治理；谭腾，同济大学政治与国际关系学院博士生，主要研究方向为环境政治与治理。

配置的精准均衡愈发成为满足人民美好生活需要、构建和谐社会的关键一环。

社区生活圈的建设是城市进入精细化发展阶段的重要标识，即通过合理配置公共资源、有效提升社区服务的可及性，实现舒适便利、生态宜居的高品质城市人居环境。① 城市公园绿地是营建社区生活圈、提升公共服务可及性的重要实现载体。"15分钟公园生活圈"基于公园绿地资源的开发转化，融合了绿色生态、优美宜居、以文化人、休闲娱乐等多元功能价值，兼顾了基本公共服务均等化、非基本公共服务普惠化以及生活服务多样化等目标。依托"15分钟公园生活圈"，能够通过规划创新、空间治理模式的转变、资源配置方式的变革，满足优质公共设施和服务的集中供给，缓解超大城市面临的开发强度高、空间资源紧张、公共服务覆盖不均等问题。因此，推进"15分钟公园生活圈"建设，能够切实创造高品质生活并提升人民获得感、幸福感，是深入践行习近平总书记提出的"人民城市"理念的重要举措，也是高质量发展生态宜居的"公园城市"的实践探索。

一 "15分钟公园生活圈"建设的内涵

"15分钟公园生活圈"是一个多元复合的城市更新概念，其核心在于通过合理的城市规划设计，将公园、绿地、休闲设施、服务设施等布局在居民15分钟慢行可达的范围内。"15分钟公园生活圈"既强调空间属性、功能属性、价值属性的有机统一，又彰显公共空间与城市环境相融合、休闲体验与审美感知相统一。

（一）践行"以人为本"的高质量公共服务供给

习近平总书记指出："以前我们要解决'有没有'的问题，现在则要解决'好不好'的问题。我们要着力提升发展质量和效益，更好满足人民多

---

① 张苏卉、谭然：《微更新视域下社区公共艺术的生态性研究》，《上海文化》2024年第4期。

方面日益增长的需要，更好促进人的全面发展、全体人民共同富裕。"① 当前，我国社会的主要矛盾已经转向人民日益增长的美好生活需要和不平衡不充分的发展之间的矛盾。伴随城市更新迈入"深水区"，人民群众对于美好生活的需求愈发多元，逐渐从基本的教育、卫生、养老等层次的需求拓展至生态、文化、娱乐、社交等层次的追求，进而对城市公共服务水平和服务能力提出了更高要求。

2016年，上海市首次提出"15分钟社区生活圈"理念，旨在回应并解决人民群众最关心的"老小旧远"等"急难愁盼"问题。在此基础上，浦东创造性提出以社区为单位、以居村委会为起点，在15分钟慢行区域范围内配置居民生活所需的基本服务设施。2023年，浦东全面推动"15分钟社区生活圈"提质增效行动，不断完善公共服务资源配置标准体系。

"15分钟公园生活圈"并非一开始便被纳入"15分钟社区生活圈"建设的总体布局，而是在基本公共服务覆盖面与供给质量不断提升的基础上，逐渐被赋予针对性的建设目标和意义。一方面，"15分钟公园生活圈"延续了以人民为中心的公共服务理念，旨在实现"让老百姓出门15分钟内就有公共绿地"，另一方面，以公园为综合性社区公共服务供给的载体，将公园与体育、文化、旅游等各类功能有机融合，更加重视满足人民精神生活需要，反映了"15分钟社区生活圈"建设迈向更高质量阶段。

（二）驱动"生态优先"的高水平城市绿色发展

"15分钟公园生活圈"作为公园城市建构的"微单元"，一方面延续了公园城市建设的理念精神，另一方面更加强调公共服务的效率性和公平性，即通过集中化的公共服务供给及其与居民需求的精准匹配，彰显出更高精细化程度的绿色治理。"15分钟公园生活圈"承载了公园城市的价值要素，强调"绿色"

① 《习近平谈治国理政》第三卷，外文出版社，2020。

为治理底色，以及人与自然融合的命运共同体思想。① 2023 年 9 月 19 日，浦东新区生态环境保护大会召开，会议强调，要在新起点上高标准谋划部署美丽浦东建设，以更扎实的行动、更有力的举措，加快把浦东新区建设成为人与自然和谐共生的美丽家园。② 推进"15 分钟公园生活圈"建设本质符合当前阶段生态文明建设的需求，是新征程上构建美丽浦东、宜居浦东的基础支撑。

（三）打造"功能多元"的高品质城市生活空间

社区生活圈也是便民服务圈，是满足居民全生命周期各类需求的基本元素。③ 居民需求的多样性、层次性决定了"15 分钟公园生活圈"应是多维功能集成的城市绿色空间，需在公共服务方面下足"绣花功夫"，显现出效益均衡但内容多元的公园功能。通过公园"+民俗""+文化""+体育""+科普"等方式，联动更多服务资源，满足居民的差异化诉求。在整体城市空间中形成异质多元、和谐共生的大量"15 分钟公园生活圈"，既体现城市生活空间与公园生态空间的无界融合，又彰显这种融合式高品质城市生活空间的惠民、利民、为民实质。

二 浦东推进"15分钟公园生活圈"建设的目标及举措

为打造"城在园中建、人在园中居"的高品质城市生活空间，最大限度地实现绿色空间的公共性和开放性，以及相关公共服务资源配置的均衡性和可及性，浦东根据上海市公园城市建设总体规划与上海市"15 分钟社区生活圈"行动联席会议办公室要求，积极推进高品质公园生活圈建设，制定了详细清晰的总体目标和阶段目标。

---

① 史云贵、刘晴：《公园城市：内涵、逻辑与绿色治理路径》，《中国人民大学学报》2019 年第 5 期。
② 《加快把浦东建设成为人与自然和谐共生的美丽家园》，"浦东发布"公众号，2023 年 9 月 19 日。
③ 向绪鹏、朱国义：《15 分钟社区生活圈：源起、发展与启示——基于浦东新区的经验分析》，《上海城市管理》2024 年第 5 期。

（一）建设目标

1. 总体目标

以习近平新时代中国特色社会主义思想为指导，全面贯彻习近平生态文明思想、"人民城市"重要理念和公园城市建设的有关要求，以新发展理念推动绿色空间开放、共享、融合；积极推进公园行业高质量发展，以"公园+""+公园"探索生态价值的创造性转化和城市空间形态的创新性转型，助力公园精细管理和文明服务提升，为广大市民和游客营建绿色生态、优美宜居的高品质城市生活空间；稳步实现"城市乡村处处有公园、公园绿地处处是美景、绿色空间处处可亲近、人城境业处处相融合、爱绿护绿处处见行动"，以"15分钟公园生活圈"的"微更新"撬动城市治理现代化的"大格局"，全方位增加城市建设的速度、深度、温度。

在上海市委市政府相关指示和要求下，浦东围绕"推动浦东高水平改革开放、打造社会主义现代化建设引领区"的目标精神，结合《2024年上海市"15分钟社区生活圈"行动方案》《上海市城市更新行动方案（2023—2025年）》《上海市生态空间专项规划（2021—2035）》和"十四五"规划任务，提出了在"十四五"末实现公园总数超过200个的总体目标。

2. 阶段目标

"十二五"至"十三五"期间，浦东主要围绕生态环境保护和公共绿地建设，着力加固城区生态基底，为下一阶段细化公园城市建设目标和"15分钟公园生活圈"建设计划奠定了重要基础。《浦东新区"十二五"规划》提出建设资源节约型、环境友好型社会，积极倡导绿色健康的生产生活方式，促进人口、资源、环境相协调，加快建设生态文明示范城区。《浦东新区"十三五"规划》提出营造美丽、低碳的城市生态环境，打造天蓝水清、植被葱郁、人与自然和谐的生态宜居浦东。

"十四五"期间，浦东以"生态基底更加厚实、绿色空间更加开放、公园与城市更加融合、公园城市建设路径更加清晰"大目标为引领，明确推进绿地、林地、湿地融合发展，促进生态空间系统性、均衡性和功能性持续提升，实现"开放共享、多彩可及"的绿色健康生活。具体而言，浦东制定了以下几个方面的重要计划。

一是继续增加公园数量和绿化覆盖率。以整个浦东行政区为范围，计划每年新增公园30座左右，至2025年达到至少200座的数量；每年新增300公顷左右绿量，至2025年争取达到森林覆盖率19.5%、人均公园绿地面积13.5平方米；至"十四五"时期末，实现口袋公园街镇全覆盖。[①]

二是强化绿道串联和系统连接，形成更大的宜居、宜业、宜游的"生态圈"。"十四五"期间，重点围绕环城生态公园带建设，计划环上完成16座公园改造提升、4.5平方公里外环绿带及60.2公里外环绿道建设，环内完成400公顷楔形绿色建设，环外启动生态间隔带规划研究。[②]

三是提升公园服务品质，完善城市公园的服务功能，满足居民的休闲、健身、娱乐、科普等综合需求。浦东提出"公园+"计划，要求通过合理布局设施推动公园的功能拓展，赋予公园自然价值、社会价值、历史文化价值，结合城市更新行动，全面提升公园品质。

（二）具体举措

1.准备阶段（2022年及以前）

筑牢城市生态基础，侧重公园绿地"扩量"。"十二五"期间，浦东建设"滨江滨海、两环七廊、多片多点"的绿地空间，启动滨江森林公园二期、临港滨海文化公园、外高桥和张家浜楔形绿地、川杨河生态廊道建设，完成一批居住区配套公园建设及现有绿地改造。"十三五"以来，浦东加速城市生态空间的修复、保护与拓展，全面展开污染防治攻坚战。截至2022年12月，浦东已全面贯彻林长制和河湖长制，启动"环保管家"服务，建立生态环境信用评价体系，金海湿地公园、沔青公

---

① 《浦东新区国民经济和社会发展第十四个五年规划和二〇三五年远景目标纲要》。
② 高恩新、曹绪飞主编《上海浦东高品质生活发展报告（2024）：浦东新区创造高品质生活的探索》，社会科学文献出版社，2024。

园改造工程基本完工。2022 年底时，浦东已新增公园 61 座，总数达 114 座。①

2. 提质阶段（2023年）

推动高品质公园城市建设，促进五大方面提质增效。在公园绿地补缺增量的基础上向品质提升拓展，同时着力解决公园服务"够不够""好不好"的问题。一是系统规划分类施策，加强环城生态公园带建设，包括推进环上公园改造提升、外环绿带建设、外环绿道贯通。二是促进民生幸福，打造高品质绿色生活，包括积极推进口袋公园建设、有序开展公园改造。三是围绕乡村振兴，有序推进乡村公园建设，尤其利用郊野地区田水林特色生态资源，推进林地抚育和小微开放休闲林地建设。四是打通空间隔阂，推动绿色开放共享，加大公园免费开放和延长开放力度。五是着力整体统筹，加强管理运营，依托林长制工作制度，由村居林长号召民间林长、社区爱绿护绿志愿者一起参与小区绿地的维护和保养。

3. 升级阶段（2024年以来）

加强多层次高标准的公园生活圈建设，实现公共服务更加优质均衡。在全面推进"绿地扫盲"、公园绿地稳步扩建增量、公园品质继续提升的基础上，进一步推动相关服务内容及供给形式的创新，推动更具个性化、差异化的公园主题功能开发，深入践行"公园+"，加快乡村公园建设，提高"15分钟公园生活圈"整体建设的可及性、普惠性和精细化程度。浦东正积极推进公园绿地 24 小时开放以及拆墙透绿，目前除了上海滨江森林公园、上海野生动物园、星愿公园、名人苑 4 座公园外，其余符合开放条件的 78 座城市公园已全面实施 24 小时试开放服务，更好满足市民见绿、近绿、亲绿、享绿的需要。浦东继续重点推进口袋公园的特色建设，打造一批新的区级和市级示范口袋公园。2024 年，"浦东 15 分钟生活圈"微信小程序上线，进一步便利广大市民查询公园信息和特色公园建设案例、查看周边公园设施、参与设施评价、反馈自身需求等。

---

① 资料来源：浦东新区生态环境局（调研获取数据）。

（三）建设亮点

一是坚持规划引领，形成多方协同的一体化建设。在统筹规划上，浦东将"15分钟社区生活圈"建设作为浦东打造现代化城区的重要抓手，积极构建相关政策体系以保障公园绿地的保护与合理开发，引导行业部门进一步加强配套管理服务机制研究，有计划、有节奏地更新下一阶段建设目标，包括公园数量、绿化覆盖率等。在职责分工上，由规划和自然资源局牵头确定公园选址，生态环境局、建设局等协同推进公园改造及相关服务设施建设，形成了系统谋划、科学统筹、聚焦难点、协同发力的工作格局。在规划内容上，浦东创新践行"超前规划"，比如通过优化林荫道的结构设计，使其发挥更遮阴、更宜人的现实功能，以应对全球变暖的气候挑战。在引领社会参与上，通过"专家论证会""市民园艺中心""市民大讲堂"等形式或平台，加强对多方参与的支持，尤其鼓励和引导专业化人才如绿化专家、社区规划师、园艺师等参与"15分钟公园生活圈"建设。在细化协同治理上，浦东森兰湖等公园积极与属地公安部门沟通，设立联勤联动办公室，不定期与属地公安部门开展安全巡查，进一步整合资源力量，织密"协同网"。

二是吸纳人民力量，发挥全过程人民民主的优势。让人民群众拥有更多的获得感、幸福感、安全感，是推进"15分钟公园生活圈"建设的出发点。浦东在推进"15分钟公园生活圈"建设的过程中充分体现了对民心、民情、民意、民力的重视，做到问需于民、建设为民。立足各个公园实际，不搞"一刀切"，坚持深入调研、发扬人民民主，广泛听取社区居民和社会各界意见，保障人民共建共享。比如在三林镇西泰林路口袋公园项目中，三林镇鼓励人民参与公共绿地选址，融合民众需求拟定公园设计方案初稿，听取民众意见完善方案，依托人民决策确定方案，充分体现全过程民主。

三是落实因地制宜，探索"一公园一特色"差异化开发。通过深入挖掘不同区域的自然特色、生态资源、文化底蕴等，浦东实行精准化、差异化的公园开发策略，一方面基于"公园+"计划赋予各公园除生态功能之外的多元功能，另一方面也防止公园建设的同质化，推动每一个公园都成为市民心中独一无二的"绿色宝藏"。比如，"花木怡园"原本为一块封闭的林地，后以绣球为主题，打造森林氧吧；"川韵园"坐落于上海的戏曲之乡、沪剧东乡调的发源地，后植入沪剧乐曲韵律元素，被打造为文化口袋公园；"金葵花园"因毗邻浦东外国语学校，在设计上凸显"听朗朗书声，观花草鸟虫"的主题，被打造为集休闲健身、文化展示于一体的多功能公共空间。遵循"一园一特色、一园一主题"，浦东的"15分钟公园生活圈"建设更好地激活了城市中本不起眼的"边角料"。

四是推进数字赋能，提升公园管理的智能化水平。一方面，引入先进数智技术，为"15分钟公园生活圈"注入新的活力与便捷，辅助实现对公园各项设施和服务的实时监测和智能调度。比如，利用遥感技术精准识别树木种类，利用智能探头和监控迅速发现异常情况从而为市民安全保驾护航，利用巡逻机器人和电子围栏等智能管理手段强化安全保障力量。浦东还以游客量监测为切入点，开展了公园应用场景建设，建立了公园游客量监测大数据平台，创新了公园监管方式。另一方面，以数字技术创新应用场景，营建绿色智慧的公园生活圈，比如在紧邻周家嘴路的隧道出口处打造生态雨水花园、智慧街区。数字赋能公园管理，不仅提高了运营效率，更让市民感受到科技带来的便利与温馨。

五是深化绿色共享，营建和谐共生的友好生活圈。其一，浦东树立了绿色共享的理念，从建设"城市绿地"转变为建设"城市绿色公共空间"，将"15分钟公园生活圈"打造成创新、绿色、开放、共享的浦东形象品牌。其二，浦东在最大程度上践行了绿色和谐、空间共享的理念精神，比如24小时开放公园绿地以扩增公共服务覆盖面，设立宠物饮水和排泄点等贴心设施，引入宠物友好用餐场所"一尺花园"等，体现人与自然和谐共生，不断提升公园的包容度，推动"15分钟公园生活圈"成为城市生态、生产、生活空间深度融合的友好生活圈。其三，浦东立足城乡融合，积极推进城乡之间的生态资源互补与优质公共服务共享，扩大了绿色共享的公园生活圈的影响辐射范围。比如浦东滨江森林公园二期以森林生态为基调，对受市民青睐的滨江森林公园进一步扩容，量体裁衣打造"园中之园"，使其成为一座集生态景观、文化博览、旅游休闲等功能于一体的大型城市郊野森林公园。

六是厚植人文关怀，打造魅力多元的温情生活圈。"15分钟公园生活圈"并不只是致力于打造高效、和谐、健康、可持续发展的人居环境，还贴合了公园城市建构的目标，强调回归自然、回归人文、回归人性。其一，浦东在公园设计中融入丰富的人文元素，如艺术雕塑、历史文化墙、民俗风情展示区等，让市民在休闲散步的同时，也能感受到深厚的文化底蕴和艺术氛围。比如周家渡街道的昌里园，通过围墙更新和空间重造，转变为一处富有江南园林意境的社区公园，更成为一处线性延展的社区"生活舞台"，既满足了居民休闲、散步、会见亲友等多重需求，又可以举办绿化生活、爱心公益、社区商业等主题集市，开展社区公益月、睦邻友好节等系列社区活动。其二，浦东以打造或联合文化品牌为抓手，强化公园生活圈的"IP效应"，丰富了公园的主题功能。比如，首批"林小舍"口袋公园荣获"市级15分钟社区生活圈优秀案例"，建设的飞龙园、潜龙园内包含了三林文化IP，体现了社区生活既"宜居"又"宜游"的效益叠加。其三，浦东在打造"15分钟公园生活圈"的过程中还注重与商业、文化、教育等资源的整合与联动，推动公园活动"蛋糕"越做越大。以世纪公园为例，作为上海市中心区域内最大的生态型城市公园，世纪公园通过在运动品牌冠名园内举办跑步赛事、在园内举办2024首届花木露营节等一系列活动，成为与花木街区无界融合的城中"绿洲"，也为市民搭建了解浦东文化、感受浦东魅力的窗口。其四，浦东依托线上平台，同步打造线上公园生活圈，延续并增加了线下"15分钟公园生活圈"的人文温情，塑造出有温度的城市。例如，浦东森兰湖公园和陆家嘴中心绿地通过建立公园微信群和公众号打造"游园朋友圈"，定期推送公园系列活动，收集市民对公园环境、设施、文化活动等方面的期望和建议，主动邀请市民参与公园开放共管共享工作，激活市民的参与积极性，并使其在参与过程中收获更多社区归属感与认同感。

三 浦东推进"15分钟公园生活圈"建设成效及问题

党的十八大以来，浦东持续构建和谐优美的生态环境，持续推进生态宜居的高品质公园城市建设，全力增加绿色空间、提升绿色品质，满足了广大人民群众对绿色开放空间的需求。"15分钟公园生活圈"建设实现了绿色空间的"小而精""精而优""优而美"，推动城乡一体、方便可及、公平高效、均衡普惠、高质量发展的绿色公共服务体系初步建成。尽管浦东在推进"15分钟公园生活圈"建设方面取得了显著成效，但也面临着一些挑战和问题，部分工作与建设目标之间还存在一定差距。

（一）建设成效

一是公园数量显著增加，公园类型更加多元。截至2024年9月，浦东已有各类公园153座，包括郊野公园1座、城市公园82座、口袋公园49座、乡村公园21座。[①] 此外，浦东还对梅园、蔓趣、临沂等8座公园进行了灯光、技防、老旧设施维修等夜公园改造。这些公园的涌现，不仅极大地丰富了市民的休闲生活，还显著提升了浦东的生态环境质量。郊野公园成为农村地区的有机组成部分，成为农村的美丽家园、农业的绿色田园、农民的幸福乐园；城市公园成为城市生活的活力源泉，成为市民的休闲乐园、城市的绿色氧吧、文化的展示窗口；口袋公园成为城市角落的精致点缀，成为行人的休憩驿站、街区的绿色名片、创意的灵感源泉；乡村公园成为乡村风貌的生动展示，成为游客的乡村体验站、农民的增收平台、生态的守护者。

二是绿地生态功能显现，绿化网络更加精密。2017年底，东岸滨江岸线22公里全线贯通。通过实施滨江森林公园二期、环城绿带"开天窗"补绿、南汇生态专项等工程，共完成绿地建设约204公顷。通过造林与造景相结合，大力拓展生态廊道空间，有效提升廊道建设品质，共完成市级重点生

---

① 资料来源：浦东新区生态环境局（调研获取数据）。

态廊道约 1.37 万亩。结合东岸滨江贯通、世纪公园周边绿地改建、森兰等楔形绿地、三八河绿地等大型项目建设，"十三五"期间共新增绿道 151 公里。[①]

三是生态特色景观提升，人居环境品质提高。浦东的一些老旧社区通过改造，从原本杂草丛生、黄土裸露的空地变为色彩斑斓的花园，不仅美化了环境，还提升了居民的生活质量。同时，通过注重保护区域内的植被、水源和野生动物，生态平衡得到更好维持。通过完善公园设施、优化社区环境、提升公园治理水平等多方面的努力，浦东为居民创造了一个更加舒适、便捷、安全的生活环境。此外，浦东新区还注重将"15 分钟公园生活圈"与城市更新相结合，通过打造集服务、展示、交流、活动、休憩于一体的绿色公共空间，让曾经的"背街小巷"变为如今的"风景线"。

四是生态环境质量改善，公园服务水平提高。在加速"15 分钟公园生活圈"的建设中，浦东的生态空间得到进一步拓展、生态修复与保护进一步落实、生态环境质量明显改善、生态安全屏障更加巩固，助力宜居浦东、美丽浦东、魅力浦东的愿景进一步实现。通过主题景点、口袋公园、植物组团设计等形式，以及绿地整理、苗木补缺更换修剪、花卉点缀、加强保洁巡查等方式实施，辅以灯光、装饰小品，打造了一批具有示范效果的生态景观，进一步完善了各类公园的休闲和游憩等功能。截至 2022 年 10 月，浦东森林覆盖率已达到 18.46%，建成区绿地覆盖率达到 40.19%，人均公共绿地面积提升至 13 平方米。[②] 截至 2023 年第三季度末，浦东已有 7 个街道被评为上海市园林街道，包括东明街道、浦兴街道、洋泾街道、塘桥街道、南码头街道、张江镇、三林镇；建设了以香樟、悬铃木、栾树、重阳木等行道树为特色的 22 条林荫大道，进一步优化了道路环境面貌，改善了城市生态结构，减轻了城市热岛效应，满足更多市民"绿荫"出行的需求。"十四

---

① 高恩新、曹绪飞主编《上海浦东高品质生活发展报告（2024）：浦东新区创造高品质生活的探索》，社会科学文献出版社，2024。
② 高恩新、曹绪飞主编《上海浦东高品质生活发展报告（2024）：浦东新区创造高品质生活的探索》，社会科学文献出版社，2024。

五"期间，浦东以"生态之城"建设目标为引领，推进绿地、林地、湿地融合发展，加快形成"一核、双环、三网、多点"的生态空间结构，促进生态空间系统性、均衡性、功能性持续提升，实现"开放共享、多彩可及"的绿色健康生活。在此基础上，"林绿共荣、人城共享"的公园建设成效显著，依托于高质量生态基础、景观、设施的"15分钟公园生活圈"服务供给水平也得到显著提升，生态环境高水平保护、公园建设高质量发展、人民生活高品质提升协同推进，进一步实现了人与自然和谐共生，把最好的资源留给人民，把最美的生态献给人民，提高了市民游客的获得感和幸福感。

（二）存在问题

浦东"15分钟公园生活圈"建设在取得成效的同时，也应清醒认识到，当前仍存在任务繁重、压力叠加、工作不足的挑战。调研发现，主要存在以下几个方面的问题。

第一，公园服务质量均等化有待继续提升，部分公园设施品质不足。尽管浦东致力于打造均衡可及的公园城市，但一些公园在设施配置、维护保养以及功能多样性方面仍存在短板，导致设施品质不足，影响了居民的出行和生活体验。例如，一些位于新区开发边缘或是老旧社区的公园，可能因资金投入有限或历史遗留问题，其设施显得相对陈旧，如健身器材老化、儿童游乐设施安全性不足、座椅及遮阳设施缺乏等。再比如，一些公园的内部绿化景观维护不善、步道不平整、照明设施不足或不合理，也限制了公园作为社区生活圈重要组成部分的吸引力。

第二，针对居民差异化需求的回应不充分，部分公园运营管理和居民的实际诉求与预期存在错配。首先，由于不同年龄层、不同兴趣爱好的人群对于公园的需求是多样化的、动态变化的，部分公园在规划和运营时未能充分兼顾所有群体的差异化诉求，或未能及时跟上居民诉求的变化，从而在设施布局及服务提供方面存在单一化、同质化、滞后化等问题。目前来看，在建设"15分钟公园生活圈"的实践中，主要有三方面的诉求回应难点：一是养狗人群和怕狗人群之间的利益协调；二是爱好骑行人群的需求和限制非机动车进入公园的规则之间的冲突；三是以跳广场舞为代表的较大音量娱乐人群需求与公园噪声控制之间的矛盾，且部分反感大音量的周边居民与该娱乐人群也存在需求协调上的难题。此外，一些公园侧重于局部人群的需求满足，在全年龄友好和多元化需求满足方面尚存不足。比如，老年人倾向于安静舒适的散步环境、充足的休息设施，年轻人和小孩则偏爱富有挑战性、文化性、艺术性等个性化特征的公园设施，然而，当前部分公园在规划设计时欠缺包容性考量和创新性举措，未能精准回应居民的差异化诉求，也未能和多年龄层的居民形成长期有效的互动和反馈机制。其次，由于信息沟通和互动机制的薄弱，政府部门的规划初心与居民的体验感受也形成了一定的错位，出现"投入很多却反馈不好"的工作悖论。比如，在部分口袋公园中设置的阶梯形座椅，设计方旨在从视觉美观角度出发以提升公园设施装置的艺术审美，带给居民更丰富的生活美学体验，然而一些居民未能同步接收到设计方的初心"好意"，从个人安全的角度出发，对阶梯形座椅的认可度较低。

第三，社会参与的广度和深度有待提升，浦东建设"15分钟公园生活圈"的社会影响力也有待提高。首先，部分社区的居民对于如何参与公园的设计、功能布局、活动组织等还缺乏足够的了解途径，这限制了居民个性化需求的表达，也使公园的最终形态可能未能充分反映社区的特色与居民真实需求。其次，社会力量的整合与利用也是一大挑战。企业可以通过资金赞助、技术创新等方式支持公园建设与维护；非政府组织能在环保教育、社区活动组织等方面发挥重要作用；学术机构的研究与建议能为公园的长远发展提供科学依据。然而，目前这些资源的整合尚不充分，社会影响力未能最大化，导致"15分钟公园生活圈"的建设和发展在资金、创新思路、公众教育等方面存在短板。最后，从成果转化和影响力塑造的层面来看，"15分钟公园生活圈"在实践层面虽尽显浦东特色，但欠缺相匹配的社会宣传，导致其独特价值和深远意义未能实现全国范围的"出圈"传播。一方面，当前的宣传渠道相对单一，主要依赖于传统的社区公告、媒体报道等形式，未能充分利用新媒体、社交平台等现代传播手段，限制了信息的覆盖面和影响力。另一方面，宣传内容过于侧重公园建设的硬件成果，忽视了对其背后的社会意义、环境效益以及居民参与故事的深入挖掘和展示，未能充分激发公众的共鸣和兴趣。

第四，欠缺对同类"公园城市""公园生活圈"建设先进经验的学习参考，前瞻性、系统性的理论指导不足。经过对浦东生态环境局的调研交流得知，相关部门实际上对"15分钟公园生活圈"建设有着强烈的理论学习、案例参考、经验借鉴等方面的需要，但限于相关渠道和资源不足，在公园建设这一领域的专业理论支持尚显滞后。对于全球范围内同类"公园城市""公园生活圈"建设的先进经验，浦东的学习和借鉴力度有待增强，这不仅体现在对国际先进案例的深入分析和有效借鉴上，也反映在对国内其他城市成功实践的全面了解与积极吸收上的不足。诸如新加坡的"花园城市"理念、丹麦哥本哈根的自行车友好型城市设计以及中国成都的"公园城市"建设等，都能为"15分钟公园生活圈"提供宝贵的经验借鉴，但浦东在这一领域的学习交流相对较少，导致其在公园布局、功能设计、生态维护等方面未能充分吸收这些先进理念和技术。同时，前瞻性、系统性的理论指导的缺失，也是浦东"15分钟公园生活圈"建设中面临的另一大挑战。随着科技进步和社会发展，居民对于"15分钟公园生活圈"的需求将日益多样化，对未来"15分钟公园生活圈"的各方面优化将提出更高要求。只有不断学习借鉴全球范围内的先进经验，加强前瞻性、系统性的理论指导，浦东的"15分钟公园生活圈"才能在未来发展中不断焕发新的活力，真正成为居民心中理想的城市"绿洲"。

四 持续推进 "15分钟公园生活圈"建设的建议

高品质生活是充实、有保障、可持续的生活状态，是与人民群众美好生活追求一致的理想，高品质生活就是美好生活的升级形态。[1] 未来应围绕

---

[1] 徐国祥、张正、苏节：《上海高品质生活评价指标体系研究》，《统计科学与实践》2019年第6期。

"创造高品质生活"这一目标，从多方面扎实推进"15分钟公园生活圈"的可持续性建设，树立长效系统观念，依托先进技术、文化创意、地域人文等丰富资源，加强整体统筹和规划引领，落实下一阶段的提质升级要求，努力推动浦东"15分钟公园生活圈"建设成为可复制、可推广的创新经验。具体而言，建议从以下几个方面着力提升。

（一）建设长效常态管理机制，推进城乡社区公共服务均等化

首先，坚持规划引领，督促标准落实。全面贯彻执行《2024年上海市"15分钟社区生活圈"行动方案》《上海市城市更新行动方案（2023—2025年）》《浦东新区基本公共服务"15分钟服务圈"资源配置标准体系》等相关文件要求，立足于站得高、望得远的战略地位，从战略全局的高度加强对"15分钟公园生活圈"的统筹建设，妥善处理整体与局部、长期与短期、政府与市场等关系。有计划、有步骤地落实各类公园的保护、开发、改造、维护、管理等工作。

其次，建立长效机制，推动持续攻坚。为确保每位居民都能享受到高质量、均等化的公园服务，相关部门应加大对原本薄弱环节的关注与投入，制定更细致且长远的公园设施改造与升级计划，借助前沿科技赋能公园运营管理，实现公共服务供给的高效化、创意化、公平化。制定相关政策文件，建立健全联席会议制度，精细化制定各相关部门的职责与任务分工，加强政府部门之间，政府与市场、与公众之间的协同合作，重视借助上海高校和社科院所的专业力量，开展科学、系统的社会调查，准确评估和判断居民对"15分钟公园生活圈"的现状满意度和潜在需求，建立更完善的公共服务评估体系。为推动公共服务更加均衡可及，还应建立"资源随人走"的灵活机制，根据人口、产业和城市发展需求，精准匹配公园相关资源与居民需求，保障各类公园设施在浦东全区域的均衡分布。

（二）坚持以居民需求为导向，科学合理优化空间结构与布局

首先，聚焦居民需求，实现靶向供给。通过多样手段，实现对居民多元

化需求的精准回应。一是加强前期调研，通过问卷调查、社区会议等形式，深入了解居民的真实需求和期望，确保公园规划和设施配置能够精准对接。二是优化运营管理模式，完善智能化、人性化的管理手段，如通过 App、微信公众号等平台，实现活动预告、设施预约、意见反馈等，增强与居民的信息共通和日常互动。三是建立居民深度参与的过程评估机制和结果评估机制，鼓励多元群体为"15分钟公园生活圈"建设提供有效建议并督促落实，共同推动公园设施布局与空间改造更加合理、更符合人民期待。

其次，重视利益协调，优化服务供给。鼓励各个公园根据自身情况，划定特定区域和时段，尽量兼顾不同居民群体的合理诉求，以及居民需求和公园管理之间的平衡。可根据服务对象的具体需求，在公园基础设施达标和一般性公共服务供给满足的前提下，增加提供定制化服务，以提升"15分钟公园生活圈"的主题特色和服务品质。可以通过建立统一的社区服务信息化平台，统筹协调区域内公园服务资源的配置，最大限度地整合资源、提高效率，有针对性地解决不同的公园建设问题，化解公共服务碎片化、设施配置指标刻板化等困境。

（三）激发更广泛的社会参与，构建多元协同社区治理共同体

首先，拓宽参与渠道，丰富参与层次。通过党建引领、社区参与、自治共治等方式，打造共建共享、便利可及的公园服务体系。在社区层面，积极发挥社区居委会、社区成员代表大会等组织的作用，以点带面激发更多社区成员行动起来，为微观绿色景观和公共空间的更新贡献社会力量。完善居民参与机制，可定期召开社区听证会，收集居民意见。拓展政府与企业的有效合作，加强与高校及科研机构的合作，引入专业智慧和前沿理念。

其次，创新成果转化，宣传建设成果。开展调研、走访、座谈，不断完善"15分钟公园生活圈"布局和设施配置，同时推进建设成效动态评估，全面加强宣传报道，总结推广"15分钟公园生活圈"的实践经验。一是拓宽宣传渠道，充分利用新媒体资源。比如建立官方社交媒体账号、与网络意见领袖合作宣传、借助短视频和直播宣传等新形式。二是丰富宣传内容，深

入挖掘社会意义。重视发掘居民参与公园建设的真实故事，重视激发情感共鸣，提升公众对"15分钟公园生活圈"的价值认同、文化认同、利益认同。三是强化品牌建设，提升整体形象。可设计并推广具有高辨识度的品牌形象，制定品牌传播策略，使浦东的"15分钟公园生活圈"在全国范围内形成独特的品牌认知，获得更高的知名度和影响力。

（四）加强先进经验交流学习，持续更新公园生活圈建设蓝图

首先，促进多方交流，汲取理论力量。可与国内外先进城市、知名高校和研究机构建立长期合作交流关系，通过引入访问学者、设立联合研究项目、邀请国际知名专家开展讲座等形式，就公园城市、公园生活圈相关主题展开深入交流与学习，形成一套符合浦东实际、具有前瞻性的理论指导体系，共同推动"15分钟公园生活圈"建设的理论研究并以理论驱动实践创新。

其次，鼓励实地考察，挖掘基层经验。纸上得来终觉浅，绝知此事要躬行。除了理论层面的交流，浦东还可以定期组织考察团赴国内外先进城市进行实地考察，了解其他城市在公园生活圈建设中的实际操作和细节处理，并定期组织专题研讨会，总结考察成果，提炼优秀做法，提出改进措施和建议。在日常建设中，还应深入社区、公园一线，亲身体验居民日常活动，了解公园设施的实际使用情况，收集基层真实反馈。建立基层经验交流平台，鼓励社区管理者、公园工作人员及居民分享公园使用中的创新做法，拓展经验交流与学习。

浦东的"15分钟公园生活圈"建设旨在为人民精心构筑宜居宜业的绿色生态城区，是创造高品质生活、践行"人民城市""公园城市"等美好目标的重要探索。"15分钟公园生活圈"的建设过程生动体现了对居民生活质量的深切关怀及对城市可持续发展的长远规划。在此愿景的引领下，公园绿地被确立为核心要素，不仅作为城市绿肺，承担着净化空气、调节气候、丰富城市景观的重要生态功能，更是居民日常生活不可或缺的一部分，被赋予了促进身心健康、增进邻里交往、提升城市活力等多重社会价值。经过一系

列努力，浦东的"15分钟公园生活圈"建设已取得了令人瞩目的成果，越发让浦东呈现出"开窗见绿色、漫步进公园、四季闻花香"的高品质城区特色。尽管就目前而言，浦东的"15分钟公园生活圈"建设仍面临任务繁重、压力叠加、工作不足等问题，但整体呈现城园融合更加紧密、公园服务资源配置更加精准均衡、人民生活更加美好、城市发展迈向更高级形态。"城市，让生活更美好"的理念正随着浦东"15分钟公园生活圈"蓝图的实施而逐步变为现实，一幅高品质生活的绿色画卷正在浦东大地上徐徐展开。

B.9

浦东新区"15分钟交通生活圈"建设

周彦如*

摘　要：　"15分钟交通生活圈"是链接各类公共服务设施，实现基本公共服务有效配置的关键一环。浦东新区"15分钟交通生活圈"建设经历了补齐短板、提质增效到全面推进三个阶段的升级演进，在规划体系设计、出行品质提升、服务精准配置、科技手段赋能等方面采取了一系列行动，并且开展了标准化建设、示范化引领和市场化改革等创新工作。经过努力，浦东新区慢行友好环境得到持续优化，15分钟公交出行更加便捷，但在打造慢行友好环境、促进公交可持续发展以及提供高品质便捷出行服务方面仍有一定提升空间。未来可在交通规划设计、线网优化与服务模式转型、行业规范发展、智慧出行等方面，进一步深化相关工作。

关键词：　15分钟交通生活圈　慢行友好　公共服务可及性　浦东新区

交通对于城市公共服务供给意义重大。习近平总书记曾指出，交通是现代城市的血脉，血脉畅通，城市才能健康发展。中共中央、国务院发布的《交通强国建设纲要》提出，推进城市公共交通设施建设，强化城市轨道交通与其他交通方式衔接，完善快速路、主次干路、支路级配和结构合理的城市道路网，打通道路微循环，提高道路通达性，完善城市步行和非机动车交通系统，提升步行、自行车等出行品质，完善无障碍设施。交通在城市公共服务资源配置中发挥着关键枢纽作用，发展交通事业是推进"15分钟社区

---

* 周彦如，中共上海市浦东新区委员会党校公共管理教研部助教，主要研究方向为城市治理、应急管理。

生活圈"建设的内在要求。20世纪20年代以来,城市规划领域出现了"紧凑生活"的社区理论,其核心理念是精细和方便,倡导步行、骑行优于汽车通行。第二次世界大战后,美国新城市主义者提出了一种TOD(Transit-Oriented-Development)城市社区开发模式,倡导以公共交通为中枢,实现各个城市组团紧凑型开发的有机协调。"15分钟交通生活圈"正是对慢行和公共交通出行理念的一种具象化,承载着各类"最后一公里"服务的链接功能,对于满足群众高品质出行需要具有重要价值。当前,浦东新区正围绕交通强区的宏伟目标,加快推进交通设施和资源布局,努力打造高品质"15分钟交通生活圈"。

一 "15分钟交通生活圈"建设的内涵

目前,对于何为"15分钟交通生活圈",学术界和实务部门均尚无确切定义,通常是把其置于"15分钟社区生活圈"的总体框架下加以理解。一些学者提出了"15分钟社区生活圈交通体系"的概念,认为生活圈交通体系是以步行、自行车等慢行交通方式为载体的小尺度空间组织和设施配套,其目标是在保障日常生活出行联通性、便利性的基础上,满足出行体验、生态健康、高品质空间环境等多元诉求。[①] "15分钟社区生活圈"交通体系的关键在于构建便捷畅通、低碳环保的步行网络,连接和支撑社区内部的公共服务设施以及公共空间,最大程度降低社区居民的步行距离,并为居民提供更多交通方案。[②] 可以看出,"15分钟社区生活圈"中对于"15分钟"这一时间概念的强调,反映了交通作为其基本实现方式的关键作用。

上海市作为国内最早提出"15分钟社区生活圈"概念的城市,在其相关政策规划中体现了对于"15分钟交通生活圈"的独特理解。《上海市15

---

① 邵丹、许丽:《15分钟社区生活圈交通体系的构建策略探讨》,《交通与港航》2020年第5期。

② 张爽:《"15分钟社区生活圈"交通的规划研究与实践》,《运输经理世界》2021年第31期。

分钟社区生活圈规划导则》（2016）从"出行"角度阐述了"15分钟社区生活圈"应当包括的规划内容，如通达安全的社区道路系统、连通舒适的步行网络、便捷多层次的公共交通，以及合理布局的停车设施。《上海市"15分钟社区生活圈"行动工作导引》（2023）进一步明确，在市民慢行15分钟可达的空间范围内，应当实现"宜游"的目标，包括慢行友好（Friendliness to Slow-traffic）和出行便利（Convenient Transport）。其中，"慢行友好"是指通过加强社区慢行网络建设，串联公共服务设施、游憩和景观节点，结合滨水地区、公园绿地、田水路林村等设置漫步道、跑步道和自行车道，营造安全舒适的慢行环境。"出行便利"则是指通过优化公交线网，扩大轨道与地面公交的站点服务覆盖范围，促进轨道站点、公交停靠站和周边建筑、公共空间的有机结合，构建便捷、无障碍的公交换乘系统。

浦东新区所规划的"15分钟社区生活圈"，区分了"步行生活圈"和"骑行生活圈"。根据《浦东新区慢行交通建设规划（2021—2025）》，慢行交通包括步行交通和非机动车交通，其中非机动车包括自行车和合法规范使用的电（助）动自行车。其中，城市地区，以从居委步行15分钟可达为标准；城镇化地区，以从居委步行15分钟可达、村委骑行15分钟可达为标准；远郊地区，以从居村委骑行15分钟可达为标准。因此，所谓"15分钟交通生活圈"可以理解为，以社区为单位，以居村委为起点，满足居民在15分钟慢行区域范围内，通过步行和骑行相结合的方式，实现各类基本公共服务设施和交通设施（包括公交站点和轨交站点）可及可达。

二 浦东推进"15分钟交通生活圈"建设目标及举措

（一）建设目标

2017年以来，浦东新区围绕打造"15分钟交通生活圈"，合理设置建设目标，逐渐从解决"有没有"到"好不好"逐步升级，经历了补齐短板、提质增效到全面推进三个阶段。

1. 第一阶段（2017~2021年）：补齐短板

2017~2021年，浦东新区"15分钟交通生活圈"建设重点在于，通过打造慢行交通系统，提高基本公共服务空间可及性，补齐社会事业领域短板。2017年，浦东新区着手布局社会事业"15分钟服务圈"，区委出台《关于加快推进社会事业"15分钟服务圈"建设的实施意见》，全力推进社会事业"15分钟服务圈"建设，加快实施2018~2020三年行动计划。2019年，浦东新区提出打造"社会事业15分钟服务圈"升级版，在实现教育、卫生、养老、文化、体育等社会事业5个领域基本公共服务设施在15分钟慢行可达基础上，把与群众生活密切相关的商业（菜场）、公园绿地、交通设施（公交站点、轨交出入口）共3大类5项设施纳入新版服务圈。

2. 第二阶段（2021~2023年）：提质增效

2021~2023年，浦东新区"15分钟交通生活圈"建设重点在于提质增效，在补缺的基础上，打造"5+4+X"的公共服务配置格局，着力解决"好不好""优不优"的问题。其中，"5"是第一轮三年行动计划5个领域的新增需求；"4"是针对百姓对美好生活不断的追求和向往，向公园绿地、交通设施、托育服务、社区商业等4个领域拓展；除此以外，36个街镇结合自身特点适当提供特色公共服务设施，即"X"。《关于进一步推动"15分钟服务圈"提质增效三年行动计划（2021—2023年）》提出，在全面完成三年行动计划（2018~2020）布局任务基础上，更好实现公共服务15分钟慢行便利可及。到2023年，增强交通出行保障能力，实现"出行便捷"，全区100米内有公建衔接的轨交站达95%，为市民提供安全、快捷、经济、舒适的一体化公共交通服务。

3. 第三阶段（2023~2035年）：全面推进

2023~2035年，浦东新区"15分钟交通生活圈"建设进入全面推进、服务现代化城区建设的新阶段。具体来看，浦东新区分别制定了近期和远期两个阶段性目标。

从近期（2023~2025年）来看，主要目标是提升基本覆盖面。《浦东新区综合交通体系建设"十四五"规划》提出，到2025年，中心城区轨道交通站点 600 米人口和岗位覆盖率分别达 49% 和 50%，轨道交通站点 100 米内有地面公交站点的比例达 100%，中心城区近一半居民十分钟内可达轨道交通站点。《浦东新区慢行交通建设规划（2021—2025）》提出，"十四五"期间，浦东新区将努力打造方便灵活、低碳环保的道路慢行交通体系，在"十四五"末形成若干慢行交通特色示范片区。

从远期（2026~2035 年）来看，主要目标是提升出行品质。《浦东新区交通强区建设实施方案（2023—2035 年）》提出，到 2035 年，实现中心城内 40 分钟通勤目标，主城区绿色交通出行比重提高至 75% 以上。主城区轨道交通站点 600 米人口和岗位覆盖率分别达 60% 和 65%，10 万人以上新市镇轨道交通站点覆盖率达到 100%。全区公共交通出行比重达 40%。规划形成慢行网络超 5000 公里，构建"宜出行、优品质、高效益"的慢行交通系统。《关于全面推进美丽浦东建设打造人与自然和谐共生的社会主义现代化建设引领区的行动方案》提出，到 2035 年，浦东新区居民 5 分钟步行至公共开放空间的可达覆盖率达到 90% 左右。

（二）具体举措

1. 加强顶层设计，统筹规划体系

在顶层设计层面，浦东新区虽然还没有针对"15 分钟交通生活圈"制定专项规划，但以"15 分钟社区生活圈"为基本依托，在 2018~2020 年和 2021~2023 年两轮行动计划的基础上，对其进行了相关的规划设计。

一是将"15 分钟交通生活圈"纳入区级综合交通规划。2021 年 8 月，浦东新区发布《浦东新区综合交通体系建设"十四五"规划》，提出形成公交优先、深度融合的多层次公共交通体系，依托"15 分钟社区生活圈"建设，形成适宜漫步的慢行交通空间。2023 年 11 月，浦东新区发布《浦东新区交通强区建设实施方案（2023—2035 年）》，提出构建"宜出行、优品质、高效益"的慢行交通系统，推进慢行交通示范区域建设，打造多元共融、高效服务的多层次公共交通体系。

二是针对慢行交通出台区级专项规划。2017 年，《浦东新区慢行休闲

（绿道）系统专项规划》通过专家评审，明确了市、区和社区的三级绿道布局框架，以及绿道建设的整体布局、技术规范和推进计划，进一步完善"多层次、成网络、功能复合"的绿道体系。自2021年起，浦东新区组织编制了《浦东新区慢行交通建设规划（2021—2025）》，加强了慢行交通规划与其他规划及城市建设、更新活动的融合衔接，对新建地区慢行空间提出控制性与引导性要求，把已建成区域慢行交通规划与城市更新改造结合，形成慢行交通整体改善工作框架。

三是制定公共交通区级标准化指导性文件。2023年1月，浦东新区发布《浦东新区公共汽（电）车客运线路优化调整管理规范》，按照社会效益优先原则对公交线路实施优化调整。在组织管理体系上，明确了浦东新区建设和交通委员会作为区交通行政管理部门，负责组织编制和实施公共交通专项规划、公交线网规划和场站规划，制定公交线路，开辟、调整、终止年度计划，对新开辟的公交线路组织开展评估。在公交线路优化调整管理流程上，明确了公交线网优化调整每年制定一次年度计划，并在年内分批次实施。

2. 推进融合发展，提升出行品质

浦东新区按照"15分钟社区生活圈"建设标准，努力打造步行与骑行相结合的慢行网络，充分发挥公交短途接驳功能，不断提升居民出行品质。

一是构建全面贯通的慢行系统。浦东新区通过对人行道、非机动车道、绿道、连廊、天桥等道路设施的新建或改造，打通慢行道路堵点，满足市民群众通勤、休闲、锻炼等需求。结合公园水环贯通、"拆墙透绿"项目，通过新增人行出入口及通道，优化公园与周边市政道路的慢行路网衔接，完善慢行交通标志引导。充分利用水环景观资源打通断点，实现陆家嘴水环与公园内外水环步道、绿道、慢行道的贯通衔接，释放挖潜更多宜行宜骑、空间融合的多元慢行交通环境。前滩慢行示范区通过地面、空中连廊，将商业地块与滨江绿地连接，建成了与滨江公园、滨江慢行步道的地面、空中多层次连接通道，沿途串联了生活圈、商务圈、自然圈等区域滨水绿道的休闲空间，加强了与市政道路的衔接，将蓝道、绿道、风景

道三道融合。

二是强化公交与轨交"两网"融合。近年来，浦东新区通过线网优化和增设公交车站，加强既有公交站与轨交站配套衔接，缩短市民两网换乘步行距离，方便市民两网换乘。为配套新建轨交线开通运营，新建和改建部分公交港湾式车站，确保新建轨交站 50 米范围内公交配套全覆盖。2023 年至 2024 年 7 月，浦东新区共优化调整公交线路 92 条，其中，为配套轨交末班车运营，共优化调整公交线路 5 条。① 通过优化公交线网，有效提升了公交运营效率，也为市民提供了更便捷、精准的出行体验。

3. 坚持需求导向，精准配置服务

浦东新区从区域特色和实际需求出发，按照精准化、人性化和差异化原则，在"15 分钟交通生活圈"内精准配置服务资源，方便市民出行。

一是精准区分不同慢行区间。根据城乡区域差异和人口密度的不同，浦东新区通过划分"步行 15 分钟服务圈""骑行 15 分钟服务圈"，细化"15 分钟生活圈"服务半径，确定各领域资源配置的重点和策略，逐步实现依据常住人口配置公共服务资源。根据人口密度的不同，在城市地区的街道，以步行 15 分钟可达为标准；在城镇化地区的镇，以从居委步行 15 分钟可达、村委骑行 15 分钟可达为标准；在远郊地区的镇，以骑行 15 分钟可达为标准。总体上看，群众从家门口（居村委）出发，慢行 15 分钟即可享受所有基本公共服务。

二是营造人性化慢行环境。浦东新区从路段节点、环境服务等方面出发，实现慢行系统"从有向优"的品质提升。通过更新道路人行道铺装、改造树穴、增设禁车柱等城市家具、升级盲道路径，提升慢行步道品质；通过增设交叉口渠化改造、增设二次过街安全岛、增设非机动车道等措施，改善交通环境。围绕轨道交通出入口及主要人流方向，构建慢行交通网络，注重慢行交通的通达性、便捷性和人性化设计，同时新增非机动车停放泊位，满足轨道交通接驳需求。前滩慢行示范区创建中，通过地面步行网络和二层

---

① 资料来源：浦东新区建设和交通委员会。

步行连廊有效整合，增加空中连廊系统，建立区域多层次、多路径、多体验的慢行系统。

三是差异化对接公交出行需求。浦东新区重点关注市民通勤、就医、就学出行，采取灵活多样的运营组织方式，满足不同客流需求。为方便大型居住区市民通勤，根据上海市城市居住地区和居住区公共服务设施配置标准、相关设置规范和规划要求，加快市政公建配套设施建设，努力满足居民出行生活需求。根据农村地区市民出行特点和需求，制定公交线网优化策略，进一步提升农村地区"两网融合"程度。2024年以来，浦东新区选取部分老年人乘坐较多的线路或途经医院的线路，结合低地板公交车更新，打造敬老爱老服务公交线路，同时对公交站点进行适老化改造，包括公交站台降坡、适老引导标线等。

4. 依托数字技术，赋能管理服务

浦东新区积极利用数字技术，提供数字化出行服务，建设"15分钟服务圈"综合信息平台，开展智能化辅助决策分析，使"15分钟交通生活圈"更加智慧高效。

一是推行定制公交线上预约服务。为方便市民前往各类商圈，尤其是促进夜间经济进一步蓬勃发展，浦东新区指导公交公司积极创新服务模式，推出线上预约、线下乘车的"定制公交"服务。市民可以根据自己的出行需求，在支付宝、微信App中"浦交行"小程序上提前预约公交服务，达到一定预约人数后，公交公司将根据预约情况灵活调整车辆和线路，确保市民消费出行更便捷、更舒适。

二是开展服务慢行可达智能分析。浦东新区依托"15分钟服务圈"综合信息平台，以社区为单位，以全区居（村）委为中心，模拟居民慢行生活范围，划定各区域"15分钟服务圈"。根据交通路网现状，对每个居村慢行15分钟可达范围内的各类公共服务设施的可及性和可获得性进行双重校核，对全区和各街镇的"15分钟服务圈"覆盖率进行评估，利用信息平台进行智能辅助决策，针对缺配情况提出补缺方案和最优选址建议。

三是探索公交线网智能优化。2019年开始，浦东新区探索公交线网智

能优化，实时发现和预判公交优化需求，实现公交线路服务的精细化、高效化。"城市大脑"道路客运综合监管平台可以对地面公交、区域出租、长途客运站3个业态开展管理，为公交线网优化提供智能支持。

（三）工作创新点

在推进"15分钟交通生活圈"建设中，浦东新区结合区域特征和资源条件，创造性地开展了标准化建设、特殊区域示范创建以及公交市场化改革等工作。

1. 率先探索开展标准化建设

自上海市启动"15分钟服务圈"建设以来，浦东新区积极探索，率先建立基本公共服务"15分钟服务圈"资源配置标准体系。如《"15分钟服务圈"建设指南》《"家门口"服务规范》《"15分钟服务圈"划定规范》等，提出了"城市地区""城镇化地区""远郊地区"等不同的慢行区间划分标准，确定了"15分钟服务圈"划定的基本步骤和具体方法。在公交出行方面，2023年1月修订发布的《浦东新区公共汽（电）车客运线路优化调整管理规范》，作为上海市首个标准化指导性技术文件，适用于浦东新区区域内公交线路优化调整管理工作。该文件规定了浦东新区公交线路优化调整原则、公交线网区域优化策略和组织体系、公交线路优化调整管理流程、公交线路开辟、公交线路调整和终止等内容。

2. 以特色项目实现示范化引领

2015年，上海市启动编制《上海市街道设计导则》，选取浦东新区祖冲之路作为试点，采用"慢行优先"的设计手段，优先保障步行及骑行空间，塑造尺度宜人的街道空间。2023年，浦东新区结合慢行交通建设情况，积极创建前滩慢行示范区，通过增设商业区连廊等设施，形成便捷、舒适、安全的立体步行系统。浦东新区上南路作为被重点打造的示范道路，入选2023年《上海手册：21世纪城市可持续发展指南》案例库、住建部全国城市管理精细化典型案例，多项全国首创的亮点改造项目受到好评。2024年，浦东新区结合城市更新和"15分钟生活圈"建设，启动实施11个慢行交通体验项目，涵盖了完善慢行网络、打造慢行融合空间、提升慢行设施品质、创建慢行示范区四大类别的多个细目。这些试点或示范项目的实施，为全面打造"15分钟交通生活圈"积累了经验。

3. 推进公交行业市场化改革

近年来，随着轨道交通网络不断完善，共享单车、网约车、私家车出行普及，地面公共交通吸引力持续减弱，公交企业亏损持续增大，整体效率降低。2024年1月，浦东新区在吸收全国其他城市开展定制公交运营经验的基础上，推行网约定制公交模式，迈出公交市场化改革的重要一步。自2024年第一条网约定制公交线路"浦东dz一号线"正式开通运行以来，浦东新区已推出8条个人定制公交线路、16条特色定制线路以及5条团体定制线路，[①] 充分体现公交的公益职能，同时有效提高了公交资源的营运效率。此外，浦东新区还启动了公交车辆中小型化、维修服务市场化经营等试点工作，与上海申沃客车有限公司签署了战略合作协议，进一步推动"公益+市场"双轮驱动的发展进程。

三 浦东推进"15分钟交通生活圈"建设成效及问题

（一）建设成效

自上海市首次提出"15分钟社区生活圈"理念以来，浦东新区先后通过实施两轮行动计划，全面推进"15分钟交通生活圈"建设，增强交通出行保障能力，实现"出行便捷"。

1. 慢行友好环境得到持续优化

截至2023年，浦东新区根据编制完成的《浦东新区慢行交通建设规划（2021—2025）》及上海市慢行交通体验工程等相关工作，完成14个慢行交通建设项目（含1个慢行示范区）。其中，莱阳路跨五洲大道桥等网络完

---

① 资料来源：浦东新区人民政府，截至2024年4月。

善类项目3个，洋泾港临水步道建设等空间融合类项目5个，前滩大道慢行改造等设施提升类项目5个，前滩全天候立体慢行示范区1个。以上项目从功能完善、高品质高质量的角度出发，对既有存量道路慢行系统按高标准进行改造，提升了人行道等慢行设施品质，并增设商业区连廊等措施，实现无障碍通行。慢行示范区不仅有高品质的人行道，还有规范化的盲道布置、优化的非机动车停放设施等慢行环境，达到预期目标。通过慢行交通系统的建设，浦东新区基础保障类公共服务设施15分钟可及可达覆盖率，从2018年的36%上升至2022年的93%，[①] 基本建成城乡一体、方便可及、公平高效、均衡普惠、高质量发展的公共服务体系。

2. 15分钟公交出行更加便捷

"十三五"时期，浦东新区通过公共交通服务的不断优化，建设公交线网规模超2000公里，91%的轨道车站出入口100米范围内设有配套公交站点，公交站点300米覆盖人口和岗位比例均达75%，公共交通服务水平得到持续提升。[②] 从公交配套"15分钟生活圈"建设情况来看，截至2024年上半年，浦东新区共有公交线路424条，公交运营车辆5092辆，公交线网长度4657公里，其中公交首末站148个、公交枢纽站44个、公交停保场16个、公交中途站5802个、公交港湾车站1429个；建成区公交站点500米半径服务覆盖率为94%，全区126个轨交站中（共线站不重复计算），50米范围内有公交衔接的轨交站占比89%；浦东新区1176个居委已全部实现步行15分钟到达就近公交车站，355个村委全部实现骑行15分钟到达就近公交车站，全区公交出行"15分钟生活圈"于2021年底全部覆盖。[③]

（二）需要解决的问题

1. 城市慢行系统规划建设运行存在一定问题短板

一是机动车、非机动车与行人之间存在路权冲突。城市道路在早期规划

---

① 资料来源：浦东新区人民政府。
② 资料来源：《浦东新区综合交通体系建设"十四五"规划》。
③ 资料来源：浦东新区建设和交通委员会。

和设计时，在路权的分配上主要考虑机动车，导致部分快速路、主干路等道路中间缺乏非机动车过街设施。有些道路在最初设计时有非机动车道，但是如今被路面停车侵占，变成了"停车道"。有的非机动车道不连续、宽度不够或者被机动车停车占用等，导致非机动车不得不占用机动车道行驶，或者侵占人行道，进而导致路权冲突。随着以电动自行车为代表的非机动车数量大量增加，原有的慢行道路设计规范，已逐渐不适应非机动车机动化、扩张化的发展趋势。目前，大量电动自行车的普及和使用，不仅远远超过交通管理部门释放的非机动车道的空间潜力，挤占行人路权，而且行驶速度超过规定限速，威胁行人安全，特别是老年人、儿童和行动不便的人群，容易受到电动自行车的鸣笛惊吓或者碰撞，极易发生交通安全事故。面向打造慢行友好环境的目标，需要在平衡机动车、非机动车与行人路权上进一步完善。

二是轨道交通站点非机动车停放问题较为突出。在轨道交通站点附近建设非机动车停放配套设施，是解决"15分钟交通生活圈""最后100米"问题的关键。根据2024年修订的《上海市非机动车安全管理条例》第二十五条，轨道交通站点等交通集散地，应当在规划建设阶段按照标准同步配套规划建设非机动车停放设施。然而，由于地区土地资源的差异，目前上海市并未对轨道交通站点附近非机动车停放配套设施作出明确规划，而是由各属地街镇根据自身用地情况自行管理。这导致了轨道交通站点建设时，较少考虑非机动车停车设施用地和布局，造成了周边大量电动自行车、共享单车等非机动车停放拥堵问题。特别是在早高峰等时段，部分轨道交通站点外的人行道上停满了非机动车，有的甚至直接停在了非机动车道上。在中心城区，由于地铁站出口连接道路的空间本就局促，路面被停在路边的非机动车挤占，行人常常"举步维艰"。

2. 居民需求疲软与公交运营成本上升的挑战并存

一是居民公交出行需求疲软。随着轨道交通、电动自行车、电动汽车等交通出行方式的完善，越来越多的居民更加愿意选择速度更快、成本更低、出行更便捷的出行方式。例如，轨道交通速度更快且更为及时，能够满足上班族等人群需求；电动自行车购买和使用成本都较低，能够满足中低收入人群的出行需求；电动汽车购买成本持续下降，对不同人群都具有较强吸引力。相比之下，公交速度慢的劣势较为明显。公交汽车不仅要保障每站停靠，而且必须考虑行驶过快造成的安全事故风险。这导致公交对广大市民的吸引力大幅下降，许多公交线路的主力客流经常是老年、退休乘客，青年、上班族等群体选择公交出行的较少。除了其他替代交通工具的冲击，市民出行观念也在发生转变。随着私家汽车在广大家庭的普及，人们更希望提升自己的出行品质，选择更加舒适、便捷的私家汽车出行。

二是公交运营成本上升问题持续存在。城市公共交通具有服务公益性、普惠性、资源紧缺性及财政补贴有限性等属性，在公交客流不高的情况下新辟短驳线路，将造成公交运力浪费。此外，公交行业标准和定位与客流下降的当下趋势也存在一定的不匹配，特别是服务人口规模和首末班车发收车时间的固定，导致许多"空开"车辆的出现，一些原本客流量明显不足的区域仍然保持运营，而一些希望增开公交线路的区域难以兼顾。许多市民多在下班后或双休日出行，平日需求量不高，而常规公交线路一般需按照固定走向站点、固定运营间隔等服务规范实施，如新辟常规线路，则意味着线路运营效益低。

3. 面向高品质便捷出行的数字服务体系有待完善

数字出行的知晓度与智能化程度有待提升。相较于传统公交，网约定制公交具备按需定制、营运灵活精准的特点和优势。市民通过微信或支付宝搜索定制公交小程序"浦交行"，就能实现线上预约购票、线下乘车。然而，由于支付宝和微信等互联网结算方式，与上海市交通结算要求存在差异，因此该小程序的开发以及票款收入上存在诸多不便捷之处，用户体验有待进一步提升。此外，特色线路的信息发布渠道相对单一且时间不固定，目前主要依靠"浦东发布"微信公众号，社会知晓率较低。

四 推进"15分钟交通生活圈"建设的建议

针对当前"15分钟交通生活圈"建设中存在的问题和短板，建议从规划设计、设施改造、行业管理、应用手段等方面进行综合优化。

（一）完善交通规划设计，打造慢行友好环境

一是加快实施慢行道路优化。积极推进慢行道路规划与建设，充分保障行人和非机动车道路行驶安全。明确非机动车在城市交通体系中的重要地位和作用，新建及改扩建道路必须设置非机动车道。将非机动车友好相关规定纳入交通法规，保障非机动车交通专有路权，并采用清晰的交通语言设计，让骑行者看懂路权。优化道路断面布置，在通勤需求大、早晚高峰骑行量多，以及学校周边等路段，视情况减少或取消路内停车泊位，适度压缩机动车道宽度，保障非机动车道有足够宽度，还路于非机动车。通过微改造项目，构建路网级配清晰、贯通连续的多层级非机动车道路系统。通过大数据等手段识别骑行路径关键缺损点，采用局部改造和局部连通手段消除非机动车和人行障碍。提升城区非机动车道路网络密度和可达性，城市核心区通道倾向于分配非机动车道。在非机动车道较宽的干路或快速路的辅路上，开展电动自行车专用道的相关研究，实现电动自行车与自行车、行人分流，解决速度冲突问题。

二是完善轨道交通站点接驳和停车功能。针对轨道交通站点非机动车停放问题，《上海市综合交通发展"十四五"规划》提出，要优化非机动车停车设施建设和管理，合理布设停放点位，实现停放便利有序。按照《上海市慢行交通规划设计导则》要求，丰富轨道交通站点的接驳元素，在新建轨道交通站点出入口一定范围内一体化综合布置公交站点、出租车候车点、非机动车停放设施等。通过分区域、分站点功能差异化的非机动车配建指标来指导建设，从而完善非机动车与轨道交通的接驳。对于规划新增的轨道交通站点，坚持"规划先行"，对轨道站点、自行车停放空间、街区规划等进行综合考量，事先预留充足的非机动车车位，并对未来的停车需求增长情况进行预判。对于既有的轨道交通站点，采取"一站一策"，统筹活用城市公共区域，科学设置非机动车停放区域，有序增加停车位，满足轨交站外的非机动车停放需求。

（二）持续优化公交线网，加快服务模式转型

一是推动公共交通网络融合。建立地面公交、城市轨道交通、市域铁路网之间协调发展的公共交通客运体系，推进公交线网整体优化和多层次发展，强化与轨道交通网络融合，实现功能互补与整合。做好常规公交"最后一公里"接驳服务，根据出行需求合理规划线路。结合轨道交通运营情况，优化常规公交运营时间及发车间隔。在既有轨交站点建设配套设施，缩短乘客换乘步行距离，减少乘客换乘时间，努力做到"零换乘"到轨交的工作目标。持续做好大居及农村地区公交线路配套工作，对大型居住区持续调查客流出行变化，适时调整公交线路走向及发车间隔；对农村地区要做好相应调研工作，根据市民出行的习惯及目的地，适时优化线路走向，努力做好农村化地区线路优化工作。提高公共交通运营效率，为市民提供安全、快捷、经济、舒适的一体化公共交通服务。

二是优化推广定制公交服务模式。根据交通运输部等共 9 部门印发的《关于推进城市公共交通健康可持续发展的若干意见》，大力发展"公交+旅游"服务模式，围绕主业拓展多元化经营，对定制公交等线路实行政府指导价或市场调节价。试点多样化调度特色班线，逐步在部分有条件的公交线路上实施多样化调度试点工作，加强高峰时段运力投入，加快接驳轨交站的周转力度，减少市民在高峰时段等车时间，进一步提升公交精准服务的水平。在提升传统公交服务水平的基础上，针对特定目标群体提供更多类型的定制公交服务。如积极拓展护学定制公交，开通更多便民就医专线员工通勤班线，抓好产业园区营商服务，做好人才公寓定制出行服务。

（三）推进行业规范发展，提高智慧出行水平

一是加强定制公交服务行业管理。对定制公交这一新生事物，一方面要持宽容态度，关注其成长环境，给予其成长机会；另一方面，要规范市场行

为，确保运营企业、车辆、人员的资质合格，努力提高出行服务的安全性。为防范定制公交安全风险，应优化学校周边、小区等人员密集区域交通环境，如增设警示标志、降低车速限制、完善监控系统等。加强定制公交车安全性查验，重点排查安全门、安全窗、安全带、座椅等内容，并对车辆审验、违法、事故及驾驶人的年审、违法事故等情况进行逐一排查。完善公交应急管理体制和机制，提升应急处置和应急保障能力，确保应急事件及时响应、处置流程明确、工作落实到人。提升定制公交车驾驶员培训标准，特别是应急处理能力的培训。

二是完善高效便捷的智慧出行服务。优化完善智慧公交出行服务，完善公交信息发布系统功能，并通过升级改造电子站牌设备、优化算法等手段，拓展车辆拥挤度等服务内容，提高公交到站信息预报准确率。营造智能便捷的停车服务，持续推进医院、公园景点、大型文体场馆等场所的停车泊位预约和道路停车场智能化改造，并加快与市公共停车平台对接，提升停车管理服务水平。完善数字社区出行服务体系，深化"家门口"出行服务智能化平台建设，加强出行服务渠道对接和服务资源整合，促进出行服务关口前移，提供一站式出行服务。推广应用适老化产品和服务，强化智能化技术和设施产品在家庭、社区、机构等领域的应用，加强老年人数字技能教育和培训，助力老年人跨越"数字鸿沟"。

城市是人民的城市，"人民城市"为人民。作为社会主义现代化建设引领区，浦东新区深入贯彻落实习近平总书记关于"人民城市"建设的重要理念，以打造"15分钟交通生活圈"为重要抓手，加快推进"精品城区""现代城镇""美丽乡村"三个圈层的现代化城区建设，努力把最好的资源留给人民，用优质的供给服务人民。自"15分钟交通生活圈"建设启动以来，浦东新区通过实施两轮行动计划，不断增强市民群众交通出行保障能力，努力实现"出行便捷"目标。随着新的交通出行方式的出现和数字化时代的来临，浦东新区也将继续提升"15分钟交通生活圈"规划和建设水平，让广大群众充分享有高品质出行服务。

参考文献

交通运输部编写组：《深入学习习近平关于交通强国的重要论述》，人民出版社、人民交通出版社，2024。

〔加〕简·雅各布斯：《美国大城市的死与生》，金衡山译，译林出版社，2006。

江曼琦、田伟腾：《中国大都市 15 分钟社区生活圈功能配置特征、趋势与发展策略研究——以京津沪为例》，《河北学刊》2022 年第 2 期。

特色案例篇

B.10

AI+养老：周家渡街道社区智慧养老
生态圈建设

张继元　董双双*

摘　要： 面对日益严峻的老龄化挑战，周家渡街道通过打造"1+35+X"三级智慧养老服务网络，建构了周家渡街道独特的15分钟可触达的智慧养老服务生态圈模式。该模式依托邹平路智慧养老综合体和智慧养老服务平台，运用各种智能养老设备，建立街道养老服务联盟，有效整合了社区、机构与居家养老资源，为老年人提供了高效匹配、多样高质的养老服务，显著提升了老年人的生活质量和幸福感。但是，目前该模式仍面临着数据流通不畅、资金压力大等问题，亟待建设智慧养老信息共享机制、加大智慧养老财政资金投入，推动周家渡街道社区智慧养老生态圈的进一步完善。

关键词： 智慧养老　养老服务　养老生态圈　浦东新区

---

* 张继元，华东师范大学公共管理学院副教授，主要研究方向为养老政策与智慧养老服务；董双双，华东师范大学公共管理学院，主要研究方向为社会保障。

党的二十大明确提出实施积极应对人口老龄化国家战略,发展养老事业和养老产业,优化孤寡老人服务,推动实现全体老年人享有基本养老服务。[①] 党的二十届三中全会再次强调要完善发展养老事业和养老产业政策机制,[②] 这为新时代新征程的养老服务工作指明了行动方向。上海市为了积极响应国家战略,在《上海市养老服务发展"十四五"规划》中提出"到2025年,具有中国特色、符合超大城市特点的养老服务制度成熟定型,高水平的养老服务发展体系不断健全,高品质的养老服务产品充分发展,高质量的养老行业管理全面覆盖,多层次的养老服务供给梯度更加合理,让老年人幸福安康、老有颐养"的发展目标。[③]

作为社会主义现代化建设引领区,浦东新区提出了"老有颐养"高品质养老服务发展目标。浦东新区是上海市老年人口数量最多的区,截至2023年底,60岁以上户籍老人113万,预计到2025年末将达到120万。[④]为积极应对人口老龄化挑战,浦东新区积极建设"15分钟社区生活圈",即在市民慢行15分钟可达的空间范围内,完善教育、文化、医疗、养老、休闲及就业创业等基本服务功能,形成"宜居、宜业、宜游、宜学、宜养"的社区生活圈,构建以人为本、低碳韧性、公平包容的"社区共同体",保障全生命周期的康养生活,实现机构养老更专业、居家养老更舒适,实现"老有颐养"。为实现这一目标,要巩固完善居家社区机构相协调、医养康养相结合的养老服务体系。在社区打造一批与老年人"养、食、居"密切相关的社区养老服务设施,按需灵活设置养老服务"微空间",把养老问题解决在"家门口"。全面建成多点均衡布局的"东西南北中"区级

① 《高举中国特色社会主义伟大旗帜 为全面建设社会主义现代化国家而团结奋斗——在中国共产党第二十次全国代表大会上的报告》,中国政府网,https://www. gov.cn/xinwen/2022-10/25/content_ 5721685. htm。
② 《中共中央关于进一步全面深化改革 推进中国式现代化的决定》,中国政府网,https://www.gov.cn/zhengce/202407/content_ 6963772. htm。
③ 《上海市养老服务发展"十四五"规划》,上海市民政局,https://mzj. sh. gov. cn/mz-jhgh/20210928/acb2374791b24a35b39bfd5a2a1c47df. html。
④ 《构建"大城养老"浦东样本》,上海市人民政府,https://www. shanghai. gov. cn/nw15343/20240418/e3e3cb4dd79a44f2a5bb384034981bdd. html。

养老机构，建成后预计新增养老床位5590张，加快构建大城养老的"浦东样板"。[①]

在浦东新区众多街镇中，周家渡街道历史悠久，老龄化、高龄化程度较高，具有较好的养老服务发展动力与基础。2022年，周家渡街道创建上海市"一刻钟便民生活圈"示范社区，并以"15分钟社区生活圈"为基点打造"15分钟养老服务圈"，让养老服务资源慢行可达。同时周家渡街道探索运用科学技术赋能社区养老，大力发展智慧养老，探索建设"5分钟为老服务圈"，进一步提升社区养老的体验感，充实和保障老年群体养老生活的获得感、幸福感和安全感。

一　周家渡街道基本情况

周家渡街道位于上海市中心城区，优越独特的地理位置为街道经济发展提供了便利的条件。该街道楼宇经济发达，有多个商务楼宇和功能性板块，例如华泰金融大厦、中电科信息科技大厦、梅赛德斯奔驰文化中心、中建广场等，聚集了现代服务业与制造业总部、研发中心和新兴业态。这些楼宇能够聚集资金、信息、人才、技术等关键要素，有利于产业转型升级、区域经济高质量发展。近年来，周家渡街道致力于优化营商环境，吸引企业投资，通过举办投资促进活动、搭建企业交流合作平台等方式，街道成功吸引了众多企业和项目入驻。同时，街道还积极与世博管理局等部门合作，共同推动区域经济的融合发展。

周家渡街道下辖35个居委会，实有人口12.73万（户籍人口10.66万），户籍人口老龄化率43.88%，[②] 远超上海市老龄化的平均水平，是上海

---

① 《浦东新区人民政府印发〈关于进一步推动"15分钟服务圈"提质增效三年行动计划（2021—2023年）〉的通知》，上海市浦东新区人民政府，https：//www. pudong. gov. cn/zwgk/zwgk_ zfxxgkml_ atc_ qs/2022/286/32187. html。

② 《对浦东新区政协七届二次会议第054号提案的答复》，上海市浦东新区人民政府，https：//www. pudong. gov. cn/zwgk/qt-zjdjd/2023/206/312915. html。

市老龄化程度较高的街道之一。街道人口老龄化、高龄化程度深，纯老化、空巢化老人家庭占比高，个性化、差异化养老服务需求广。为满足老年群体多元化的养老需求，周家渡街道依托邹平路医养护综合体和各社区党群服务中心，充分利用信息化、智能化手段，积极完善三级为老服务网络。深入探索智慧健康在社区养老领域的应用，不断丰富"15分钟养老服务圈"，实现医养服务资源15分钟内可达可触可及和跨社区资源共享，使有限的资源能够更精准地服务每一位社区老年人，满足多元服务需求。

周家渡街道申报的三级智慧为老服务网络案例在上海市物联网行业协会主办的"2019年第八届物联网峰会暨智慧健康养老高峰论坛"上荣获"上海市智慧健康养老十大优秀案例"，是唯一以街道为申报主体入选的十大优秀案例。2019~2021年，周家渡街道社区综合为老服务中心连续三年参加世界人工智能大会，在其中的智慧养老场景中对外展示了浦东科技助老成果。2021年，周家渡街道荣获"全国智慧健康养老示范街道"；2023年，周家渡养护院成为首批通过上海市民政局智慧养老院验收工作的养老院。

二 周家渡街道打造社区智慧养老生态圈的探索

（一）目标

《周家渡街道养老服务发展三年行动计划（2023—2025年）》提出了街道探索建设社区智慧养老生态圈的发展目标，即到2025年，居家社区机构相协调、医养康养相结合的养老服务体系不断健全，基本养老公共服务保障水平进一步提升，多层次、普惠型、品质化养老服务供给更加充分，服务设施布局更加均衡，高素质服务队伍建设更加扎实，不断满足老年人对美好生活的向往，实现"老有颐养"。并在更大范围、更高水平上实现老有所养、老有所医、老有所学、老有所为、老有所乐，不断增强老年人的获得感、幸福感、安全感，探索高品质养老社区实践样本。

（二）举措

1. 依托设施运用科技，打造智慧养老综合体

周家渡街道依托现有的社区综合为老服务中心、养护院、社区卫生服务分中心三大基础设施，打破现实壁垒，聚合物理空间，2020年建成了邹平路医养护综合体。为深入推进"医养结合"，街道依托社区卫生服务分中心医疗资源，建立应急绿色通道和双向转诊机制，确保入住老年人突发疾病10分钟急救响应服务，为养护院入住老年人提供医疗支撑与服务保障。社区卫生服务中心分别与日间照料中心、养护院签订医疗服务协议，全科医生与入托、入住老年人签约家庭医生服务，建立健康档案，每周定期上门，为养护院和日托签约老年人提供巡诊服务，可减轻家属外出就医的困难和压力。社区卫生服务中心每年为65周岁及以上老年人进行免费健康体检，除了常规体格检查、心电图、B超等项目外，还提供中医健康管理、健康指导等服务。

在此基础上，周家渡街道运用互联网、人工智能等先进科技，对邹平路医养护综合体进行了智能化改造，打造智慧养老综合体。周家渡街道为社区综合为老服务中心配备了智能机器人、养老顾问终端PAD、智能健康监测设备等智能化设备；建立了智能导服、养老顾问、远程帮办、辅具体验租赁、居家增能照护培训、智慧餐厅等为老服务场景。这些智能设备与场景的应用实现了社区综合为老服务中心、养护院、社区卫生服务分中心三者服务的"零壁垒效应"，为"医养结合、智慧养老"提供了智能载体。

2. 建设智慧养老服务平台，赋能增效养老工作

为进一步推进浦东新区"家门口"服务体系提质增能，加强街道为老服务资源的整合和利用，构建以养老为特色的周家渡社会事业"15分钟服务圈"，周家渡街道建设了智慧养老服务平台。智慧养老服务平台利用互联网、大数据等信息化、智能化手段为养老工作赋能增效，在统筹优化养老服务设施布局、完善养老服务资源配置、提高养老服务水平和质量方面发挥了重要作用。

（1）智能发现，打造身边"养老圈"

周家渡街道是"老街道"，空间资源极其有限，近年来周家渡街道积极统筹老城空间，通过"挖潜补点"来增量，通过"盘活资源"来增能，通过"智慧服务"来增效，积极推进"15分钟养老服务圈"建设。在基础资源优化方面，依托周家渡街道智慧养老服务平台，对辖区老年群体进行综合分析，形成服务对象分布"热力图"，叠加资源布局、服务半径等信息，智能发现服务辐射薄弱区。在高龄老年人口密集的上南片区，通过微改造，打造集社区助餐、日间照料、健康管理等功能于一体的社区综合为老服务分中心，将周家渡街道医养护综合体服务赋能辐射到上南片区，方便附近老年人，实现点位增量、服务增能。在为老服务效能优化方面，通过接入服务数据，实时掌握资源服务动态，针对服务相对较少的点位，优化资源配置、按需叠加服务；针对服务负荷较重的点位，挖掘周边可利用资源，通过服务嵌入的方式分流服务。比如，齐河五居委原有活动室，为老服务内容较单一，经排摸，周边居民助餐需求较大，通过功能调整，丰富服务内容。社区综合为老服务分中心老年人日间照料需求较大，受限于能级，在附近的云台一居委，将现有的健康小屋嵌入微型日托功能，分流部分有需求的老年人。

（2）智能匹配，实惠送到老人身边

周家渡街道充分运用智能化手段，利用大数据平台归集辖区老年人信息，通过智慧养老平台模型算法，识别辖区老年人的属性，为其精准匹配适合的政策和服务。在政策推送方面，周家渡街道基于现有老年人数据库，对符合养老服务政策条件的老年人自动匹配并精准推送相关信息。比如，对于65周岁的到龄老年人，系统可自动将敬老卡相关政策以短信的形式推送到老人或子女手机上；针对百岁到龄老年人，系统自动提醒家属，老人可免费享受街道提供的居家上门服务。在服务匹配方面，周家渡街道根据智慧养老服务平台接入的数据，识别老年人的标签，为老年人提供相应服务。例如，为满足老年人个性化助餐需求，周家渡街道联动多方力量，引入王中王、梦工坊等深受老年人欢迎的家门口社会餐饮企业，着力提升社区助餐服务质量和水平；根据餐食供给信息，为老人提供差异化的营养健康管理方案。

（3）智能预警，助力"居家+社区"养老

百岁、高龄、独居、纯老户是周家渡街道养老工作关注的重点对象。为做好关心关爱工作，周家渡街道借助智慧养老平台，构建"发现预警"模型。在居家照护智能预警方面，通过集成智能床垫、智能手环、居家安防"四件套"等智能化设备，围绕居家照护、防走失、居家安全等需求进行场景建设。比如，烟感探测器感应到老人可能处于险情中时，将自动触发报警，报警信息第一时间传输至市、区、街道城运中心平台。周家渡智慧养老平台同步接收报警信息，实时监控处置情况，直至报警处置完毕。处置过程记录至老年人电子档案，形成专属标签，为日后社区安全干预提供依据。在社区重点人群发现预警方面，借助"大数据"思维，通过归集日常走访、助餐、日托等多口径数据，构建"发现预警"机制，通过人群预警、服务预警等维度设置的阈值，触发报警，派单到人，全流程监控，闭环管理，随机回访，辅助居民区工作人员做好重点人群的探访关爱工作。

3. 集成智能适老设备，打造多维养老场景

周家渡街道围绕居家、社区和机构养老，打造了一系列可观、可感、可体验的场景，让老年人能够零距离感受到科技带来的便利。面向居家，周家渡街道在社区综合为老服务中心打造居家增能体验中心，应用智能床垫、视频监测、烟感监测等物联网传感设备，对居家生活老年人的健康情况、活动状态、居住环境等进行实时监测，切实提升居家生活安全性。通过沉浸式居家场景体验，让老年人充分感受智慧居家的便捷。面向社区，周家渡街道在社区综合为老服务中心建设嵌入式长者运动健康之家，根据辖区老年人的身体特点和康养服务需求，配置适老化健身器材，依托医养护综合体养老、医疗等服务资源，为老年人提供体质测试、慢性病运动干预、运动康复训练、健康知识普及等一站式运动康养服务。相关数据实时采集，同步叠加至老年人电子综合档案，辅助健康管理。面向机构，以周家渡养护院为试点，建设智慧养老院。依托智慧养老设施设备以及信息系统，实现全流程、全链条、全周期数据采集及辅助应用。通过"一人一档"精细化管理，全面、立体、精准描绘老人画像，助力个性化服务方案匹配。

4. 提供多元养老服务，深化智慧助餐应用

老年人的养老服务需求是多元化的，涉及医疗健康、助餐助浴助洁、照护服务等多方面。周家渡街道整合多元主体提供综合性服务，满足老年人多样化、差异化的养老服务需求。

在医疗健康服务方面，周家渡街道深入推进医养融合，社区卫生服务中心与养老服务机构开展签约服务，依托"互联网医院+"，实现医疗服务向社区、居家延伸；社区卫生服务中心的全科医生定期下沉居委，提供用药指导等"家门口"便捷服务。周家渡街道通过大数据、5G 和物联网技术，融合多款智能设备和大数据平台，构建专业、安全、高效的健康管理体系。社区居民可以在健康小屋自主选择检测项目，实现自助健康监测、健康档案建立、慢病筛查等功能。

适老化改造方面，周家渡街道坚持"政府主导、社会参与、市场运作"，采用"政府补贴一点、企业让利一点、家庭自负一点"的资金分担机制。目前，周家渡街道提供涵盖卫生间、厨房、客厅、卧室等七大日常生活场景的 60 余项 200 多种产品供老年人选择。老人可以通过选择"居家环境适老化改造服务包"，来组合选择相关改造项目。

助餐服务方面，周家渡街道加强党建引领，采取数字化、社会化、均衡化"三化合一"，打造"5 分钟为老助餐服务圈"。街道通过智能化升级改造社区长者食堂，建设智慧餐厅，实现餐品信息智能读取、营养标签公示、餐食快速结算等。通过"刷脸"，自动完成身份识别以及用餐数据和营养摄入信息收集。所有数据实时汇集至街道智慧养老服务平台，自动匹配、丰富完善老年人"一人一档"信息，为个性化营养健康管理、助餐服务优化、资源合理布局等提供支撑。老年人及其家庭还可以使用助餐小程序，进行线上智能点餐，街道提供送餐上门、送餐至助餐点等模式，实现老年人助餐服务全覆盖。周家渡街道积极探索助餐服务新路径，将德兴馆、大壶春等百年老字号以及新兴优质品牌连锁餐饮企业引入街道养老服务联盟，以"企业让利+政府补贴""老年人不充卡不充值"的形式，通过"刷脸"认证，开创"社会化助餐"新模式。目前，13 家社会化助餐点的日均供餐量占社区老年助餐总量

近40%。通过较低的资金成本，实现优质资源的导入，切实发挥撬动效应。周家渡街道立足老城区实际，梳理存量资源，激发空间活力，实现设施共享与功能叠加。打开养护院食堂"围墙"，变身社区智慧餐厅，与社区长者食堂支撑互补。目前，周家渡街道已构建"1+1+11+13"（即1个社区长者食堂+1个智慧餐厅+11个社会化助餐点和13个家门口助餐点）的助餐服务覆盖圈，年供餐量可达30万余客，有效辐射辖区老年居民，实现365天助餐服务不打烊。

除了以上主要养老服务，周家渡街道还积极开展"老伙伴"计划、"老吾老"计划、康复辅具社区租赁等家庭养老赋能项目，落实高龄老人优待政策，开展帮困助老关爱活动。老年人及其家庭还可以通过智慧养老服务平台在线预约下单包含上门整理床单、卫生清洁、洗衣服等的家政服务，包含家电维修、家具维修、下水道疏通等的物业维修服务，以及找护工服务等各类服务。周家渡街道提供的多样化养老服务，不仅满足了老年居民共性的养老需求；也通过智慧手段精准匹配，在一定程度上满足了老年人的个性化要求，极大地实现了养老服务的供需匹配，推动养老工作进一步发展。

5. 开展标准化试点工作，健全体系落实要求

周家渡街道高度重视标准化试点工作，由标准化工作人员组建项目工作领导小组，明确相应工作职责，有序推进相关工作。工作人员通过对社区综合为老服务中心、日间照护中心、社区长者食堂、家门口微型为老服务站等社区养老服务点位以及智慧养老服务数据平台开展深度调研，梳理了其服务流程、操作要求、数据采集、服务考核等重要环节。在此基础上，标准化推进工作办公室围绕社区综合为老服务中心服务、社区助餐服务、数据平台搭建、智慧养老信息数据处理、智慧养老设施设备等方面，构建了智慧养老服务标准体系框架。为了使标准体系具有完整性、管理具有系统性，标准化推进工作办公室又结合了相关法律法规和国家、行业、地方、团体标准，研制编撰了街道智慧养老服务标准体系。其中涵盖了国家标准32项、行业标准2项、地方标准3项、团体标准6项、周家渡街道标准（企标）24项，各级各项标准共计67项，覆盖了智慧养老服务标准体系建设过程中通用基础、服务保障、服务提供标准，标准覆盖率100%。

（三）创新点

近年来，随着互联网、大数据等科学技术的进步，智慧养老建设开展得如火如荼，全国各地都在大力发展智慧养老。相比于其他地区，周家渡街道具有以下三大创新之处。

1. 创新构建"1+35+X"的智慧养老服务生态 O2O 模式

周家渡街道积极践行"人民城市"的重要理念，坚持问题导向、需求导向，创新探索智慧养老服务工作路径，致力于用科学技术赋能养老服务。线下依托"1"个邹平路医养护综合体和"35"个居民区家门口为老服务站，线上通过智慧养老服务平台拓展延伸，融合"X"类养老服务资源，面向居家、社区、机构提供符合社区老年人需求的"X"项医养护为老服务，创新构建了"1+35+X"三级养老服务网络，探索形成了周家渡街道独特的15分钟可触达的智慧养老服务生态 O2O 模式（见图1）。

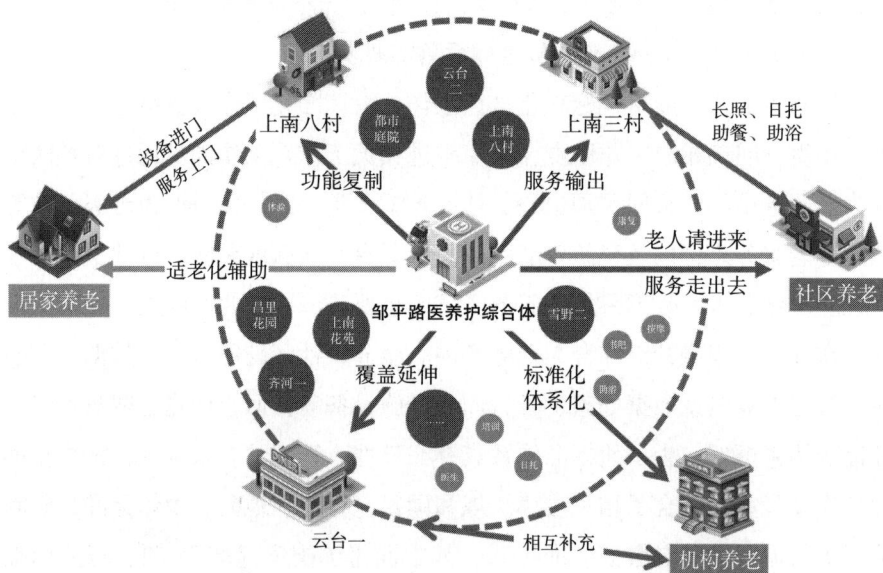

图1　"1+35+X"智慧养老服务生态 O2O 模式

周家渡街道构建的"1+35+X"新型养老服务生态O2O模式，强调以数智化促进养老服务需求的精准匹配以及服务供给的有效提升。在街道社区综合为老服务中心打造智慧养老数据中心，建立覆盖4.82万老年人口的基础数据库，通过服务数据的多端汇集、动态更新，建立老年人"一人一档"信息。通过走访调研、问卷调查等多渠道，梳理服务对象需求清单，挖掘区域老年居民共性需求，针对性推进服务设施建设及服务供给。通过整合老年人需求、服务以及各项为老服务资源，实现多维度养老场景的叠加。为困难、高龄、独居老年人安装消防烟感等四件套设施设备，实现数据的自动采集、主动报送、实时提醒和业务支持。通过日常关爱走访，实时掌握老年人需求情况，建立主动发现、自动预警、服务派单、结果评价等机制，实现社区为老服务的业务闭环，建立社区智慧养老生态圈。

2. 创新智慧助餐，打造"5分钟为老助餐服务圈"

近年来，上海市和浦东新区都在大力建设"一刻钟便民生活圈"，各街道在上级部门指导下，也大力推进"15分钟养老服务圈"建设。周家渡街道重点关注老年人高频助餐服务需求，创新智慧助餐服务，打造5分钟为老助餐服务圈。

一方面，智能化改造社区长者食堂，建设智慧餐厅。周家渡街道对现有助餐过程进行剖析，发现其中的"堵点"主要集中在菜品价格的计算及支付结算过程。通过多方比选，引入"自选餐在线结算系统"，利用"RFID技术+人脸识别"，提高支付结算效率，同时兼顾优惠政策的精准投放。在这两项技术的支持下，智慧餐厅已实现"自助"、接近零误差、免排队、秒收银的整体效果。同时，为了让老人吃得安全、吃得健康，周家渡街道利用智慧手段打造特色的"膳食推荐"服务。通过分餐台的小屏幕，向就餐的老年人展示对应菜品的名称和营养成分；并在营养价签基础上，面向部分用餐老年人推送营养建议，对短期内摄入某些营养元素超标的老年人进行温馨提醒，并提供健康饮食摄入建议，帮助其养成良好的饮食习惯。

另一方面，街道统筹助餐资源，不断提高助餐效能。将老字号餐饮企业引入养老服务联盟，建设多个社会化助餐点，与 13 个家门口的助餐点相互支撑，实现 365 天助餐服务不打烊。周家渡街道打造"5 分钟为老助餐服务圈"，扩大了助餐服务的覆盖范围，方便老年人就近就餐，极大地便利了老年人的生活，满足老年人个性化的饮食需求。

3. 开展标准化建设，为智慧养老工作提供支撑

周家渡街道在建设"15 分钟养老服务圈"的基础上，开展了智慧养老服务标准化试点工作，期望建立健全智慧养老服务标准体系，为开展智慧养老工作提供支撑。周家渡街道率先在智慧养老领域引入标准化管理理念，构建了全链条、多维度的服务标准体系，这在一定程度上是一种创造性举措，实现了服务模式的创新。周家渡街道通过标准化试点，打破了传统养老服务碎片化、非标准化的现状，为智慧养老的规范化、系统化发展树立了标杆。在标准体系的构建过程中，周家渡街道不仅遵循了国家、行业、地方、团体等多层次标准，还创造性地制定了街道层面的企业标准，实现了从顶层设计到底层执行的全面覆盖；这种多元标准体系的整合创新，为智慧养老服务提供了更加全面、细致的指导，增强了标准的适用性和可操作性。此外，周家渡街道的智慧养老服务标准化试点不仅服务于本社区老年群体，还致力于形成可复制可推广的经验模式。这种创新成果的输出和推广，对于推动整个智慧养老行业的标准化、规范化发展具有重要意义，有助于促进多元智慧养老服务体系的构建和完善，提升老年人的生活质量和幸福感。

三　周家渡街道社区智慧养老生态圈建设成效与问题

（一）建设成效

周家渡街道在智慧养老建设中成效显著，建成了独具特色的"1+35+X"三级养老服务网络，汇聚各方养老资源，提供多元服务，不仅满足了老年人的养老服务需求，更成为浦东新区的养老典范。

1. 成功建设"1+35+X"三级智慧养老服务网络

周家渡街道于 2019 年 8 月正式启动建设社区综合为老服务中心，并在此基础上建设智慧养老数据中心，为老服务中心与周家渡养护院、社区卫生服务邹平分中心毗邻，三者打通联合形成邹平路医养护综合体。这一智慧养老中心枢纽与 35 个微型为老服务站、X 类养老资源和为老服务共同构成了"1+35+X"三级智慧养老服务网络。

目前，周家渡街道已完成包括 4 个养老机构、1 个长者照护之家、2 个综合为老服务中心、3 个日间照护中心、26 个老年助餐服务场所、8 个家门口养老服务站、1 个长者运动健康之家等服务设施在内的"15 分钟养老服务圈"布局，实现了社区线上营养配餐、智能设备照护服务等养老资源在"15 分钟服务圈"内可达可触可及。

2. 提质增量，提升了老年群体满意度

周家渡街道面向辖区内的老年群体提供"居家养老""社区养老""机构养老"多种类型的养老；为老年人提供远程问诊、健康监测、智慧助餐、家政服务、康复辅具租赁等多元养老服务，以满足老年人多层次、多样化的养老服务需求，丰富老年人的晚年生活。

周家渡街道充分利用智慧养老服务平台，根据老年人的"一人一档"信息，将政策快速精准地匹配至辖区老年人，确保政策福利应享尽享，将实惠送到老人身边，不断提升老年人的获得感。运用大数据技术，识别老年人标签，针对其个性化需求，为老年人提供高品质的养老服务，实现养老服务供需对接，满足老年人差异化的养老服务需求。利用智慧养老服务平台，统筹优化养老服务设施布局，完善养老服务资源配置，建成"15 分钟养老服务圈"，为辖区老年人提供实时、便捷、高效的服务，有利于老年人就近享受养老服务，极大地便利了社区老年人。社区智慧养老生态圈的建设提升了养老服务的质量与水平，从而实现了老年群体满意度的提升。[1]

---

[1] 青连斌：《"互联网+"养老服务：主要模式、核心优势与发展思路》，《社会保障评论》2021 年第 1 期。

周家渡街道在实现技术精度的同时，还注重人文温度。通过智能化服务创新助力老年人跨越"数字鸿沟"，线上服务紧贴老年人需求。对智慧养老应用程序进行"适老化改造"，实现界面更友好、操作更简捷；结合"指尖学堂"开展操作培训，让老年人对智能设施设备能用、会用、敢用、想用，实现为老服务可知、可选、可及、可达。[①] 助力老年人融入智慧生活，感受"夕阳"之美。

3.高效赋能，社会效益显著

周家渡街道运用互联网、大数据、5G 技术等现代信息技术高效赋能养老工作，大力发展智慧养老，将现有线下养老业务尽可能地信息化和在线化。一方面，通过智慧养老服务平台和数据中心，实现各参与主体之间的高效互动、数据和信息的无缝传递，有效减少中间环节，压缩业务处理时间，实现养老业务流程的优化。这不仅强化了安全性，还提高了街道业务部门的业务处理效率和管理服务水平。[②] 与传统的管理模式相比，运用统一的养老平台管理养老业务，人力成本、管理成本、沟通成本等都能大幅度降低。[③④]

另一方面，数据共享、科技助老，方便政府进行行业监管，促进养老服务行业的健康发展。此外，周家渡街道还开展了智慧养老服务标准化试点工作，构建了全链条、多维度的智慧养老服务标准体系，这有利于规范智慧养老的发展，促进养老行业服务水平与质量的提升。这些举措助力周家渡街道成为养老行业的典范之一，并发挥了品牌效应，为街道带来了巨大的社会效益。周家渡街道多次承接上级考察调研接待任务，接待内蒙古自治区民政厅、广西壮族自治区民政厅、湖北省民政厅、山东省民政厅等考察调研 100 余场次。

---

① 刘奕、李晓娜：《数字时代我国社区智慧养老模式比较与优化路径研究》，《电子政务》2022 年第 5 期。

② 金昱希、林闽钢：《智慧化养老服务的革新路径与中国选择》，《兰州大学学报》（社会科学版）2021 年第 5 期。

③ 吴雪：《"十四五"我国智慧养老发展的态势分析与实现路径》，《经济体制改革》2022 年第 3 期。

④ 王成、李东阳、周玉萍：《社区智慧养老服务供给——责任网络、现实约束与机制构建》，《人口与经济》2023 年第 1 期。

（二）存在问题

周家渡街道通过建设社区智慧养老生态圈，改善了养老基础设施，优化了养老资源布局，提升了养老服务数量和质量，满足了老年人多元化、差异化的养老需求。整体上改善了老年人生活，增进了老年人福祉。但是街道在建设"15分钟养老服务圈"的过程中也面临着一些困难和问题，需要进一步加以解决。

1. 智慧养老数据流通不畅

智慧养老服务平台在周家渡街道社区智慧养老生态圈的建设过程中发挥着重要作用。设计之初，街道智慧养老服务平台计划集成老年人的基础信息、衣食住行、健康状况等的相关数据，包括辖区老年人口、为老服务设施、社区助餐、区城运平台居家安防四件套预警数据，各种为老机构及智能检测设备产生的老年人健康信息等。在这些实时数据的基础上，运用大数据技术进行智能分析，能够精确地预估老年人的倾向并为其提供针对性和指向性的服务，进一步促进供需匹配，避免养老资源的浪费。但是智慧养老平台建设过程中存在数据流通不畅的问题，制约了智慧养老平台发挥作用。一方面，由于部分养老数据涉密，为保护老年人隐私，避免信息外泄，在业务管理的要求下，许多上级部门掌握的养老数据无法对接到基层部门，例如市级层面的数据无法接入区级端口，更不能直接接入街道的数据端口。目前，医保长护险服务、医疗机构诊疗服务、卫健委智慧健康驿站体测服务等数据，受限于业务管理要求，在周家渡街道均无法完成数据端口的接入。另一方面，智慧养老工作涉及多个部门、多个条线，例如老年人的养老服务属于民政条线，老年人看病就医的数据由卫健委管理。由于各个部门之间缺乏信息共享机制，涉及老年人的一些数据比较分散，存在数据壁垒。[①]

2. 智慧养老资金压力大

周家渡街道智慧养老生态圈通过组织街道内的企业建立街道养老服务联

① 任洁、王德文：《智慧养老中的老问题、新形式与对策研究》，《兰州学刊》2021年第5期。

盟，为老年群体提供居家设施和环境的无障碍、适老化改造，大力发展助餐服务等各类养老服务。为了能让更多的老人参与进来，享受优惠，智慧养老生态圈模式采用"政府补贴一点、企业让利一点、家庭自负一点"的资金分担机制。在适老化改造中，对符合要求的困难老人、无子女老人、独居或纯老家庭老人等，由街道给予一定的补贴，为老人提供适老化产品和改造服务；在智慧助餐中，每位老人的餐品由街道补贴10%的费用。此外，智慧养老服务平台和数据中心的建设和维护运营、设备的购买和维修需要街道投入大量资金，从而保证智慧养老真正地运转起来，为社区老年人持续性地提供智慧养老服务。因此，周家渡街道为推进社区智慧养老生态圈建设，在服务补贴、设施建设以及平台运营等方面都投入了大量的资金，存在一定的资金压力。[1][2]

四 完善社区智慧养老生态圈建设的建议

养老服务的智慧化跃迁是积极应对人口老龄化的重要举措，周家渡街道应当积极解决智慧养老发展过程中存在的问题，进一步完善社区智慧养老生态圈建设，回应老年群体的期盼，改善老年人的生活。

（一）建立智慧养老信息共享机制，畅通数据流通

数据在智慧化进程中扮演着至关重要的角色，它是实现智能化处理和利用的核心要素。要解决周家渡街道智慧养老生态圈建设中的数据流通不畅问题，需要政府相关部门协同对接，制定统一的数据标准和接口规范，在保障数据安全管理的前提下，开放部分业务数据，促进数据流通，接入街道智慧养老服务平台。以便于周家渡街道在多维数据综合分析基础上，为老年人推送更为精准的服务方案建议，切实有效发挥信息系统数据支撑和数字赋能的

---

[1] 冯文猛：《我国智慧养老的发展现状、问题与应对策略》，《重庆理工大学学报》（社会科学）2024年第6期。

[2] 王晓慧、向运华：《智慧养老发展实践与反思》，《广西社会科学》2019年第7期。

作用。再者，上级政府应当积极建立智慧养老信息共享机制。民政、卫健委、财政、公安等部门应当相互协商，共同制定数据共享政策，明确数据流通的权限与流程，确保各部门在保护老年人隐私的前提下，实现养老数据的互通有无，打破信息壁垒。[1][2] 此外，在推动智慧养老数据流通的基础上，街道还可以建立数据反馈机制，及时收集老年人及其家属的反馈意见，不断优化服务平台和服务内容，提高老年人的满意度和幸福感。

（二）加大智慧养老财政资金投入，丰富资金来源

面对推进社区智慧养老生态圈建设所面临的资金压力，要采取多元化策略，以加大智慧养老财政资金投入、不断丰富智慧养老资金来源为核心，为智慧养老工作开展提供资金，确保智慧养老服务的可持续发展。

政府要认识到智慧养老项目的重要性和长远效益，通过详细的项目规划与预算、设立智慧养老发展专项资金，推动街道养老服务高质量发展。周家渡街道要积极拓展资金获取渠道，一方面要积极"开源"，鼓励社会各界提供资金、物资和技术支持，如引导公益慈善组织和基金会参与，为智慧养老项目提供更多元化的资金支持。此外，周家渡街道可推动智慧养老服务的市场化运作，通过合理定价、优化服务流程、提高服务效率等方式，增强服务项目的自我造血能力。另一方面，要加强"节流"，与企业共同探索利益共享机制，如通过智慧养老服务项目的盈利分红、税收优惠等方式，吸引更多高品质的企业加入街道养老服务联盟，实现共赢。此外，要加强对智慧养老资金使用的管理与监督。建立严格的财务审计和绩效评估制度，对智慧养老项目的资金使用情况进行定期检查和评估，确保资金使用的透明度和效益最大化。同时，加强财务人员的培训和管理，提高财务管理水平，为智慧养老项目的稳健运行和社区智慧养老生态圈的持续发展提供有力保障。

---

[1] 王成、李东阳、周玉萍：《社区智慧养老服务供给——责任网络、现实约束与机制构建》，《人口与经济》2023 年第 1 期。

[2] 杨斌：《新基建促进养老服务高质量发展：内在机理、现实困境及路径选择》，《华中科技大学学报》（社会科学版）2023 年第 6 期。

　　周家渡街道为推进居家社区机构相协调、医养康养相结合的养老服务体系不断健全，基本养老公共服务保障水平进一步提升，实现老有颐养，积极探索养老发展新路径，运用科技赋能养老工作。经过多年摸索，街道依托"1"个邹平路医养护综合体和"35"个居民区家门口为老服务站，通过线上智慧养老服务平台拓展延伸，融合了"X"类养老服务资源，为辖区老年人提供了"X"项为老服务，创新构建了"1+35+X"三级养老服务网络，探索形成了周家渡街道独特的15分钟可触达的智慧养老服务生态O2O模式。在这一新型智慧养老服务生态模式下，街道依托各类智能养老设备，运用现代信息技术，建立养老服务联盟，为老年人提供多样化、个性化的养老服务，精准匹配老年人养老服务需求，有效提升养老服务供给水平。此外，周家渡街道在建设"15分钟养老服务圈"的基础上，还重点关注老年人高频助餐服务需求，打造"5分钟为老助餐服务圈"。周家渡街道还创造性地开展了智慧养老服务标准化试点工作，整合创新了智慧养老服务多元标准体系，这不仅为街道自身智慧养老工作的开展提供了支撑，对于推动整个智慧养老行业的标准化、规范化发展具有重要意义。

　　下一步，周家渡街道将继续认真贯彻《上海市养老服务发展"十四五"规划》与浦东新区"15分钟社区生活圈"行动方案，不断优化智慧养老服务平台，丰富平台"神经末梢"，归集更多数据资源，形成更加立体的社区老年人画像；依托"营养支持型社区国家试点建设"，深入推进助餐服务营养化；归纳标准化范本，形成规范及标准，为智慧养老提供标准化输出。从而进一步完善社区智慧养老生态圈，加快构建完善智慧养老服务体系，深入探索和建设上海这一国际化大都市"老"街道的新型智慧养老服务生态模式，为浦东新区打造高品质养老社区实践样本，发挥"大城养老"浦东样本的引领示范作用，推动上海市智慧养老建设，整体提升养老服务水平与质量。

B.11

最美公共文化空间大赛：赋能公共文化
服务体系建设的浦东实践

庞　锐*

摘　要： 公共文化空间作为公共文化服务的主要载体，是保障人民文化权益、改善人民生活品质、补齐文化发展短板的重要设施阵地。近年来，浦东新区依托最美公共文化空间大赛，赋能公共文化服务体系建设，聚焦新理念、新内容、新方式、新人群、新模式五个维度，坚持赋能群众、便利群众、造福群众，以分类治理、项目兜底、内外兼修、开放多元、凝聚合力等创新举措，持续助力"设计+运营+服务"三位一体的高品质公共文化空间建设，积累了丰厚的精品"案例库"，凝聚了多领域权威"专家团"，打造了多样化标杆"样板间"。未来，浦东将继续通过大赛搭建平台、树立典范、集聚资源、赋能驱动，推动浦东公共文化创新发展与体系优化，发挥对全国公共文化服务高质量发展的示范引领作用。

关键词： 公共文化空间　公共文化服务体系　美好生活　人民城市　浦东新区

文化是凝聚人心的精神纽带，也是增进民生福祉的关键因素。习近平总书记高度重视公共文化建设，始终牵挂人民文化生活品质，在2023年底考察上海时对公共文化建设提出明确要求，强调"要深入实施文化惠民工程，推动公共文化服务高质量发展，让人民群众更加方便可及"。作为国家公共文化

---

* 庞锐，华东师范大学公共管理学院讲师，主要研究方向为基层治理与政府创新。

服务体系示范区之一的浦东新区，身处改革开放最前沿，身为国家战略试验田，始终坚持贯彻习近平文化思想，深入践行"人民城市"重要理念，进一步强化组织领导，聚焦均衡化、优质化和品牌化，持续深化改革创新，切实增强人民群众文化获得感，着力实现浦东公共文化创新发展的新能级和新高度。

随着时代的发展，人民日益增长的物质文化需求赋予了公共文化空间更迭升级的必要性和时代性。党的二十届三中全会提出，要"优化文化服务和文化产品供给机制。完善公共文化服务体系，建立优质文化资源直达基层机制，健全社会力量参与公共文化服务机制，推进公共文化设施所有权和使用权分置改革"，对公共文化服务体系建设布局与公共文化空间优化升级提出了新目标、新方向与新任务。近年来，上海积极推动文化设施、文化项目、文化人才、文化资源布局黄浦江东岸，在全国率先基本建成现代公共文化服务体系。浦东新区胸怀国家战略，聚焦上海定位，彰显浦东特色，着力构建最优设施体系，推动宣传思想文化事业实现高质量发展转型，形成"最美公共文化空间大赛"等一批"浦东首创"，最终发展成为一个着眼于公共文化空间的设计之"美"、服务内容之"好"、理念之"新"，致力于发掘、推荐国内优秀公共文化空间的全国性平台，并打造出浦东新区群众文化艺术馆、世博文化公园申园、陆家嘴融书房等一批公共文化品牌设施空间，为"15分钟文化生活圈"建设赋能升级奠定重要基础。

一 最美公共文化空间大赛基本情况

作为连接个体精神生活与公共意识领域的桥梁，公共文化空间具有提升公民个体素养以促进社会精神文明整体进步的价值潜力。[①] 最美公共文化空间大赛是浦东新区以习近平新时代中国特色社会主义思想为指引，围绕公共文化服务高质量发展先行区建设目标，坚持把最好资源留给人民，以优质供

---

① 陈波、延书宁：《精神文明视域下公共文化空间价值属性及其表达——基于三种公共场馆网络用户生成内容的分析》，《上海交通大学学报》（哲学社会科学版）2024年第9期。

给服务人民，积极拓展城乡公共文化空间的重要平台。

2018 年，根据上海市委市政府关于打响"上海文化"品牌的部署，在上海市民文化节指导委员会的指导下，浦东新区区委宣传部（文体旅游局）主办的首届"美好生活"公共文化空间创新大赛在浦东正式启动，旨在发现空间设计"至美"、文化内涵"至善"、功能规划"至新"的公共文化空间案例。① 2019 年，为贯彻长三角一体化国家战略，展现长三角地区公共文化发展的丰硕成果，参赛区域在立足上海的同时开始逐渐辐射江苏、浙江地区。2020 年，扩大增加安徽赛区，完全覆盖长三角 3 省 1 市，其中江苏、浙江、安徽参赛比例接近 40%。赛事最终评选出的各类获奖案例中，苏、浙、皖案例达到 46%，充分体现了长三角的广泛融合、参与及样本多元化态势。2021 年起，为贯彻《中共中央 国务院关于支持浦东新区高水平改革开放打造社会主义现代化建设引领区的意见》及十一届上海市委十一次全会精神，在文化和旅游部公共服务司指导下，继续扩大赛事覆盖地域，全面升级为"长三角及全国部分城市最美公共文化空间大赛"。赛区除长三角外，还包括全国多个分赛区，首创主赛区-分赛区制，参赛空间数量与大赛规模大幅度跃升，也逐步成为中国公共文化领域的一个重要标志性事件。历届大赛规模，如参赛空间、覆盖城市、获奖空间数量等如表 1 所示。

表 1 历届最美公共文化空间大赛规模

单位：个，人次

年份	参赛空间数量	覆盖城市数量	市民参与数	获奖空间数量
2018	112	1	276 万	36
2019	205	9	596 万	52
2020	312	32	1091 万	109
2021	1292	87	7900 万	302
2022	1603	112	2000 万	310
2023	2507	158	2200 万	321

资料来源：由最美公共文化空间大赛官方网站（https：//betterspaceaward.net/）和调研资料整理得出。

---

① 张潇雨、孙红蕾：《公共文化阅读空间设计及运营研究——基于公共文化空间创新大赛获奖案例》，《新世纪图书馆》2022 年第 11 期。

六年来，在文化和旅游部指导下，创办于浦东新区的最美公共文化空间大赛从最初专注上海地区的区域性赛事，发展成为如今纵深辐射 158 个城市、具有较高影响力的全国性赛事。六届大赛中累计参赛空间高达 6000 余个，推出获奖空间 1130 个，线上线下参与人次过亿，汇聚优秀设计师、运营团队百余名（个），打造千余个"新样本"，涵盖公共阅读空间、商圈文化空间、文博艺术空间、乡村文化空间等类型，推动全国基层公共文化空间向"品质高、美感强、体验好"跃升。与第一届相比，大赛已实现十余省市、百余城市、千余空间、亿余人次的量级提升，实现从上海浦东走向长三角、复制推广到全国的跨越式发展。这项大赛不仅推动了公共文化空间质量提升，对市民的文化生活也产生了深远影响。通过激励创新设计，大赛已经成为全国公共空间建设的风向标和公共文化服务领域实践探索的新典范，引领着我国公共文化空间发展的新趋势。

二 最美公共文化空间大赛赋能公共文化服务体系建设的探索

多年来，浦东新区面临着基层公共文化空间不够美、运营理念不够新、服务品质不够优、年轻群体不愿来等痛点堵点，这也成为公共文化服务体系建设中亟待解决的重要课题，为此浦东开始了以最美公共文化空间大赛赋能公共文化服务体系建设的实践探索。

（一）目标

最美公共文化空间大赛着眼于设计与服务的综合评价，旨在构建"设计+运营+服务"三位一体的评定标准与机制，让市民真切感受城市建筑之美、实用之便利和人性化之温暖。

1. 注重设计能力，提升内涵品质扮靓城市

文化空间"靓不靓"，直接决定人气"热不热"，大赛设置设计单项奖即"年度十佳设计师/机构奖"，以期提升公共文化空间的"颜值"，给基层

提供一批示范性、引领性、可复制的城市公共文化空间"样板房"。第一，以设计驱动赋能产业，鼓励设计师将设计与产业发展有机融合，通过空间形态、功能、运营等多方面的综合提升，间接增强产业竞争力。第二，以设计担当点亮生活，即设计主动融入生活的各个场景，面对城市发展、社区与民生等问题，为大众带来具有实用价值与美好体验的空间。第三，以设计营造服务城市，优秀的设计不仅能赋予空间实用功能，更能依托空间将此功能服务于城市、乡村，让其更具人文魅力。第四，以设计引领洞见未来，指设计师通过对空间的前瞻性设计，传递对未来生活的理想与期盼，刷新固有的审美，引入对未来的哲学思考。

2. 兼顾运营能力，创新运营模式惠及群众

空间外观设计仅仅是"面子"，要真正让老百姓满意，优质、高效、可持续的运营管理就尤为重要，最美公共文化空间大赛的另一大亮点，就是要从专注优化空间外观设计，更进一步聚焦强化内部运营模式。基于此，大赛重视从以下四个方面挖掘公共文化空间中的优秀运营案例：在运营理念方面，具有清晰的功能定位，在文化业态布局、服务质量提升、文化消费引导、文化供给保障等方面具有先进理念和创新性特点；在运营模式方面，关注文化资源的吸纳、整合及配置模式和特点，服务项目的特色和亮点，运营团队和设备的专业性、稳定性，线上运营和智慧化运营的拓展等方面；在服务效能方面，重视服务对象的覆盖面和参与度、活动内容的多样性、公益性文化活动的开展频次、群众的体验感和满意度等；在发展能力方面，主要从是否具有长效的运营机制，相关经验是否可复制、可推广，与在地文化的适配度、结合度，空间设计、功能的可持续打造和提升能力，综合影响力、获奖情况、媒体报道等方面考量。

3. 提升服务能力，汇集优质资源下沉基层

空间既要造得美，更要管得好。最美公共文化空间大赛设立的目的不在于推"榜单"，而是"赛以致用"，让空间"好看"更"好用"。在空间类奖项评选时，为考察空间汇聚资源、直达基层的能力，鼓励更多新业态、新类型、新模式的综合性公共文化空间加入，大赛评审不设量化指标，将以空

间在"美""好""新"三方面的表现进行综合评估。一是外在形式"美"，注重空间设计的品质及美感、硬件设施的完备性，筑牢资源下沉基层的"硬实力"基础；二是功能服务"好"，即功能的合理齐全、内容的多元丰富性、服务的覆盖面和体验度，助力资源下沉基层的"软实力"提升；三是理念模式"新"，指运营模式的创新性、运营及服务的可持续性，全面发挥公共文化空间汇聚资源、持续赋能的多重功能。在评选时，对各个标准不统一设置权重进行打分，而是根据空间的业态与特点综合评定，并充分考虑其设计理念、文化内容、服务方式、运营模式等方面的突出特点与创新点。

（二）举措

浦东30余年发生了翻天覆地的发展巨变，不断刷新着群众对公共文化的期待。通过最美公共文化空间大赛一系列创新举措，一批公共文化空间也在经历焕新。

1. 不忘初心使命，坚持"五个新"空间设计理念

大赛旨在发现和推出具有全新设计理念、全新服务内容、全新服务方式、全新服务人群和全新运营模式的"五个新"典范空间。为此，比赛设置六个单元，兼顾适应各类服务群体和服务诉求的多种空间类别：基层文化空间涵盖公共文化服务体系中不同层级的场馆与设施，如文化馆、文化站、社区文化活动中心、居村综合文化活动室等；公共阅读空间包含面向公众提供文献与数字资源阅览、流通服务，并可附加阅读推广、教育培训、文化交流等功能的公益性场所；美丽乡村文化空间指所有在乡村地域范围内，以"把握乡村定位，尊重自然生态，重塑乡村价值，凸显当地特色，重在体现农村生产、生活、生态切实融合"为特点，提供文化服务与体验的人居空间与活动场所；商圈文化空间指在城市商业体中积极挖掘文化潜能，将商业与文化、艺术相结合的"体验型""服务型"空间；文博艺术空间包含博物馆、美术馆、纪念馆、展示馆等以展览为核心内容的文化场馆，以及剧院、剧场等以演艺为核心内容的艺术场馆；跨界文化空间指城市中新涌现的，在其原有功能与业态上叠加文化属性，并符合"接纳公众"要求的设施与空

间，如加载文化体验空间的餐厅、园区、绿地、街区等。比如，由陆家嘴社区图书馆改建而成陆家嘴融书房，作为公共阅读空间的经典案例，其简洁生动的意象让新的文化地标与城市融合、对话，每年52场涵盖文化、艺术、社科、金融、贸易、创业等各领域文艺名家、著名学者、创业大咖的"陆家嘴读书会"沙龙活动，东方财经浦东频道的名人访谈节目"几何俱乐部"，以及每月的亲子读书活动，为这一场所打造了全新的阅读与文化交流方式标签。同时获评"最美公共文化空间大奖"和"百佳公共文化空间奖（跨界文化空间）"的世博文化公园申园，则是将现代功能融入传统园林框架、将私家园林转变为城市公共空间、体现上海城市文脉和海派精神的优秀跨界案例，既可作为游赏、雅集空间，也可作为国学演播场、戏剧表演地，通过展陈、讲座、体验等诸多形式输出传统文化，充分展现中国传统文化的独特魅力。

2. 注重成果转化，坚持设计服务群众的价值基石

经过大赛连续六年的举办，浦东新区始终坚持人民至上的价值理念，并明确提出最美公共文化空间大赛不是"为评而评、为赛而赛"，而是要持续推动大赛成果转化，这样才更有价值、更有意义。为了更好地服务《上海市建设习近平文化思想最佳实践地行动方案》中明确的9大行动，浦东已经推出30余项行动、配套300个项目，其中有5项行动、60余个项目与文化空间建设相关。此外，浦东高举优秀设计服务群众的旗帜，以大赛激发设计创意、以大赛推动改造实效、以大赛落实社会责任。近年来，浦东涌现出多个公共文化空间经典案例，将部分老旧空间打造成颜值极高、效用极好的公共会客厅，以及年轻人近悦远来的网红打卡地。例如暖亭（向东社区之家），其原址为老旧公共厕所，在不突破原有建筑占地、层数、高度的条件下，在总建筑面积约70平方米的有限空间内，以"亭"的"上实下虚"的字形结构布局空间，建构立体化的共享环境，在一楼二楼实现动静功能分区：一楼主体空间设计为全龄适用的开放式"社区共享活动室"，以供组织或居民自发地开展各类活动，并为套内面积不足的居民设置了"共享洗衣房"；二楼则采用"分时功能融合"的模式，周一至周五为共享阅览室，周

六、日为"预约制"社区共享厨房,最终形成了有温度的社区归属空间、文化与交往空间,以及真正全龄段、多时段、多元功能融合的服务空间。潍坊街道社区文化活动中心则通过了解商圈内企业单位需求、推动空间视觉更新换代、寻找社区文化达人、创造街道特色文化品牌、联合专业平台开启娱教互动等举措,探索了兼顾颜值与适用、复合与集约,激活内部与外部空间的更新改造设计并推动其实践落地,设置展示厅、东方信息苑、培训教室、图书馆、成长乐园、多功能活动室、各类趣艺活动室、乒乓房等各类服务场所,使基层公共文化空间的受益人群不再仅以中老年人为主,使其也成为青年群体喜闻乐见的、完整的"社交文化园林"和多元的、生机勃勃的"社区文化聚落"。

3. 强化赋能基层,坚持探索空间激活的创新机制

浦东新区始终坚持问需于基层、问计于基层、问效于基层,做强大赛配套机制,一是同步举办文采会,为新空间提供最强内容支撑;二是以"时间对表""服务对心"推动"空间对路",全区公共文化场馆开展日均 12 小时、全年 365 天的延时服务新机制,最大限度释放空间效能;三是建立优秀运营主体数据库,逐步发掘、培育一批有情怀、有能力、有经验的运营团队参与新空间运营。例如浦东新区群众文化艺术馆,面向浦东 568 万市民全天候、零障碍、无门槛公益性开放,年均服务目标人群 200 万人次,超越了传统群文场馆"小空间""小教室"的局限,代之以大体量、高灵活、多功能的空间布局,开放以来引入开心麻花、北京国际标准舞团,以及长三角乃至全国各地知名专业剧团的剧目和演出,带来多场群众喜闻乐见的大戏,充分发挥了软实力"加速器"作用,着力打造成为六大功能兼备的公共文化服务引领平台,即全民艺术普及的大学堂、全民文艺展演的大剧场、全民文艺创作的大展厅、文艺达人 PK 的大秀场、文化网红直播的大平台、元宇宙互动社区的大基地。此外,浦东群艺馆还实行场馆全面开放,在保证正常工作时间开放的基础上,延时开放剧场、展厅、排练厅、培训教室等服务阵地,吸引更多市民特别是青年白领走进场馆,满足不同人群对公共文化服务的多层次需求。而另一个获得"百佳公共文化空间奖"的案例——浦东星梦停

车棚，则是依托上海大学博物馆、中华艺术宫、上海美术学院等专业运营团队，利用隔断的悬空区域和畸零空间，把三星堆、龙门石窟文物图片展，岩彩画绘画展，国际纸艺双年展社区展等专业展览送到百姓家门口的空间创新生动实践。在专业运营主体和居民自治团队的共同努力下，曾经老小区的破旧停车棚化身"艺术馆"，将社区居民与博物馆、美术馆连接在一起，将公共艺术与社区微更新融合在一起，激发了居民美化社区的自主意愿，形成文化凝聚力和向心力，有力助推艺术进社区与社会大美育。

（三）创新点

最美公共文化空间大赛突出"服务+设计"双轮驱动，是浦东新区政府积极回应群众需求与期待的重要探索，也是分类治理、项目兜底、内外兼修、开放多元、凝聚合力等治理实践相融合的机制创新。

1. 分类治理，打造多层次、多样态公共文化服务体系

公共文化空间规模、风格、功能各异，不同类型空间的评价标准和治理方式也不尽相同。因此，最美公共文化空间大赛设置六个单元分别进行评选，兼顾文化艺术空间、公共阅读场所、体育和旅游场馆、社区公共空间、商圈文化空间，以及依托历史建筑、工业遗存、水岸、乡村等打造的文化空间等多种类别。为响应乡村振兴战略，大赛还开始探索特设"美丽乡村文化空间"单元，实现了基层、商圈、阅读、文博、跨界和乡村六大类空间赛道全覆盖，呈现出业态多元、形式多样、亮点突出、创新性强、跨界融合等特点。强化分类治理的思路，也有助于提升公共文化服务供给的精细化、精准化水平，打造层次丰富、样态多元的公共文化服务体系。

2. 项目兜底，保障均等化、标准化公共文化服务体系

群众不仅需要高楼大厦、山川相连的最美"天际线"，也需要大街小巷、你我身边的最美"地平线"。基层往往资源、力量分散，在公共文化空间建设上存在天然能力短板。为此，浦东新区探索以项目兜底，依托项目制管理模式，延伸公共文化服务触角，扩大公共文化服务覆盖面，大力支持设计师赋能基层，面向全区36个街镇推出基层文化空间设计补助项目，支持

各街镇打造一批"梦想改造家"式的新空间。依托大赛积累的百名设计师资源库，浦东加大大赛成果的转化力度，号召优秀青年设计师"大材小用"，主动向下对接社区需求，力求为每个街镇打造一处市民喜闻乐见的公共文化空间"样板房"，以提升公共文化服务体系的均等化、标准化与可及性。

3. 内外兼修，形成品牌化、优质化公共文化服务体系

设计能够直观地塑造公共文化空间的"外在"，内容与服务等"内在"则更能为空间注入灵魂。大赛始终坚持最美公共文化空间要有颜值，但也必须"内外兼修"，必须综合考量空间的服务效能、管理架构、运行机制、工程造价等多重因素。浦东新区于 2017 年提出"文化淘宝"理念，通过"文采会"机制为文化空间植入"内容"，以政府搭台、供需对接、社会参与理念，打造公共文化产品及服务领域"24 小时不落幕"的常态化综合服务对接平台，推动"政府端菜+群众点菜"向"政府端菜+群众点菜+群众做菜"的转型。① 采购方式主要分为三种：浦东新区层面文化机构的兜底采购，包括新区文化艺术指导中心、各个文化馆等单位；街镇及居村文化单位，包括各街镇文化服务中心及居村委派的文化采购代表；长三角区域的意向采购主体，包括长三角城市文化馆联盟成员单位的采购代表。推动了一批集演艺、文化体验、旅游、文博、图书等类型在内的品牌化、优质化公共文化服务供给。

4. 开放多元，完善参与型、专业化公共文化服务体系

最美公共文化空间大赛凝聚了专家学者、社会公众等多方力量。在入围阶段，大赛在空间概念方面欢迎一切具有公共开放性和文化属性的空间参赛，在参赛主体方面倡导全社会共同参与到公共文化空间的营造建设中来，尤其欢迎设计师、文化内容提供商等社会机构提报案例参赛，鼓励与空间案例有关的建设方、运营方、设计方等积极自荐，也以开放姿态欢迎社会公众推荐优秀的公共文化空间；在评选阶段，大赛设立专家评委会，由来自公共

---

① 杜晨薇：《最美公共文化空间这样打造出来》，《解放日报》2024 年 4 月 24 日。

文化、规划、建筑、设计领域的专家学者和主流媒体代表等组成，通过线上线下互动，市民、专家共同参与评审的方式，评选出各奖项，除空间案例奖，还设置设计师奖、最佳公益奖、优秀组织奖等。通过多方共同参与，提升大赛的开放性、公平性与透明度，助力参与型、专业化公共文化服务体系的建立和完善。

5. 凝聚合力，探索协同性、整体性公共文化服务体系

公共文化空间美化升级，不能一方唱独角戏，而是要大力探索多元主体积极参与公共文化新空间建设的路径，才能让文化空间真正做到各美其美、美美与共。浦东新区以最美公共文化空间大赛为契机，将继续与兄弟省市互学互鉴、共促共进，持续打造设计美、服务好、理念新的公共文化空间，持续满足人民群众对美好生活的新期待。长三角乃至全国范围内的优秀公共文化空间的经验样板，以理念创新、以设计赋能，为"人民城市"建设添砖加瓦，也助力上海打造全球"设计之都"。由此可见，大赛推动了全国、全社会力量共同探索区域协同、整体优化的公共文化空间及服务体系建设。

三 最美公共文化空间大赛赋能公共文化服务体系建设成效与问题

六年来，最美公共文化空间大赛精品案例库不断丰厚、专业凝聚力持续走强、规模影响力大幅提升，在赋能公共文化服务体系建设中取得了显著成效，但在这一过程中也面临一些困难和问题，需要未来进一步改进和优化。

（一）赋能成效

最美公共文化空间大赛已经走过六个春秋。众多参赛作品的背后，是一批"老破小"社区旧貌换新颜，一批公共场所火爆出圈，一批美丽乡村引来人流如织，这些空间又进一步转化为高品质的公共文化服务供给。

1. 积累了丰厚的公共文化空间精品"案例库"

最美公共文化空间大赛不仅是一场设计的盛会，更是将更多经典的案例、优质的设计资源、领先的经验做法，有效复制、吸收转化和全面推广，并积极与长三角乃至全国分享成果的平台。为全国公共文化一体化发展发掘并树立了一批优秀案例，扩充打造了包含千余家示范空间在内的丰厚案例库。无论是颁奖典礼所在的浦东群艺馆、浦江东岸的世博文化公园申园，还是长三角范围内的龙华广场塔影空间、浙江电魂自在里文化空间、江苏苏州湾文化中心，以及更广大地区的云南西南联大先锋书店、山东海岱楼钟书阁、河南太极全域剧场、四川天府人文艺术图书馆等，都已成为精品案例。通过其评选和表彰机制，大赛在展现浦东打造社会主义现代化建设引领区软实力的同时，也为全国公共文化设施建设提供了创新的设计理念和实践经验，为基层公共文化服务体系建设提供了示范性、可参考的模式，对美丽城市建设产生了深远的影响。为持续回应人民对"美好生活"的新期待，浦东新区将不忘本来、吸收外来、面向未来，凝聚来自全国的空间设计运营智慧，为人民打造更高水准的文化地标。

2. 凝聚了公共文化与空间设计权威"专家团"

一直以来，大赛都将公共文化领域专家和专业设计师团队，作为打造高品质赛事平台的核心竞争力，构建全社会共同参与的空间营造平台，并充分调动社会参与，为公共文化空间营造积蓄"设计力量"，让创意设计产业为公共文化和美好生活赋能。最美公共文化空间大赛鼓励设计师以本人设计的符合大赛要求的公共文化空间作品参赛，竞逐大赛的设计师奖项。同时，为集聚更多设计力量，鼓励长期致力于公共文化领域的设计师和设计机构参赛，还设置了报名3个以上公共文化空间作品参赛的设计师或设计机构将优先进入大赛设计师奖项评选通道的相应规则。而除了空间案例本身，相关设计师团队也均被历届大赛迅速"收编"。通过赛事，浦东不仅建立起拥有上千个公共文化空间的样本库，还打造了集聚上百名来自全国各地的公共文化专家和专业设计师人才资源库，既有李国新、蒯大申、何建明、李立、陈竹等知名专家，也有米思建筑、三文建筑、水石建筑、山水秀等国内知名设计机构。在参赛模式和宣传理念方面，大赛也十分注重加强权威性、过程性，在赛期中推出美好生活专题月，邀请建设者、设计者和专家举办对谈、讲座等进行理念分享。此外，为了汇集全球顶尖设计师和创意人才，连接企业与全球创意资源，大赛近年来开始探索和国际大牌设计师进行 IP 联名，更好地为公共文化和美好生活赋能。

3. 打造了多样化公共文化空间标杆"样板间"

最美公共文化空间大赛强调了设计创新的重要性，鼓励设计师和建筑师探索具有文化特色和社会价值的创意方案，许多具有创新设计和社会价值的案例脱颖而出，成为公共文化设施建设的典范，其中有全新文化地标，有潮人聚集地，有传递温暖的极简小楼，有跨越百年华丽变身的老建筑，有大师设计的绝美空间，也有山野之间的自然书屋。这些风格多样的空间方案不仅提升了公共空间的美学价值，也增强了其功能性和互动性，使之成为市民文化生活的重要组成部分，为中国的公共文化设施建设提供了可借鉴的经验。一系列空间设计的展示推广与项目落地的运营实践，为全国公共文化空间建设树立了新的标杆，推动了公共文化设施供给质量提升和服务效能改进。促进了社会各界对公共文化设施建设加大关注和投入，从而优化了城乡文化资源配置，为搭建全社会共同参与的文化空间营造平台作出贡献。此外，大赛不仅提升了公共文化空间的质量，也促进了文化的普及和传播，加强了社区的凝聚力，提高了人民的参与感、幸福感和生活质量。

（二）尚需解决的问题

当前最美公共文化空间大赛在赋能浦东公共文化服务提升上仍存在一定问题，其中也不乏全国公共文化服务体系建设普遍面临的难题和挑战。

1. 盘活存量与激活增量两难

随着浦东新区现代公共文化服务体系建设持续深入推进，公共文化服务范围逐步扩大、品质不断提升，逛图书馆、博物馆、文化馆逐渐成为广大市民的新风尚。民有所盼，政有所为，当下公共文化空间提档升级已成为浦东高质量发展的新课题。由于资源与经费相对有限，尤其是在基层层面，激活公共文化空间增量固然重要，在原有空间基础上进一步拓展，依据空间使用者的真实需求，对存量空间外观与运营进行提升改造更应该得到相关赛事的鼓励和关注，在此基础上逐步探索形成公共文化空间升级改造范围和标准。

2. 社会参与广度和深度欠缺

浦东新区通过最美公共文化空间大赛初步形成了专业力量与社会公众广泛参与的公共文化服务体系。在空间设计过程中，政府相关职能部门及项目负责的设计师会以居民问卷等形式收集相关意见。在大赛评奖环节，市民也可以参与线上投票，其中票数前三名的案例将被授予"网络人气奖"。然而，当前在公共文化空间建设中，社会公众参与依然停留在表面，深度参与和长期参与不足，赛事一些空间类奖项也未将空间目标受众等群体的使用感受和评价纳入评奖指标，未来还需在争取专业支持、积累成功经验的同时，共同还空间、功能、文化服务于民。

3. 商圈融合与文旅融合不足

2021年3月，文化和旅游部等三部委联合印发的《关于推动公共文化服务高质量发展的意见》指出，鼓励在都市商圈、文化园区等区域，引入社会力量，按照规模适当、布局科学、业态多元、特色鲜明的要求，创新打造一批融合图书阅读、艺术展览、文化沙龙、轻食餐饮等服务的"城市书房""文化驿站"等新型文化业态。最美公共文化空间大赛设置了商圈、文博类空间的评选，同时创新性地对跨界空间进行单独评选，但当前将商圈、文旅、基层服务等功能深度融合形成新生态、新业态的综合空间和整合环境在实践中仍然十分困难，面临政府责任与市场机制未能有效衔接等体制机制障碍。[1]

4. 传统文化与数字技术碰撞

公共文化空间具有智识性、伦理性与审美性三重价值属性，兼具文化记忆传达、文化价值导向、文化活动参与功能，对保存历史文化与建构社会情感、形成文化身份认同、建立集体和个人的意义具有关键作用。[2] 在传统与

---

① 孙英姿、秦顺：《新型公共文化空间高质量发展的组态路径研究》，《图书情报知识》2024年第4期。

② 孟耕合：《城市公共文化空间治理的三个维度》，《理论月刊》2022年第4期。

现代、软实力与硬科技碰撞下，如何将科技创新与之结合，促进公共文化服务建设数字化和服务方式智能化，仍然是一个有待探索的实践难题。

5.跨区域文化空间共享不力

"十四五"时期，我国公共文化服务体系建设取得了重要成就，基本公共文化服务标准化、均等化建设全面推进，覆盖城乡的公共文化设施网络更加健全，优质公共文化产品和服务日趋丰富，但各地区间公共文化空间与体系建设仍存在一定差距。最美公共文化空间大赛一定程度上促进了跨区域交流互动，并形成一批可推广、可借鉴的先进经验。但是鉴于当前的公共文化空间评价体系，在行政区划和空间壁垒的限制下，不同区域间或同一区域不同城市间文化服务联动与文化空间共享仍有待强化。

四 最美公共文化空间大赛赋能公共文化服务体系建设的建议

进入高质量发展时代，公共文化服务需要更好地满足人民对美好生活的新期待，公共文化空间的革新也要逐步实现从有到美和好的跨越。

（一）依托微更新项目实现嵌入式公共文化空间提档升级

在以公共文化空间建设推进公共文化服务体系完善的过程中，要重谋划、重设计、讲究性价比，厚积薄发，努力在盘活存量、激活增量、放活数量和优化质量间寻求平衡。既要坚持需求导向、问题导向、效果导向，新增一批符合群众需求和期待的高品质公共空间，也要重视微更新和微改造项目，突出人文性和公共性，与公共文化空间特有的公益属性和运营机制相融合，让一些小而美的空间嵌入城市机体、嵌入居民日常生活，[①] 让基层公共文化空间真正用起来、热闹起来，切实实现公共文化空间的提档升级。

---

① 姚之洁：《如何让城市公共文化空间有高级而惬意的美感》，《文汇报》2021年9月14日。

（二）推动公共文化空间建设从社会参与到共同生产转型

真正有效的、实用的公共文化空间，需要以人为中心开展为大众乐享的公共文化空间营造。要广泛吸引社会力量参与公共文化建设和服务，需在政府层面善加引导、制定标准、开放思路的基础上，动员多元力量充分发挥资源整合和创新发展优势。大赛在空间评价标准中应加大目标受众的满意度指标，推动公共文化空间建设中深度参与式的设计营造。鼓励空间设计师和项目负责人在设计和施工阶段即邀请居民加入，提建议、谈设想，形成公共空间更新的实验场，真正连接起设计者、建设者、运营者、使用者，增强居民对公共文化空间的认同感和归属感，推动社区合作、多元共治和共同生产。

（三）倡导融合新业态新生态的功能复合型跨界文化空间

融合不同业态和生态的多功能商业综合体是实现政府与市场相互补位、创新公共文化服务供给的极佳载体。[①] 公共文化空间在设计运营上需要跨界思维，在静态塑造空间形态的基础上，将可持续发展的动态内容等软体持续注入，依托公共文化空间实现社会性、文化性和产业性等综合目标。大赛应更加重视和鼓励整合跨界的优秀案例，对城市中新涌现的在原有功能上叠加文化属性、由公众共同享有和分享的文化空间加大表彰力度。因为这类空间与大型公共文化设施功能类似但又具备更多拓展可能，有助于提升空间布局和功能主题的弹性与灵活性，进而改善空间利用效能。

（四）促进文化自信软实力和数字驱动硬实力的双向赋能

传统文化是民族的精神命脉，数字驱动是时代的发展注脚。在这样的背景下，大赛应坚持二者双向赋能的理念，设置相关单元体现传统与现代的双重意涵。既要始终坚持弘扬传统文化，唱响坚定文化自信主旋律，以完善文

---

① 王桢栋、蒋妤婷、陈有菲：《提升城市公共文化服务可及性的协同营建模式刍议——以商业综合体城市阅读空间为例》，《同济大学学报》（社会科学版）2021 年第 5 期。

化设施的功能建设重构传统文化空间，打造一批老年人、年轻人都爱去的优秀传统文化新阵地；同时也要引入数字技术来提升城市公共文化空间的呈现质感和服务质量，[①] 将科技创新的硬实力与传统文化的软实力，同空间场所精神融为一体，探索全新的人文关怀和文化体验。

（五）探索跨区域公共文化空间协同联动与共建共治共享

作为创新公共文化空间的"孵化器"，最美公共文化空间大赛可以革新公共文化空间评价体系，增设相应版块，关注公共文化空间的跨域联动问题。推动打破现有行政区划的限制，鼓励各地区尝试以人口规模、产业分工布局、城乡整体规划为依据，就近就便提供同等规模和水平的公共文化服务，持续破除行政壁垒和体制机制障碍，增强区域间文化交流和互动，逐步探索跨区域尤其是毗邻地区共建共治共享的公共文化空间建设，努力推进公共文化服务均等化。

从党的十七大提出推动"文化大发展大繁荣"到党的十八大明确"建设社会主义文化强国"，从党的十九大强调"坚定文化自信"到党的二十大指出"健全现代公共文化服务体系"，文化在国民经济与社会发展中的重要性日益提升。最美公共空间大赛从浦东启航，走向长三角并推广到全国，为我国城市与乡村公共文化空间建设树立了标杆，聚焦外观上实现"好看"、功能上实现"好用"、运营上实现"好管"的典范案例，建设完善全面覆盖、互联互通的公共文化服务网络，助力推动浦东乃至上海及全国公共文化服务的高质量发展。作为社会主义现代化建设引领区，浦东新区未来将继续依托最美公共文化空间大赛，不断优化公共文化服务体系建设，形成品牌效应和资源集聚效应，进一步彰显并提升浦东文化软实力，为打造文化自信自强的"上海样本"提供最鲜活、最生动的实践范例。

---

① 崔烁：《城市公共文化空间精细化治理：转向、维度与路径》，《湖北社会科学》2022年第10期。

B.12
林小舍：三林镇"三圈融合"
社区公共空间品牌创建

周 香*

摘 要： 社区公共空间是容纳公共服务和社区生活的重要载体，"林小舍"以"1+3+X"模式打造集服务、展示、交流、活动、休憩于一体的绿色公共空间，为居民提供小体量、散点布局的公共服务设施，以及层次多样的特色公共服务活动，成为浦东新区打造"15分钟社区生活圈"、践行"人民城市"理念的示范场域。"林小舍"通过整合政府部门、社会组织、居民自治三方力量，实现了公共服务资源高效配置，通过社区赋权和全过程民主参与，引入全生命周期管理和嵌入式服务设计，灵活响应社区居民的多层次需求，推动了居民从"接受服务"向"共创共享"的公共服务供给模式转型，塑造了具有三林特色的社区公共空间品牌。未来，三林镇将继续探索"林小舍"社区公共空间的新形态、新服务、新机制和新技术，推动浦东新区社区公共服务模式创新和体系优化，发挥"林小舍"作为新型城市社区公共空间的标杆引领作用。

关键词： 社区公共空间 社区公共服务 公共服务设施 未来社区 浦东新区

公共空间是现代城市建设和社区发展的重要组成部分，直接影响居民的生活质量和公共服务水平。《上海市基本公共服务"十四五"规划》明确提

---

* 周香，华东师范大学公共管理学院博士后，主要研究方向为社会治理、城市安全治理。

出"推进社区综合服务设施广泛覆盖和标准化建设"，党的二十届三中全会进一步指出"完善基本公共服务制度体系，加强普惠性、基础性、兜底性民生建设"。这为城市社区公共空间建设勾勒出了新蓝图。优化城市社区公共空间，"有利于推动优质普惠公共服务下基层、进社区，更好满足人民群众对美好生活的向往"。① 上海作为全国"15 分钟社区生活圈"建设的标杆城市，持续致力打造综合性现代社区公共空间，满足人民群众日益增长的高品质生活需求。在此进程中，"林小舍"应运而生。它不仅是浦东新区践行"15 分钟社区生活圈"的生动实践，更是城市社区公共空间创新升级的典范。

一 "林小舍"社区公共空间建设的基本情况

2022 年，浦东新区提出全面推进"精品城区、现代城镇、美丽乡村"现代化城区建设，把"15 分钟社区生活圈"和"三个圈层"深度融合，涌现了一批"小而精""精而优""优而美"的现代城市治理"样板社区"。三林镇作为"样板社区"之一，紧扣"蝶变三林 魅力社区 惬意生活"发展主题，聚焦均衡优质配置"15 分钟社区生活圈"，根据自身资源禀赋和人文特征，积极培育"林小舍"社区公共空间，制定《建设现代城镇之"林小舍"专项三年行动计划》《三林镇"林小舍"社区营造实施方案》，探索创建特色社区公共空间品牌。

三林镇地理位置优越，位于上海市浦东新区西南部，东与北蔡镇、康桥镇相邻，南与闵行区浦江镇相接，西濒黄浦江，北靠上钢街道，是距离上海市中心最近的镇，也是黄浦江核心段浦东区域唯一的镇。既有顶级的滨江商业商务区，又是大型动迁安置区，还是新建商品房集聚区。依托绝佳的区位优势和周边迅速发展的产业，外来人口大量进入，成为浦东新区西南部的大

---

① 《国务院办公厅关于转发国家发展改革委〈城市社区嵌入式服务设施建设工程实施方案〉的通知》（国办函〔2023〕121 号）。

型居住区。镇域面积 34.19 平方公里，沿江岸线 6.4 公里，实有人口约 38.82 万（户籍人口约 17.74 万），下辖 6 个社区、69 个居民区、14 个行政村、3 个筹建组。第七次人口普查数据显示，三林镇 60 岁及以上人口占 24.6%，15~59 岁人口占 65.2%，1~14 岁人口占 10.2%。①

基于三林镇的人口结构和区域资源禀赋，2022 年 12 月 29 日，三林镇召开了完善"15 分钟社区生活圈"会议，会上首次提出了"林小舍"这一创新概念，并于 2023 年 1 月 13 日，在中国共产党浦东新区三林镇第五届代表大会第二次会议上正式提出。"林"，双木成林，既是生态的也是汇聚人心的；"小"，小确幸；"舍"，小舍而大得。这一概念的提出，旨在通过灵活散点布局的小体量、多功能服务设施，为附近居民提供便捷、高效、优质的公共服务，从而填补大型公共服务设施辐射的"死角"。"林小舍"正式亮相后得到了广泛关注和认可，2023 年 1~4 月，三林镇党建、规建、社建、城建等职能部门与社区工作人员一同深入现场，多次走访踏勘六大社区 17 个"林小舍"预设点位。经过数月的努力，点位初步确认。根据 2023 年 3 月制定的《上海市浦东新区三林镇一刻钟便民生活圈示范社区建设试点方案》，计划 2023 年在永泰社区打造 2 处"林小舍"，2024 年在杨思社区打造 2 处"林小舍"、在世博社区打造 1 处"林小舍"，2025 年在前滩楔形绿地社区打造 1 处"林小舍"。2023 年 4 月开始，精心打造"四季"主题社区营造活动——春季于永泰社区举办"林间小舍暖，春日'泰'市集"，夏季于杨东社区组织"夏日秉烛夜游，寻找旧街新'young'貌"，秋季于前滩社区营造"秋收'林'家情，心驰'小舍'境"，冬季于杨思社区弹唱"冬季畅想曲，林间小舍暖"。通过社区营造活动开展社区微调研，广泛集纳居民"金点子"，招募了首批"林管家"和大量社区志愿者，为后续"林小舍"公共服务运营管理奠定了基础。2023 年 11 月 17 日，三林镇永泰"林小舍"建设项目正式开工，并同步打造周边"飞龙园""潜龙园"两座特色口袋公园。2024 年 7 月 19 日，永泰"林小舍"正式启用（见表 1）。

---

① 《上海市浦东新区三林镇一刻钟便民生活圈示范社区建设试点方案》。

表1 "林小舍"大事记

时间	事记
2022年12月29日	三林镇召开完善"15分钟社区生活圈"会议，提出"林小舍"理念
	职能部门同社区现场实地踏勘，寻找适合点位
2023年1月13日	中国共产党浦东新区三林镇第五届代表大会第二次会议召开，"林小舍"概念首次在报告中提出
2023年1~4月	点位初步确认，各方倾听规划方案
2023年4月22日	在永泰社区开展春季主题社区营造活动——"林间小舍暖，春日'泰'市集"
2023年7月14日	在杨东社区开展夏季主题社区营造活动——"夏日秉烛夜游，寻找旧街新'young'貌"
2023年9月20日	三林镇印发《三林镇"林小舍"15分钟社区生活圈社区营造工作实施方案》
2023年11月17日	三林镇永泰林小舍建设项目正式开工
2023年11月19日	在前滩社区开展秋季主题社区营造活动——"秋收'林'家情，心驰'小舍'境"，活动当天，首支"林管家"队伍与"林小舍"Logo诞生
2024年2月3日	在杨思社区开展冬季主题社区营造活动——"冬日畅想曲，林间小舍暖"
2024年7月19日	永泰"林小舍"正式启用

　　建成后的永泰"林小舍"总面积342.19平方米，[①] 户外打造绿植共享空间和中医百草园，如同一颗璀璨的明珠，镶嵌在永泰社区的绿意之中，成为汇集居民服务、展示、交流、活动、休憩于一体的"小特美"空间。作为社区公共空间创新项目，首批"林小舍"口袋公园荣获"市级15分钟社区生活圈优秀案例"。[②] 2023年社会公众满意度测评显示，三林现代城镇建设满意率高达99.09%。正式运营后，"林小舍"已成功举办了70场社区活动和44次便民服务，服务居民超过2100人次，截至2024年8月"林小舍"

① 《三林镇"林小舍"工作情况汇报》。
② 《上海"15分钟社区生活圈"优秀案例（三）：活力空间》，上海规划资源，https://mp.weixin.qq.com/s?__biz=MzI5NjAzMzU0Mw==&mid=2651086815&idx=1&sn=f52c3f9c60bd473c0fcfe77282e541f0&chksm=f6a592219d05cded1792db6cabd7f1b5d43937cb788319b00be2b84d59e91a9918d753&scene=27。

微信小程序已有1140位注册居民。① 永泰"林小舍"自2024年7月初运行以来，受到了居民的广泛肯定和认可。一位居民表示："家门口有这样的空间实在太好了，我们每次活动都来。炎炎夏日省去舟车劳顿，孩子能全情投入活动当中。"② 这充分证明"林小舍"通过嵌入地域性、全年龄段、多功能的"特"色服务，满足了居民多层次的公共服务需求，在补短板、保民生的基础上提升了居民的生活品质。为此，"浦东发布""三林发布"等媒体平台对"林小舍"进行了广泛宣传，吸引了江西鹰潭等地政府部门前来学习参观，相关领导给予"林小舍""口袋不大、作用不小""持续做优'林小舍'品牌"等肯定性批示，彰显了"林小舍"作为创新公共服务模式的阵地引领作用，进一步确立了其在社区公共空间建设方面的示范意义。

二 三林镇打造"林小舍"社区公共空间的实践探索

（一）发展目标

三林镇打造"林小舍"公共空间的总体目标是进一步优化"15分钟社区生活圈"的公共服务配置。根据《建设现代城镇之"林小舍"专项三年行动计划》，到2025年，三林镇将在条件成熟的点位分批打造"林小舍"。具体来说，就是根据居民的人口密度、社区生活服务空白点等，挑选合适的社区场地，建设灵活散点布局的小体量、多功能服务设施，打造集服务、展示、交流、活动、休憩等于一体的绿色公共空间，为附近居民提供便捷、高效、优质的公共服务，增强群众的获得感和幸福感。

1. 建设覆盖全镇的"林小舍"网络

到2025年，全镇各镇管社区均至少建立一个"林小舍"公共空间，完

---

① 《三林镇"林小舍"工作情况汇报》。
② 《多元共治 成就未来》，三林发布，https：//mp.weixin.qq.com/s?__biz=MzIyNzc1MzUwNQ==&mid=2247631883&idx=1&sn=f6587cdbbd106b9060ced48b679f062e &chksm=e850ef45df2766535c35f59f10e9694f6634b2c19997792ef3aad27c649034b94b91adce6169 &scene=27。

善"15分钟社区生活圈"建设，形成具有三林特色的城乡融合格局。到2035年，实现社区公共服务设施15分钟步行可达覆盖率99%左右。

2.提升居民生活品质与满意度

围绕居民"衣食住行""老小旧远"等日常生活问题，快速响应群众需求，提供高质量、便捷化的公共服务。打造全过程民主参与渠道，增强社区居民的参与感和满意度，提升社区治理能力和治理体系的现代化水平。

3.构建多元共建共治共享格局

统筹政府、社会、市民三大主体，参与社区治理自治议事，增强"林小舍"后端治理精细化水平。鼓励社会组织、在地企业、社区居委、学校等多元主体参与"林小舍"建设，共同举办活动，凝聚社区共同体意识。

4.实现"宜居、宜业、宜游、宜学、宜养"的行动愿景

探索塑造"林小舍"特色服务品牌，不断提升"林小舍"社区公共空间服务能级，满足居民日益增长的美好生活需要，助力实现"宜居、宜业、宜游、宜学、宜养"的现代城镇建设目标。

（二）重要举措

三林镇作为浦东新区最早开发的板块之一，生活配套较为成熟。随着城市化进程加快和人口不断增长，三林镇社区公共空间不足、社区公共服务缺配、社区公共设施低效利用等问题逐渐凸显，导致居民难以享受到便捷的公共服务。为了改善这一现状，三林镇决定以优化"15分钟社区生活圈"为契机，进一步自主创新，打造"向新而生 蝶变三林"，率先提出"林小舍"公共空间规划理念，并逐步推动规划建设落地。

1.打通资源链接渠道：建立"林小舍"专项工作联席制度

打造"林小舍"社区公共空间需要整合来自不同部门的资源，包括资金、人力、物力等。然而，如何有效整合这些资源，并确保资源能够下沉至社区层面，是"林小舍"成功落地的一大难题。2023年初，在镇党委、政府领导下，三林镇建立了"林小舍"专项工作联席制度。通过党建引领，党建、城建、社建三方联建，加强党建办、党群服务中心、平安办、城运办、社发办、规建办、经发办、文明办等相关部门联动，盘整人员信息、服务资源、建设项目，共同促进资源高效配置，统筹落实资源下沉至各"林小舍"点位。

2. 精准挖掘人民需求："三问"于民拓宽全过程民主参与

解决了资源链接问题，还要进一步思考如何确保"林小舍"的空间功能和服务能够真正满足居民需求。精准了解居民需求并非易事，需要投入大量时间和精力。需求调研不充分可能导致居民期望出现落差，影响"林小舍"的满意度和认可度。为此，三林镇全面拓宽全过程民主参与渠道，在全镇统筹谋划"问计于民""问需于民""问效于民"。

（1）问计于民

2023年起，三林镇深入开展全要素、全方位、全周期的"林小舍"规划方案征集活动，线下举办志愿者骨干沙龙、社区居民座谈会等10余场，吸引了450余组家庭参加，党代表、人大代表、志愿者骨干、社区居民近270人次参与座谈，征集到500余条建议。[①]

（2）问需于民

线上广泛发动居民填写服务需求调查问卷，全面了解居民参与社区服务活动的偏好、对社区商业的满意度、对周边设施的需求等实际情况。对69个居民区近9万份有效问卷梳理归类，形成近2.3万条需求意见。[②]

（3）问效于民

针对社区公共空间不足、社区公共服务缺配、社区公共设施低效利用等问题列出解决清单，通过座谈会、居民走访调研不断优化，以"群众来评、群众监督"的方式回应民生所盼。

3. 用心设计乐享空间："三会"制度使设计贴近社区

根据前期调研需求，针对居民反映集中的问题，如居民们希望有闲置物品流动的公共空间等，制定提出"林小舍"社区公共空间规划设计方案，

---

① 《三林镇"林小舍"工作情况汇报》。
② 《三林镇"林小舍"工作情况汇报》。

通过"三会"制度召开居民意见征询会，将收集的"林小舍"功能优化建议融入设计方案中，打造既符合社区地域文化特色，又能满足全年龄段居民需求的"林小舍"社区公共空间。

（1）创新社区公共空间

三林镇在市、区职能部门的悉心指导下，邀请专家、学者、文化工作者、职能部门组成三林镇城市形象设计专班，同步设计首批永泰社区"林小舍"与周边"飞龙园""潜龙园"两座特色口袋公园。聚焦"一老一小"特殊需求和青年群体学习、交往、创作需求，创新设计全年龄段、灵活性、多功能的"林小舍"社区公共空间。设计过程中，充分挖掘和借鉴"三林舞龙""三林酱菜""三林崩瓜""三林瓷刻"等三林非遗文化，形成"林小舍"Logo，并在室外植入"林小舍"IP形象，持续提升"林小舍"品牌的人文内涵。

（2）唤醒周边"金角银边"

在"林小舍"周围设计布局由爱心企业捐赠建设的"爱心接力墙"和"共享书柜"，相关物品和书籍由各党组织及居民自发捐赠，经志愿者登记后，还可获得相应的三林志愿者积分福利。既满足了居民闲置物品流动需求，又以直观可视化的多功能场景，带动周边群众参与慈善公益。暑假期间，"共享书柜"前迎来了不少小朋友。社区志愿者会悉心询问寻找童书的小朋友："你想要看什么类型的书？可以写在留言板内，看看有没有热心的人愿意提供。我们也可以通过社区资源，收集相关的二手书到这里。"①

4. 宣传扩大品牌影响：精心打造社区营造行动

随着资源整合、需求调研和设计规划的持续推进，如何让"林小舍"深入人心，成为推进"林小舍"品牌建设需要攻克的一道新难题。对此，三林镇研究制定《"林小舍"15分钟社区生活圈社区营造工作实施方案》，联动市、区"15分钟社区生活圈"专班和区发改委、商务委、地工委、民

---

① 《三林镇创设"林小舍"品牌 不断织密15分钟社区生活圈——浦东新区2023年度"15分钟社区生活圈"提质增效行动计划总结会交流发言材料》。

政局等服务资源，精心打造"四季"主题社区营造活动。吸引了周边千户家庭、万余人次踊跃参与。一方面，依托社区营造活动开展社区微调研，广泛集纳居民"金点子"，现场征集群众建议 422 条。① 另一方面，通过营造轻松愉快的活动氛围，扩大宣传"林小舍"品牌，让"林小舍"品牌进一步根植人心。比如，在春季社区营造活动中，向居民展示"林小舍"和口袋公园设计图，受到了群众普遍支持，实现了施工期间"零"投诉。与此同时，招募了首批"林管家"和大量社区志愿者，为后续"林小舍"长效管理奠定了基础。

（三）创新经验

1. "以人民为中心"的公共服务供需精准匹配

以往公共服务设施配置往往以地为中心，忽略了人群的多元化需求。② 为了更好地匹配人口与设施，"林小舍"建立了"以人民为中心"的社区营造体系，将人民民主贯穿项目规划、建设、管理的全生命周期。通过"问计于民、问需于民、问效于民"三步调研，全面了解不同群体的需求，包括儿童、老年人、青壮年等各类人群。通过系统化的需求调研，确保了"林小舍"的空间功能能够与居民的实际需求紧密对接。例如，"林小舍"中儿童活动区、阅读空间、便民服务区等功能区，都是依据调研需求精准设计的。这种精准匹配的空间布局强调了"林小舍"在建设初期的适配性，满足了多元化的居民社区生活需求。

2. 嵌入式服务提升精细化公共服务水平

全生命周期公共服务供给理念不仅注重公共服务设施的初期规划，还强调公共服务设施在建设和运营过程中根据实际需求进行动态调整。③ 在"林

---

① 《浦东"林小舍"15分钟社区生活圈，唤醒沉睡的"金角银边"》，上海市规划和自然资源局，https://ghzyj.sh.gov.cn/nw2443/20230719/10453d8ab4544623b79d9dc20415cdda.html。
② 向守乾、许金华、杨磊：《全生命周期公共服务设施供给体系优化研究》，《规划师》2022年第9期。
③ 李亚洲、张佶、毕瑜菲等：《"人口—设施"精准匹配下的公共服务设施配置策略》，《规划师》2022年第6期。

小舍"中灵活布局公共空间，将一些较小的便民服务设施嵌入"林小舍"空间功能，通过"微空间"布置，填补了传统大型公共服务设施的辐射盲区；慈善组织、社区基金会等嵌入不同维度的公共服务内容，推动了"林小舍"服务活动的不断扩展完善；此外，开发"林小舍"微信小程序，利用数字赋能提升服务的智能化水平，进一步优化了服务供给的效率和质量。这些举措不仅考虑到了空间资源的有效利用，还能够根据居民的实际需求和使用反馈对服务内容进行嵌入式调整，提升了服务供给的精细化水平。

3. 全龄友好型需求导向的公共服务供给

"林小舍"通过"1+3+X"的复合开放型空间设计，立足未来城市社区人口结构和居民需求的动态变化，灵活适应社区居民的行为模式和生活习惯，将室内、室外、社区内、社区外公共空间资源高效整合利用，既包含最基本的公共服务功能，也包含就业创业、艺术文化、睦邻友好等多样化功能，真正实现全龄段友好型社区公共服务的目标。例如，儿童活动区不仅仅针对儿童，还为家长提供了陪同空间；阅读区和休息区不仅服务中青年群体，也为老年人提供了休闲场所。确保了不同年龄段群体能够公平、便捷地享受"林小舍"社区公共空间，提升了公共服务供给的空间正义与可及性。

4. 社区能人带头推动公共服务合作生产

公共服务合作生产的核心在于居民与政府或社会组织共同提供公共服务。在"林小舍"社区公共空间中，居民不仅是公共服务的受益者，更是公共服务的共同生产者。通过"林管家"培育机制以及社区志愿者网络，引导培育社区达人。不仅承担部分或全部的"林小舍"场地管理职能，还在社区公共服务活动策划、设计、宣传等方面积极参与，自带资源为居民上课。这一合作生产模式有效调动了居民的主动性，大大提升了公共服务的质量和供给效率。打破了传统的"政府单向供给、居民被动接受"的格局，推动了居民对社区公共服务的共创和共享，形成了从公共服务接受者到公共服务生产者的角色转换，激发了社区共治新能量。

三 "林小舍"社区公共空间的建设成效与发展困境

（一）建设成效

1. 探索形成 "1+3+X" 的社区公共空间模式

三林镇打造集服务、展示、交流、活动、休憩等于一体的"林小舍"社区公共空间，在"林小舍"内外灵活散点布局小体量、多功能服务设施。走进位于西泰林路 750 弄的永泰"林小舍"，可以看到基础设施一应俱全：标识清晰，电子屏滚动播放着社区动态，空间导览让人一目了然，宣传公告栏里张贴着最新的活动信息，还有爱心接力墙、共享书柜、茶饮咖啡等，每一处都透露着温馨与便捷。"林小舍"不仅设施齐全，功能更是多样。在一楼有不同功能空间划分，有园艺交流吧台区，居民们可以在这里分享养花种草的乐趣；有活动功能区，定期举办各类服务活动；还有儿童乐享区，孩子们的欢声笑语常常回荡在这里；以及便民服务区、共享厨房区、休闲交流区等，每一个区域都承载着不同的功能，满足了居民们多样化的生活需求。探索形成了"1+3+X"的社区公共空间模式，"1"即以人民为中心，"3"即社会交往场、资源配置场和城市治理场三大公共空间场域，"X"即不被定义的创新场域。"林小舍"不仅是公共服务共享的社区空间，更是激发居民合作生产、参与社区服务的"美好生活共创平台"。

2. 引入多方资源提供丰富多彩的公共服务活动

随着首批"林小舍"的建成，一系列丰富多彩的服务活动也随之展开。"林小舍"通过与社会组织、在地企业和学校合作，积极吸纳社会资源，形成了公益服务、社群共创和便民服务等多元化活动。不仅有政府配送、社会组织公益活动配送，同时鼓励居民在达人、能人的带领下，根据自身需要设计开展服务项目。

同时，依托三林公益月举行"益益生辉——美好秋日 睦邻手作"系列活动。实现了政府、社会组织与居民多方资源的融合供给，推动了"林小舍"公共服务资源再生内循环。目前大致分为三大类服务，一是公益服务"林"距离，让居民们感受到温暖与关怀。党群服务咨询接待解决了居民们的疑问与困扰；小修小补服务让家里的小物件重新焕发了生机；公益理发更是让老年人感受到了社区的关怀。二是多元活动"小"确幸，让居民们的生活变得多姿多彩。亲子阅读、自然美育、少儿戏剧等活动不仅增进了亲子关系，还让孩子们在快乐中学习到了知识。三是社群共创凡花"舍"，为辖区内的居民自组织和社会组织提供共创空间。共享厨房、太极社群、书法社群等让居民们的才华得到展示与交流。每周都有服务排片表张贴发布出来，确保居民及时知晓"林小舍"每天的活动安排（见表2）。居民可以通过现场报名、线上预约、社群活动三种方式进行活动报名及场地预约，大大增强了"林小舍"公共服务的可及性。

表 2　永泰"林小舍"一周活动日历

时间	活动		
周一	9:00~11:00 共享自习 阅读空间	13:00~17:00 场地预约	18:00~19:30 双语科学工作坊 《宇宙月球、地月系》
周二	9:00~11:00 场地预约	13:30~15:00 便民服务 肩颈按摩　15:30~17:00 共享自习 阅读空间	18:00~19:30 共享自习 阅读空间
周三	闭馆		
周四	9:00~10:30 便民服务 公益理发	10:00~11:00 幼儿情商亲子活动 《我爱我自己》　14:15~15:15 常见心理问题及对策	16:00~19:30 共享自习 阅读空间
周五	9:30~10:30 便民服务 量血压/养生科普	13:30~17:00 共享自习 阅读空间	18:00~19:30 场地预约
周六	9:30~11:00 双语科学工作坊 《宇宙之小行星》	13:00~14:30 双语科学工作坊 《宇宙之天王星、海王星》	18:30~19:30 精油香皂 DIY
周日	9:00~11:00 共享自习 阅读空间	15:30~17:00 曼陀罗疗愈之旅	18:00~19:30 《24 节气》 之寒露 & 花卉植物

3. 建立健全多元共治的公共服务运营管理机制

"林小舍"公共服务活动的顺利开展离不开健全有效的管理机制。2024年6月制定了《三林镇永泰社区"林小舍"运行维护手册》，确立了"政府主导、社会参与、居民自治"三维一体的多元治理体系，为居民便捷、舒适、多样化的公共服务提供了保障。一是政府政策引领与监管并重。在"林小舍"公共服务活动中，政府扮演着至关重要的角色。首先，政府为"林小舍"建设运营提供了坚实的政策和资金支持，同时承担着公益服务资源配送的功能。其次，政府负责对专职工作人员、社会组织、企业、"林管家"进行监督管理，监督网上积分、评分情况，有权清退不符合要求的合作方，以维护"林小舍"公共空间秩序。二是社会参与公共服务与设施建设。社会参与是"林小舍"公共服务供给不可或缺的一环。以公益性价格引入的社会组织和企业，为社区提供了丰富多样的公益服务和空间配套设施。这些服务涵盖了文化活动、健康讲座、技能培训等多个领域，极大地满足了居民多样化、多层次的生活需求。三是居民自治直接参与管理和服务。居民自治是"林小舍"管理机制的一大亮点。通过建立"社区—居民区—居民骨干"三级自治网络，居民能够直接参与到"林小舍"的管理和服务中来。目前，15名"林管家"作为居民自治的核心力量，发挥着举足轻重的作用。他们中既有国企高管、儿童绘本讲师、职业美术老师，也有全职妈妈、影视从业者等。"林管家"与党员、社工、志愿者骨干一起，让"林小舍"公共服务活动策划变得更加精细化和专业化。

4. 持续优化"林小舍"公共空间品牌形成口碑效应

随着"林小舍"公共空间运营管理的不断完善，"林小舍"品牌逐渐成为三林镇"15分钟社区生活圈"的一张亮丽名片。为了进一步提升品牌影响力，三林镇开始注重品牌优化工作。一方面，通过拍摄专题片、形成宣传折页和社区营造活动手账等宣传推广措施，继续让"林小舍"的经验得到更广泛的传播与分享。另一方面，在首批永泰"林小舍"投入运营后，成功举办两期"'议'起来，共创繁花'舍'"系列沙龙活动。围绕"林小舍"如何精准服务居民需求、"林小舍"社区治理品牌建设与可持续发展等主题，邀请永泰社区及各居委会、居民代表、林管家、高校专家、社会组织等多元主体参加，共同探讨"林小舍"公共服务创新路径与品牌可持续发展策略，让"林小舍"特色品牌更加鲜明与突出。

（二）发展困境

"林小舍"在完成基本公共服务功能覆盖的同时，又迎来新的挑战。这些挑战不仅关乎公共空间功能布局的合理性、匹配性，还涉及公共服务供给的效率、公平及创新性，成为制约"林小舍"公共空间升级和公共服务优化的阻碍因素。

1. 政府与市场公共服务均衡供给的矛盾

"林小舍"公共服务供给模式在实践中遭遇了政府与市场力量失衡的问题。尽管多主体参与被视为社区公共服务供给的理想状态，但现实情况是市场与社会力量的参与度偏低、资金与资源的整合效果不佳。目前，"林小舍"场所建设、公益服务、社区活动及社群共创服务主要依赖政府拨款和社区自治经费，市场和社会力量的参与较为有限。由于"林小舍"服务设施的公益属性，未能引入合理的市场化运营机制，也未探索通过盈利手段形成稳定的资金流动来支撑其长期发展。虽然多元活动"小"确幸属于收费服务，能够一定程度上实现市场化，但整体市场化程度仍然不足。政府在前期投入大量资源支持"林小舍"公共空间建设，过度依赖政府下沉资源来推动设施运营，使社会内生动力未能充分激发。在政策红利褪去后，如何通过自主渠道维持长期资源投入是"林小舍"可持续发展面临的难题。

2. 传统公共服务管理手段向整体智治转型的瓶颈

越来越多的"生活圈"开始引入数字化技术，提升信息服务水平和服务供给效率。"林小舍"作为一个创新型社区公共空间，虽然在公共服务供给模式上取得了初步成效，但在数字化与智能化服务管理方面仍存在明显不足。当前，"林小舍"数字化发展尚处于初步阶段，管理流程仍然依赖人工和传统方式，缺乏系统性的数据共享与整合机制。具体表现为：服务设施和管理功能的智能化水平有限，难以形成有效的数据驱动型决策支持；三种不同的预约方式并未实现数字化和标准化的有效整合，有时会出现居民需求和服务供给无法及时对接的情况，增加了管理难度和运营负担；线上互动和远程直播等创新形式尚未被充分开发利用，限制了服务活动的覆盖面和影响力，无法满足居民更广泛的参与需求。

3. 静态管理规划与居民动态需求之间的罅隙

随着居民公共服务需求日益多样化和个性化，如何有效应对居民需求的快速变化，已成为"林小舍"公共服务供给面临的一大挑战。"林小舍"在公共服务供给模式上过度依赖前期的静态规划，缺少能够及时反馈和调整服务内容的动态管理机制。虽然"林小舍"开展了各种公共服务活动，但并未建立有效的反馈系统来实时监测居民的参与率、满意度及服务需求的变化。从已有的反馈机制看，"林小舍"现有的居民需求调研方式和反馈渠道较为单一，通常通过定期的问卷调查或现场反馈收集意见，在应对居民需求和满意度变化方面较为滞后。在缺乏动态反馈机制的条件下，"林小舍"在公共服务精准供给和形式内容创新上表现出明显的短板。"林小舍"初期依靠服务创新和较高的居民参与率取得成功，但随着时间推移，如果不能根据居民需求变化持续创新服务形式内容，将会大大限制"林小舍"的空间吸引力。

4. 标准化管理模式与社区差异化发展的张力

永泰"林小舍"的成功运营为其他社区提供了借鉴模板，然而每个社区在居民群体、经济条件、文化背景以及需求层次上都有所不同。如果忽视这些差异，盲目推行统一标准的做法，可能会使某些社区的"林小舍"成为"形象工程"，表面上设施完善，但实际上居民并未充分参与其中或感受到实际的服务效益。标准化模式在提高管理效率、节省成本和服务一致性方面有着显著优势，但也容易形成千篇一律的服务内容。完全差异化也会带来更高的管理成本和复杂性，如果每个社区都需要不同的管理模式和资源配置方案，这不仅增加了运营难度，也对管理者提出了更高的要求。随着第二批"林小舍"建设和准备工作的开展，如何在标准化发展模式与各社区的差异化需求之间找到平衡，成为一个亟待解决的关键问题。

四　持续打造"林小舍"社区公共空间品牌的发展建议

从社区发展理论来看，未来社区是以满足人的美好生活需要为目标，以人本化、绿色化、智慧化、共享化为价值导向，以创新开放、多元参与、包容融合、共治共享、绿色集约为基本特征的新型社区形态。① "林小舍"作为一种"小特美"的新型社区公共空间，应立足未来社区发展，进一步推进以新空间建设促进公共服务能级提升，实现形态新、服务新、机制新和技术新的发展转变，满足居民高质量物质和精神生活需要。

（一）引入多元主体供给机制，优化公共服务供给模式

"林小舍"当前的供给模式主要依赖政府主导，但这一模式在长期发展中容易受到资金短缺和资源限制的影响。为了提升公共服务的供给效率，未来建议引入市场化机制，形成多元主体供给机制。首先，可以借鉴英国、德国和日本等国家的多主体共治模式，②③ 以及香港"财政资助多渠道下沉"的经验，④ 建立"林小舍"多渠道资金筹措机制。通过合作性基金、联合投资等方式，引入社会资本、企业赞助、社区基金等，形成政府、市场和社会共同支持的资金模式。同时，设立专项财政保障基金，用于"林小舍"的长期运营和设施维护，确保"林小舍"在政策红利消退后依然能够维系可持续性的公共服务供给。此外，可以探索通过付费活动、共享空间、商业赞助等方式增加经济收益。例如，"林小舍"可以将部分空间用于社区商户租

① 陈成文、李丹妃：《从社区发展理论看未来社区的理论蕴含与建设路向》，《贵州师范大学学报》（社会科学版）2024年第4期。
② 耿煜周、刘航、谢瑾等：《城市更新背景下国际社区公共服务设施可持续运营路径及其启示》，《规划师》2024年第2期。
③ 王桢栋、蒋好婷、于越等：《城市公共服务协同营建研究：以城市综合体文化服务设施为例》，《城市发展研究》2022年第1期。
④ 张起、王思强、郑振华等：《香港基层公共服务设施供给机制的演变、特征和启示》，《国际城市规划》2024年第2期。

赁，或者引入收费型培训课程，以满足不同人群的需求。这不仅有助于弥补"林小舍"在运营资金上的不足，还能为社区带来更多的多样化、个性化的服务内容，实现公益服务与商业运营的有机结合。

（二）加强智慧空间建设，推动公共服务向整体智治转型

数字技术的广泛应用为"林小舍"公共服务优化提供了新的契机。智慧空间是公共服务设施建设的重要方向，未来应逐步分批建设智慧化的"林小舍"社区公共空间，促进物理空间与虚拟空间相融合。例如，借助人工智能和物联网技术，将"林小舍"社区公共空间转型为智慧化的生活场景，提供如智能健身、智慧图书馆等个性化服务体验。同时，通过引入高效的数据管理系统，建立统一的数字化管理平台，将居民需求、活动预约、设施使用等关键数据进行集中化管理，实现多维度数据的互通共享，为社区提供精准的服务资源分配和智能化调度方案，推动"林小舍"社区公共服务向更加智能化、现代化的方向发展。

（三）健全全生命周期管理，构建需求反馈与动态评估机制

随着"林小舍"建设的深入，其在运营和管理流程中暴露出反馈机制不足等问题，导致服务内容和资源配置无法及时跟上居民需求变化。为进一步提升"林小舍"的服务质量和效率，建立稳固的全生命周期管理机制，构建系统化的需求反馈与动态评估体系尤为关键。建议建立更加完善的需求调研体系，定期通过多渠道对社区居民需求进行全面评估。例如，搭建线上反馈平台，通过居民的实时参与和意见反馈，进一步调整和优化服务内容。通过引入智能管理系统，实时获取社区参与情况、活动效果和居民反馈等关键数据，动态分析居民需求变化，实时监测服务效果，形成动态反馈的需求数据库，避免静态管理规划带来的滞后性问题。通过数据挖掘，及时识别不同年龄段、特殊群体等居民的个性化需求，从而设计更加精准的服务内容。以确保"林小舍"公共服务活动能够灵活适应社区居民的多样化需求，提升服务的响应速度与精准性。

（四）构建灵活的模块化服务机制，深化"林小舍"品牌内涵

永泰"林小舍"的成功运营并不意味着将其模式简单复制到其他社区的"林小舍"建设中。为了应对不同社区的需求差异，建议采用"标准化+差异化"的双轨管理机制。具体来说，在基础设施和服务架构方面保持标准化，如设施的基本布局、运营流程和管理制度，以此确保高效的资源配置和成本控制。而在具体服务内容和活动安排上，则根据各社区的实际情况进行差异化设计。例如，老年人较多的社区可以侧重健康咨询和养生服务，年轻人聚集的社区则可以增加职业培训和创新创业活动。通过在标准框架内引入灵活的服务模块，确保不同社区的个性化需求得到有效满足。在此基础上，为每个社区的"林小舍"塑造独特的品牌服务特色。结合不同社区的历史、文化背景及居民需求，打造具有独特文化标志的社区品牌，使"林小舍"在保持核心标准的同时，彰显每个社区的独特性，深化丰富"林小舍"品牌内涵。

"林小舍"巧妙融合了自然生态与人文关怀，以居民实际需求为出发点，嵌入各类便民服务设施，如阅读角、健身区、儿童游乐场及老年人休闲区等，旨在打造一个全龄段友好、功能复合的社区公共空间，让居民在步行可达的范围内即可享受到便捷、丰富的公共服务与生活体验。通过"林小舍"这一缩影，浦东新区展现了其在构建"15分钟社区生活圈"中的前瞻思考与切实行动，不仅为居民提供了高品质的公共服务，提升了居民幸福感、获得感与归属感，也为全国其他城市社区公共空间建设树立了新的标杆，进一步巩固了浦东新区作为社会主义现代化建设引领区的示范地位。未来，"林小舍"可在更大范围内推广，通过因地制宜的差异化设计，在不同社区中打造各具特色的公共空间，重点引入多元主体供给机制、全生命周期管理机制、数字化赋能机制、灵活模块化服务机制，以应对社区需求的动态变化，为完善社区服务功能、不断增进民生福祉提供更多可能性。

B.13
陆家嘴水环：打造高品质滨水
公共空间的浦东实践

郑智鑫　李志英*

摘　要： 陆家嘴水环是近年来浦东的一项重大民生项目和民心工程，是上海新增的一个高品质滨水公共空间。在规划建设过程中，浦东践行"人民城市"重要理念，通过打通堵点连接断带、实现串联成环，做到四季有景三季有花，利用桥下空间设计"一桥一景"，实现水环的贯通和公共空间的打造，做到了把最好的资源留给人民。陆家嘴水环已成为聚焦民心的"幸福环"、蓝绿交融的"生态环"、区域发展的"能量环"和爱心传递的"温度环"，人民群众的获得感、幸福感和安全感显著提升。未来，浦东将在优化空间景观、提升治理效能、健全长效机制上继续下功夫，使这条"人民之环"成为上海城市更新的亮丽名片和"人民城市"建设的浦东样本。

关键词： 滨水空间　"一江一河"　陆家嘴水环　浦东新区

　　中国式现代化是人与自然和谐共生的现代化，建设美丽中国是全面建设社会主义现代化国家的重要目标。2023 年 7 月，习近平总书记在全国生态环境保护大会上强调："以高品质生态环境支撑高质量发展，加快推进人与

---

* 郑智鑫，博士，中共上海市浦东新区委员会党校党史教研室主任，主要研究方向为党史党建、城市治理；李志英，博士，上海市浦东新区生态环境局审计办公室（信访应急处）副处长，主要研究方向为马克思主义哲学、生态环境政策。

自然和谐共生的现代化。"① 城市建设必须把人民宜居安居放在首位，统筹生产、生活、生态三大布局，提高城市发展的宜居性。2019 年 11 月，习近平总书记在考察上海时指出："无论是城市规划还是城市建设，无论是新城区建设还是老城区改造，都要坚持以人民为中心，聚焦人民群众的需求，合理安排生产、生活、生态空间，走内涵式、集约型、绿色化的高质量发展路子，努力创造宜业、宜居、宜乐、宜游的良好环境，让人民有更多获得感，为人民创造更加幸福的美好生活。"② 他在江苏、辽宁多地考察时也提出要求，科学合理规划城市的生产空间、生活空间、生态空间，多为老百姓建设休闲、健身、娱乐的公共场所。

2020 年 11 月，习近平总书记在浦东开发开放三十周年庆祝大会上指出："要构建和谐优美生态环境，把城市建设成为人与人、人与自然和谐共生的美丽家园。"③ 浦东作为社会主义现代化建设引领区，致力于打造现代城市治理的示范样板。继"一江一河"之后，陆家嘴水环历时三年基本建成、圆满"闭环"，上海新增一处规模化滨水慢行空间，这一对标上海"一江一河"民生实事项目的重要工程，也是《上海市浦东新区国土空间总体规划（2017—2035）》中"一轴一带二廊双环"中的重要一环。陆家嘴水环的顺利建成，为市民游客提供了一个休闲娱乐的好去处，这一工程是"人民城市"重要理念的生动实践，做到了把最好的资源留给人民。

一　陆家嘴水环建设的总体情况

陆家嘴水环全长 12.5 公里，主要由张家浜、洋泾港等河道组成，两端

---

① 《习近平在全国生态环境保护大会上强调 全面推进美丽中国建设 加快推进人与自然和谐共生的现代化》，中华人民共和国生态环境部，https：//www.mee.gov.cn/ywdt/szyw/202307/t20230718_ 1036581.shtml。

② 《习近平在上海考察时强调 深入学习贯彻党的十九届四中全会精神 提高社会主义现代化国际大都市的治理能力和水平》，中国政府网，https：//www.gov.cn/xinwen/2019－11/03/content_ 5448158.htm。

③ 习近平：《论中国共产党历史》，中央文献出版社，2021。

衔接黄浦江浦东段部分水道，形成"O"字环形（见图1）。水环区域是指张家浜（黄浦江—华漕达）、三八河（华漕达—洋泾港）和洋泾港（三八河—黄浦江）沿岸两侧范围内及其向水域适当延伸，对社会公众开放，具有游览观光、文化传播、运动健身、休憩娱乐等公共活动功能的空间，涵盖塘桥、潍坊、花木、洋泾四个街道，将包括陆家嘴在内的城市中央活动区环绕起来，串联起花木—龙阳路城市副中心和塘桥、洋泾地区中心。

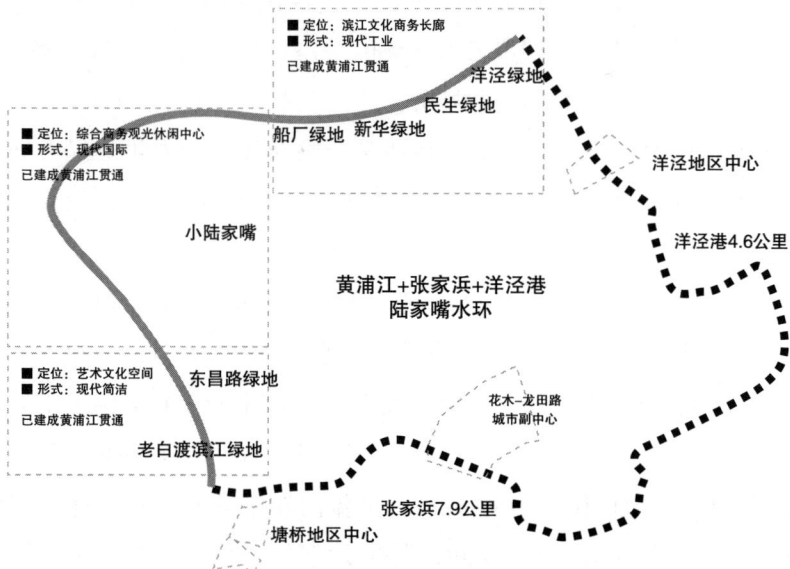

图1 陆家嘴水环概貌

资料来源：浦东新区生态环境局供图。

曾经，这里的河道空间缺乏规划，堵点严重、岸腹割裂，水域杂乱无章，水质一度堪忧，与周边环境格格不入。为了改善这一状况，经过前期周密准备，浦东于2021年启动了陆家嘴水环项目，精心打造集生态、休闲、文化于一体的高品质多功能滨水公共空间。在繁华的陆家嘴金融中心，蜿蜒的水岸线宛如一条翡翠色的缎带，夕阳西下，金色的阳光洒落在水面上，美不胜收。微风轻拂，波光粼粼，映照着两岸高楼大厦的玻璃幕墙，折射出清新自然的色彩和充满活力的光彩。如今，漫步水环犹如穿行在一幅幅美丽的画卷中，滨水步道目之所及皆是绿意盎然，新建的亲水平台让人们可以更加近距离地感受水的魅力；曾经的防汛墙被巧妙改造成景观墙，上面爬满了各种藤蔓植物，形成了一道道绿色的屏障；形态各异的花坛和绿地，点缀在步道两旁，四季花开不断，吸引了众多市民前来赏花拍照。该建设项目荣获 2023 年度上海市"15 分钟社区生活圈"优秀案例奖项。

二 陆家嘴水环打造高品质滨水空间的实践

水环，是人民的水环。浦东将陆家嘴水环打造成为宜居、宜业、宜游、宜养、宜学的现代化城区示范水岸，不断提升人民群众的满意度和获得感。

（一）总体目标

水环规划建设之初，浦东区委区政府就明确了设计原则并提出要求：坚持把最好的资源留给人民、把更多的公共空间留给人民的开放共享理念，向社会公众提供高品质的滨水公共空间。水环工程设计以"小改造、大优化"为原则，遵循"蓝绿为底、亲近自然；步行可及、生态可触；因地制宜、注重细节"的建设要求，在实现步道贯通的基础上，实现生态提升、蓝绿共融、产城融合，在开放和管理中遵循统筹协调、绿色发展、风貌保护、文化传承和共享共治的原则。

水环重点聚焦一期"全线贯通"和二期"品质提升"任务，工程总投资 3.24 亿元，循序渐进、稳步实施，做到建成一段、开放一段。2022 年底完成一期工程，主要任务是全线贯通，同时秉持避免管线搬迁、保护河道过水断面、有效利用桥下空间的三大原则，贯通工程基本满足了市民步行亲水的需求。总体成型后，水环二期工程聚焦品质提升、打造更高品质的滨水公共空间，于 2024 年年中完成。对标上海"一江一河"贯通和提升改造工程，陆家嘴水环工程不仅是滨江贯通向内陆腹地的延伸和渗透，也将成为浦东高品质滨水空间贯通工程的特色标杆。

（二）主要举措

陆家嘴水环整个项目点多、线长、面广，施工初期最大的难点，就是将所有堵点断带打通，实现真正的贯通。漫步在水环之滨，市民游客能移步换景，尽情欣赏不同的绮丽风光，走走停停间感受浓浓绿意，享受惬意生活。

1. 打通堵点连接断带，实现串联成环

陆家嘴水环一期工程的主要内容是打通 16 处堵点和 12 处断带，实现步道基本贯通。由于水环沿岸地形不同，桥梁也有高低，不同堵点断带的情况各异，设计方和施工方在解决堵点断带中因地制宜采用不同策略：打通堵点，采用了桥下清障、桥上平交、桥下搭建水中桥和浮桥、架设栈道等办法；连通断带，则采用了既有步道协商贯通、新建步道双侧贯通、产权到河单侧绕行等方式。

例如，杨高中路桥、锦绣东路桥、羽山路桥等桥梁的桥下梁底标高满足条件，又有可通行空间，于是采用相对简单的清障贯通，打开桥下空间，设置缓坡步道以及合理增加照明、座椅、视频等配套设施，确保通行舒适性。浦东南路桥虽然桥下杂乱，但桥下净高满足 2.2 米的净空要求，因此采用了新建桥下步道的贯通策略。浦明路桥下没有陆地可以贯通且桥身位于水闸外侧，水位无法控制，只能采用平交贯通的策略，在现有道路上设置斑马线和交通信号灯。而横跨张家浜的东方路桥和罗山路桥，桥下看似有空间，但标高不够净空不够不满足通行高度，所以采取"桥下搭桥"的方式。罗山路桥（张家浜）、锦绣路桥、柳杉路桥等桥梁采用了"水中桥"方式贯通。如罗山路桥下挖了 0.5 米，岸边配上了透明玻璃，水位上来后，行人路过，如同走在水中一般，因此取名"水中桥"。东方路桥毗邻上海证券交易中心的张家浜段水环，由于水下有地铁顶板和各种市政管线，无法通过普通的技术手段贯通，因而采用了"浮桥"，即在河面上向外延伸，搭建一座新桥，以联通被隔断的岸线。面层采用了竹木地坪，浮筒采用高分子高聚乙烯制成，浮桥两侧栏杆及下方设置灯带，确保夜间照明。两座浮桥打通断点，原来要从浦电路十字口通行的居民现在可以直接穿行，串联起的竹园绿地和塘桥公园两个城市公园，为沿线居民提供了方便。

实际施工过程中，由于施工场地比较狭小，且在桥底下施工，需要采取相应措施保护好原来桥身的结构，同时还要搭好围堰，对水下的地基进行加固处理。堵点断带的贯通更是践行"人民城市"理念的写照，除了凭借技术手段实现打通，更多则依靠大量面对面沟通、了解实际情况协调各方群策群力，使矛盾得以圆满解决。

比如，在位于洋泾港边的华阳苑小区的断带连通上，根据最初规划，小区红线并不在河道边，但小区自建成后，小区到河边的这块区域一直被使用并设置了多个车位，长期以来坐拥景观河道、"产权到河"所形成的河岸断带，给打通步道带来了阻碍。水环工作专班带着设计方，与洋泾街道会同羽洋居民区小区居委会、业委会、居民代表，几经协商，调整方案并征询意见，最终确定在围墙外新建 2 米宽的水上步道。其间召开业主大会，多次联系设计单位到现场答疑解惑。这样一来，断带实现了连通，居民的利益也得到了保障。

水环周边的一些企业和单位也积极配合贯通工作的开展。如位于杨高南路至锦康路的张家浜边上，有一片占地 4549 平方米的绿地，由保利集团负责落实方案设计和建设，建成后移交给政府管养，作为水环的一部分。位于罗山路张家浜的一块空间以前是一个二层小楼，用作开元曼居酒店的员工宿舍和大库。在水环建设过程中，小区和企业都进行了拆违和腾地工作。

2. 四季有景三季有花、口袋公园各具特色

根据"四季有景、三季有花"的理念，陆家嘴水环全线提升绿地品质并增加水岸绿量，设计上以秋色为脉，营造春花浪漫、夏花绚烂、冬花静谧的水环焕彩色系，串联各生态节点，打造常绿水环景观。为了确保水环生态性，植物风貌的改造重点是增加不同层次的苗木品种 70 余种，如春季的各种海棠、樱花、玉兰、杜鹃等，夏季的八仙花、紫薇、紫娇花，秋季有娜塔利、马褂木等，冬季以常绿苗木为主，还包括香樟金桂、四季彩叶植物等。洋泾港段 2 公里长的月季花墙选用了 4 种颜色 6 个品种，缤纷绚烂、生机

勃勃。

水环内的口袋公园是二期项目中的一大亮点。陆家嘴水环上全新打造多座口袋公园，包括洋泾街道的泾羽园和绒绣园（后者因规划原因延期开工），花木街道的拼图花园、秘境花园，潍坊新村街道的智慧花园、坊馨苑，以及塘桥街道的彩塘枫韵。各个口袋公园 800 平方米到 8000 平方米大小不一，以贯通步道为引线，串联已有的 7 座口袋公园，同时提升两岸绿地能级，形成全线串珠花园。水环涉及的多个空间节点，以小微花园的形式构建景观架构。如在秘境花园内，原有长势良好的常绿大树得到了保留，新增乔木和地被以开花类、色彩类为主，呼应水环的焕彩主题。开花植物色彩以粉紫色为主，如鸢尾、翠芦莉、八仙花等；观叶植物则采用黄白色系，如一年四季都是金色的金叶石菖蒲。基于步行体系的建立，全线提升绿地品质并增加水岸绿量，形成滨水蓝绿网络。

每个口袋公园根据上位规划的功能定位，与附近的特色元素相呼应，涵盖科普教育、亲子互动等主题。结合所在地特色和规划定位打造不同亮点，如智慧花园主打商务特色、坊馨苑突出社区特色、彩塘枫韵强调秋景特色等。位于张家浜沿岸、与上海科技馆一路之隔的秘境花园，是水环上颇受欢迎的口袋公园。由于紧挨着科技馆，主题定位为生态科技科普特色，打造成城市绿色科普空间微平台，设置"蛹"形艺术廊架、"昆虫旅馆"、昆虫装置、探秘木桩步道等设施，形成自然科普教育点，营造和呼应科技功能。公园内有多个形状各异、用腐木枯枝构成的"昆虫旅馆"，到了季节便会吸引昆虫安家落户，可以让前来游玩的小朋友进行生态环境观察，还可以联合科技馆的科普活动，形成室外延伸展区，通过寓教于乐的方式，营造探索自然的探秘乐园。拼图花园则体现阅读特色，由张家浜附近的绿地改造而成，契合附近人群及周边居民的需求，营造了一个安静舒适的人文阅读空间，成为商业用地作为公共绿地开放的示范点。

3. 桥梁连通水环两岸、桥下空间"一桥一景"

陆家嘴水环工程在保留 9 座人行桥现状的基础上，全线共新建 4 座桥梁，分别为水映桥（中漕浜桥）、水韵桥（二塘浜桥）、水趣桥（华漕达桥）和水舞桥。作为水环一大亮点的水舞桥，在 2024 年与市民见面，位于洋泾港与张家浜交汇处，拥有优越的景观条件。以"C"字形跨越两条河道交汇处的水舞桥，以"碧水微澜、舞光弄影"为设计理念，造型如同一条灵动的白色飘带悬浮于水面之上，随着水流而舞动，展现出动态之美，犹如舞动的飘带悬浮于水面之上，简洁而灵动。桥梁的夜景照明以"焕彩·幻境"为主题，通过光影和动态灯光的效果，展现了水舞之韵，与"焕彩水环"的大主题相呼应，给水环增添了一道亮丽风景（见图 2）。

图 2　水舞桥

资料来源：浦东新区生态环境局供图。

水环重点打造 10 余个桥下空间，桥下涂刷确保空间畅通整洁。打通的多个桥下空间，通过不同形式发挥为民服务的功效。例如，杨高南路桥下空间宽度为 11~18 米，两侧面积约为 1710 平方米，配备了健身器械，以及一面可供儿童体验攀岩的墙面，形成了趣味性的多元健身体验。昌邑路桥下空间则延续了黄浦江滨江文化范围，与民生码头的艺术气息相融合，同样植入儿童游乐的功能，打造了复合型的艺术体验空间。在这里，混凝土地面有了蓝黄相间的底色，配上一个个卡通形状的儿童摇摇椅，以及玩沙坑、小蹦床,成为周边居民带孩子活动嬉戏的好去处。水上运动也是陆家嘴水环的重要项目,这里会定期举办龙舟竞渡、皮划艇挑战等水上运动,让人们在尽情挥洒汗水的同时感受与水共舞的乐趣。

(三)创新亮点

陆家嘴水环的建设并非只是简单的绿道工程,而是将其融入城市肌理中,做到与周边环境相协调、与人民意愿相结合,每个区域都有着不同的主题和韵味,打造独具特色的景观风貌,这离不开一系列体制机制的保障。

1. 整体统筹,坚持系统谋划

在水环建设、开放和管理过程中,浦东建立区层面统筹机制,加强组织领导,积极做好市、区、街镇各方对接工作,进一步明确公共设施维护和社会秩序管理的职责分工。一是明确建立统筹协调工作机制,确定工作机构,做好陆家嘴水环开放和管理的协调推进、督促检查等工作。二是明确区生态环境部门负责公共空间开放、管理以及相关设施的设置、运行维护工作。三是加强与毗邻区域的一体化融合,明确沿岸街道办事处承担辖区内秩序管理工作。四是各相关委办局按照各自职责,协同实施。建立与区生态环境部门联勤联动机制,建立多部门协同长效机制,因地制宜优化景观提升方案,以精细化的管理做好陆家嘴水环的后续管理维护工作。

2. 需求导向,实现造福于民

陆家嘴水环不仅风景优美,同时注重基础功能的完善。为方便前来的市民游客,水环沿线设置了多个公共服务设施,包括休息座椅、遮阳棚、直饮水点、公共卫生间等,充分考虑到了市民的各种需求,包括为残疾人、老年人群体提供无障碍设施。水环还设置了多个智能化管理系统,包括智能照明、视频监控、环境监测等,为市民提供安全、舒适的休闲环境。

水环的公共设施设置和管理要求体现统一性和特色性的有机结合。从统一性来看,一是将河道陆域范围内的防护绿带纳入绿化行业进行统一管理,提升养护标准。二是对标识标牌、城市家具等设施进行系统、完整、连续的设置,增设了浦东绿道统一标识。从特色性来看,陆家嘴水环存在点多、线长、面广等特点，在实现整体贯通的同时，建设方案既要体现不同受众面的需求，又要展现不同区域特色。口袋公园、滨水景观带、跨河桥梁、桥下空间……水环的每一处都有不同的景观设施可赏可玩。在新建各类设施的过程中，结合实际因地制宜，合理使用财政资金，用好边角料地块，充分利用原有空间实行微改造、微更新。

3. 公众参与，坚持问计于民

水环既造福于民，又依靠人民。在贯通设计和建设管理过程中，问计于民成为一大特色，在各类问题上及时并多次走访街道、居委会，广泛听取民众意见。设计方和施工方配合相关街道，建立宣传、告知的公众参与机制，将建设方案发送给四个街道广泛征求居民意见。

为了呈现四个街道的风貌特点与文化特征，片区和口袋公园的命名均采用公众参与的形式。陆家嘴水环 4 个街道的区域段和 7 个口袋公园，都有一个靓丽的名称，命名征集期间，水环设计单位市政工程设计研究总院在全院开展设计师层面的命名征集活动，街道在内部开展动员部署的同时，也通过微信公众号公开征集，发动市民共同参与命名。在广泛征询各方意见、经过层层遴选后，陆家嘴水环 4 个片区定名为"绘彩洋泾""弈彩花木""聆彩塘桥""悦彩潍坊"，广受好评。

4. 资源共享，实现互利共赢

水环实现了公共资源的共享，并在回应居民诉求中实现共赢。建设过程中，施工方不仅配合街道开展水环周边环境治理工作，以及沿岸桥梁管线清理和涂装，还顺手帮居民解决了不少历史遗留问题。例如，杨高中路桥下的杨高中路至罗山路段水环步道，连接着仁恒河滨城和当代清水园等小区，不远处有一条便道通往 9 号线芳甸路站，相比小区其他出口，能节省不少时间。这条便道源于附近居民提出的诉求，过去，由于缺少一条通往地铁站的便道，出行要么绕远路，要么踩着落差近 3 米的泥路抄近道，利用贯通的契机，居民询问是否可以修缮建设一条便道。这一建议很快得到了采纳，经过实地调研，制定方案，在两个小区居民原本独享空间纳入水环步道系统的同时，便道的修建很好地解决了通行难题，让"烂泥路"变成了居民口中的

251

"最美回家路"。

水环贯通中充分体现"人人为我、我为人人"的共享治理理念。位于洋泾街道的金羽名庭小区，原本小区围墙直达河岸边，临水岸侧为 8 ~ 12 米不等的小区公共花园，这里位于洋泾港与二塘浜的河口处，是水环步道由南转西的重要节点转点。规划方案采用的退界贯通方式一开始遭到了居民反对，认为建水环会占用小区公共花园，影响自身利益，加之进出人多了安全也得不到保障。多次沟通后居民发现，一旦周边步道连通，能大大缩短前往地铁站、学校及商业综合体的步行距离，是一条便捷又美观的水岸景观步道，最终同意退界向社会公众打开围墙，从而实现了互利共赢。

三 陆家嘴水环打造高品质滨水空间建设成效与问题

陆家嘴水环的贯通和公共空间的打造成效显著，展现蓝绿交融、提供文化赋能、流露全时段活力，为浦东打造充满获得感、幸福感、安全感的最佳居住地提供了鲜活样本。

（一）建设成效

陆家嘴水环一期工程新建桥梁 3 座、口袋公园 1 座，桥下空间改造 5 座，完成双侧贯通 11.5 公里、单侧贯通约 1 公里，并将水环两端与黄浦江滨江步道连通，形成"O"字环形。二期工程建设完成 90 个滨水景观带节点的提升，包括打造 6 个口袋公园、新建 1 座水舞桥、优化 5 个桥下空间布局、新建或改造 9 座驿亭、改建 3 座码头，并配备一系列便民利民的公共配套设施。

1. 聚焦民心的"幸福环"

水环成为百姓的"幸福环"。通过地面彩化、增设健身器材、爱心服务等设施，将整体桥下空间从"水泥灰"变"多彩环"，打造一处处优美的桥下风景线，让市民通行时有一个干净整洁美观的体验感。公共花园不仅环境优美，种植了各种花草树木，而且还有多种配套设施，包括休闲座椅、球台等。平时天气晴好时，常有市民在红花绿草围绕的露天球台上打乒乓球。在附近商务楼工作的人士平日里也多了一个午休的选择，休息的时候可以从便道过来在河边散步。

水环实现了文化赋能。锦康路桥下空间位于花木街道，利用现状道路实现贯通，将桥下整体空间的白色墙体做彩绘设计，以科艺为主题，三面一体，塑造极具未来感的时空隧道，与东侧的科技馆遥相呼应，并使用荧光材料结合夜景灯光，打造荧光闪烁的景观效果。昌邑路桥下空间延续了黄浦江滨江文化范围，与民生码头的艺术气息融合，植入儿童乐园功能，打造复合型艺术体验空间。

从洋泾街道出发，一路向西，步入"绘彩洋泾"段，这里以花卉景观为主，营造出浪漫温馨的氛围；继续前行，便来到了"弈彩花木"段，这里以棋文化为主题，设置了多个棋类活动场地，成为市民休闲娱乐的好去处；"聆彩塘桥"段则以音乐为主题，利用地形高差打造了多个音乐主题广场，不定期举办音乐节等活动，吸引众多音乐爱好者前来打卡；"悦彩潍坊"段则以运动健身为主题，设置了篮球场等运动场所，为市民提供了一个锻炼身体、放松身心的好去处。

2. 蓝绿交融的"生态环"

水环如同一条璀璨的珍珠项链，环绕在浦东核心地带，串联起了城市公园、口袋公园和大型开放绿地，给城区增添了生机与活力。通过城市与自然完美融合，将生态建设融入城市发展，这一改造为区域增添了一抹独特的生态魅力，让广大市民游客身处繁华都市也能享受到自然的宁静与美好。它不仅是城市更新和生态建设的成果，更唤起了人们对美好生活的向往。

因地制宜，打造一个特色化的线性台地花园。在植物配置方面，以玉兰为主题品种，搭配常绿和芳香类植物，清新淡雅，配合现代化休闲设施，带来轻松愉悦的休闲体验。

秘境花园将科学和自然结合，为市民、游客提供有趣的科学知识和互动体验。植物配置以"八仙花"为主题，注重打造夏季景观，并以春、秋季花草为辅助搭配，以保证全年的观赏体验。

3. 区域发展的"能量环"

滨水空间是承载日常公共活动的活力带，也是塑造城市文化"颜值"的保障线。水环让滨水空间得到更加充分展示和利用，更让人们"心中的山水"与"自然的山水"相连相融。

随着时代发展，滨水空间不断适应人们的新生活方式，调整自身功能与定位。伴随城市滨水空间更新，许多河流已不单纯是河流，更是一个片区的发展重要变量，周边区域由此实现价值增值，也有了引流发展的动能，从而激活尚未开放的滨水空间，带动各类产业发展，水环应成为城市中颇具吸引力的"活力磁场"，在激发城市活力中，营造共享、包容、关怀的美好生活。

4. 爱心传递的"温度环"

水环注重不同使用人群的便捷性和舒适性。沿线布置驿亭，设置卫生间、饮水、自动售卖等基础便民功能并 24 小时开放。全面提升桥下空间品质，并形成数个具有亮点的桥下空间。服务途经人群需求，植入休憩设施和爱心驿站，为市民游客提供便利、轻松悠闲的休憩环境。铺装结合场地曲线形态，营造现代简洁的风貌。同时赋能驿亭、桥下空间和节点设施，全线形成 42 处（户外职工）爱心接力站点，分布在驿站、桥下空间、休憩廊架中，为户外工作者和新就业群体提供乘凉、饮水、充电、AED 自动体外除颤急救器等设施，暖心服务，成为一个有温度的水环。

（二）存在问题及原因

陆家嘴水环建设取得了较大成效，但仍存在一些不足之处，需聚焦重点领域，仔细梳理现状，统筹实施时序，形成项目清单，持续深化"15 分钟社区生活圈"建设，提升市民生活品质，进一步提升人民满意度和幸福感。

1. 吸引力和辐射范围有待提升

目前，陆家嘴水环主要是服务周边社区居民和商务楼的白领，以散步休闲、健身休憩为主，这在一定程度上是符合水环基本定位的，但仍难以有效吸引远距离市民游客，仍需要继续增加高品质、多元化的功能。如开展形式多样的文化节、文体活动、科普活动、知识讲座等，让广大市民在休闲娱乐时也能学习到包括生态环保方面在内的各类知识，增强水环黏性。如何变家门口的滨水空间为"金字招牌"，在功能提升和特色彰显上仍需进一步深化和优化。

2. 文体旅商协同带动作用不足

水环建设过程中公共性、公益性体现得较为明显，但一些基础服务功能仍需提升，一些潜在消费需求尚未得到释放，配套设施有待丰富。如水环附近的文体和商业设施有限，餐饮、便利零售、文化创意产品售卖等商业服务供给不足，市民游客想买瓶冰水往往需要绕行一段，能够点杯咖啡坐下来休息的地方不多。水环周边的交通环境也有待改善，存在周边交通不畅、停车困难等问题。因此，要优化周边道路网衔接，提升区域通行能力，加快完善公共基础设施建设，构建多元、便捷、舒适的交通环境。通过各种方式微更新改造，借鉴他处经验，挖潜建设林下停车场等。

3. 周边历史文化资源还有待挖掘展示

作为城市公共环境的重要组成部分，滨水空间承担着维护生态安全、保护文化遗产、展示城市风貌、开展公共活动等一系列复合功能。水岸可漫步，建筑可阅读，水环端处有历史，水环周边的浦电路和浦电公司史、洋泾港畔的"渡江第一船"和京电号拖船模型、世纪公园内的李白等十二烈士就义纪念地等，诉说着浦东的历史文化厚蕴。城市滨水空间往往是集中展示城市天际线、历史建筑风貌的区域，是呈现城市形象和风貌特色的重要窗口。水环见证了城市发展历程，也镌刻着深厚的历史文化印记，传承着文化记忆。以设计展开历史与现实的时空对话，挖掘提炼历史文化信息并使其与日常生活相融，是滨水空间更新的应有之义。滨水空间要成为传承历史文脉、彰显城市品格的新载体，让人们在流淌的江水中感悟古韵新风。

四　完善浦东高品质滨水公共空间建设的建议

水孕育了生命，创造了文明，滋养了生活，也促进了城市的诞生、延续和发展。上海因水而生，由水而兴盛。近年来，伴随城市更新与转型发展，以及人民对高品质公共空间的需求日益增加，滨水空间焕发新光彩。陆家嘴水环成为人文荟萃、生态友好、活力无限、开放共享的高品质空间，助力城市高质量发展。

（一）优化空间景观，提升高质量融合

城市滨水空间是市民群众重要的生活休闲场所，更是城市开放空间的重要组成部分，不仅承担着城市基础设施功能，更是提升城市宜居水平和提高城市水安全韧性的重要载体。

顺应自然法则，以设计彰显鸢飞鱼跃的生态之美。绿色是城市滨水空间的底色，对水的生态规律的研究是城市滨水空间更新设计的基础。遵循生态文明理念，有助于在城市中更好地挖掘、展现自然的生机与浪漫。让城市滨水空间与自然环境有机融合，延续乐水、近水、亲水"三层岸线"，遵循以人为本、风貌保护和文化传承的原则，全力打造可行可游可品的滨水生态走廊，积极塑造多元共生、充满魅力的公共空间。广大市民走出家门，就可以看见"碧水绕城、绿影斜疏、鸟语花香、景美人和"的和美画卷，在徜徉滨水公共空间时充分享受休闲体验。牢牢把握绿色这个美丽浦东建设的鲜明底色，坚持城市生态与市民生活相交相融，绿色空间和水环境格局相伴相生，持续提升融合度，打造高品质、富活力的城市滨水公共空间。

（二）拓展品质功能，提升高效能治理

进一步拓展水环功能，精准把握定位，创新思路方法，积极学习借鉴国内外滨水空间改造案例，按照城市更新标准，整合资源，建网、拓景观、做绿化、配设施，持续全面贯彻落实精品质量意识，夯实水环建后高品质、精细化专业管理，实现水环提质增效。进一步满足多元多样化的商业服务和消费需求，探索有序发展夜间经济、体验经济、步行街业态等。导入文体服务和各类活动，为市民游客提供运动、休闲娱乐、交流交往等服务。

分类施策，有序管理维护。对行为秩序实施分类管理，分为鼓励行为、指引行为和禁止行为，明确鼓励、指引和禁止的具体行为，严格按照上位依

据对禁止行为作出规定。鼓励在水环依法开展文化、科普、水上旅游、水上体育等活动。划定特定区域和时间段对遛宠物、跳广场舞、垂钓、轮滑等存在安全隐患或可能影响他人的行为进行规范指引。

（三）健全长效机制，推动高水平开放

按照"要健全常态长效管理机制，落实好管护责任"的要求，区生态环境局已启动制定相关规定，明确部门、街道职责，鼓励社会力量共同参与，努力实现共建共治共享，打造生态优美、和谐共生的城市亲水岸线。

要以更高站位促进开放共享。水环代表着一种新的治理理念，要着眼人民群众多样化、品质化、个性化的需求，鼓励沿线企事业单位、社会组织、住宅小区、居民等社会主体通过多种方式参与水环治理。早在陆家嘴水环规划设计之初，就充分考虑了市民的需求，广泛征求意见建议，并将其融入项目的建设中。水环建成后，又积极探索建立长效管理机制，鼓励社会各界参与水环的治理和维护。引导居民自治组织志愿者团队参与环境保护，定期开展巡逻，维护水环环境，并形成《公众参与 水环更美丽》倡议书。沿岸的企事业单位也积极参与进来，认领绿化带，开展清洁活动；一些社会组织则定期举办各种文化活动，丰富市民的休闲生活。鼓励沿岸企事业单位和住宅小区开放附属绿地等空间，探索社会多元文化投资、政府统一管理的创新模式。通过政府、企业、社会组织、市民多方共同参与，形成共建共治共享的良好局面，共同守护着这片来之不易的绿色空间。

积极推进法治保障。浦东借立法优势力推管理措施，充分发挥引领区立法机制，深耕"立法试验田"，为进一步提升管理的科学化、规范化、精细化、智能化水平，把陆家嘴水环打造成为现代城区示范水岸。2024 年 8 月15 日，《浦东新区陆家嘴水环管理若干规定》在第二个全国生态日到来之际正式实施，以更好解决水环管理上存在的一些盲区，同步推进配套管理制度建设，借助制定出台的这一规定，力求以更高起点谋划系统治理、以更高标准推动设施管养。

陆家嘴水环这条蜿蜒的水岸线，不仅是城市的一道美丽风景线，更是一

条承载着人们对美好生活向往的幸福线。水环工程大大提升了城市的生态环境品质，增强了市民的获得感、幸福感和安全感。陆家嘴水环的成功实践，也为浦东接下来打造世博水环等工程打下了坚实基础、积累了宝贵经验。浦东将继续坚持"人民城市"重要理念，不断完善水环的功能和配套设施，将其打造成为高品质滨水公共空间，让市民享受到更多优质的生态产品和服务，为建设美丽中国贡献力量，为实现大美浦东添砖加瓦。

参考文献

中共中央党史和文献研究院编《习近平关于城市工作论述摘编》，中央文献出版社，2023。

B.14
都市中的"世外桃源":惠南镇海沈村
"15分钟社区生活圈"建设

姜 朋*

摘 要: 推进上海乡村"15分钟社区生活圈"建设,打造都市中的"世外桃源",是深入贯彻党的二十大精神、落实习近平总书记关于"人民城市"重要理念的具体实践。位于浦东新区中部乡村振兴示范带核心区域的惠南镇海沈村,以服务村民为主,兼顾游客需求,精准规划乡村社区生活圈,通过重点实施"三个一"工程,为村民增收;发挥冠军村效应,成功打造融合自行车运动、生态农业旅游、沪乡文化、地方特色美食以及乡匠人文工坊的综合性乡村乐园,成为上海市首批"乡村15分钟社区生活圈"实践地和第一个乡村展示地。

关键词: 15分钟社区生活圈 乡村振兴 高品质生活 浦东新区

党的十八大以来,以习近平同志为核心的党中央反复强调以人民为中心的经济社会发展理念。实施"15分钟社区生活圈"行动,正是深入贯彻党的二十大精神、落实"人民城市"重要理念的具体体现;是遵循人民群众日常生活规律,针对群众最关心、最直接、最现实的利益问题,聚焦超大城市在人口密度、开发强度、空间资源约束等方面的挑战,通过自下而上的社会力量推动,以及社会治理的牵引,实施重大规划创新举措、空间治理模式的转变和资源配置方式的改革。

---

* 姜朋,中共上海市浦东新区委员会党校副教授,主要研究方向为社会治理。

一 乡村"15分钟社区生活圈"的总体目标和要求

2014年10月，在首届世界城市日论坛上首次提出了"15分钟社区生活圈"的核心理念。随后，在"上海2035"总体规划中，这一理念得到了明确落实，即在市民步行15分钟的范围内，全面完善教育、文化、医疗、养老、休闲及就业创业等服务功能，致力于打造一个"宜居、宜业、宜游、宜学、宜养"的社区生活圈。目标是至2025年底，上海将率先建成一批具有示范意义的街镇，确保中心城基础保障类服务实现全面覆盖。

（一）乡村"15分钟社区生活圈"建设的总体目标

作为上海构建城乡"15分钟社区生活圈"中不可或缺的部分，乡村社区生活圈遵循"品质与关怀并重、公平与差异兼顾、更新与利用加强、复合与集约倡导"的原则，以公共服务设施配置为核心，构建了"行政村—自然村"两级分级配置体系。通过"便民服务中心（党群服务站）"和"邻里驿站（党群服务点）"等核心设施，致力于打造一个"一站式"的综合服务平台，实现党建群建、事务办理、老人就餐、日间照料、医疗配药、医疗保健、文化休闲、亲子活动等多功能服务的集成，确保多方参与基层社会治理的成果能够切实服务到居民群众的"最后一公里"。同时，充分考虑了上海乡村的空间布局、功能定位以及未来发展趋势，创新性地提出了睦邻友好、健康养老、自然生态、创新生产、未来创业、艺术文创、旅游休闲、智慧治理八大乡村社区场景引导策略。这些策略旨在引导村庄服务设施进行有针对性和差异化的配置，以村民的幸福感和获得感为衡量标准。①

2021年末，《上海市乡村社区生活圈规划导则（试行）》在浦东新区隆重发布，基于其独特的区域特色，创新性地提出以社区为核心单元，以居民委员会和村民委员会为起点，在步行或骑行15分钟可达的范围内，科学

---

① 《打造温暖社区，让幸福生活触手可及》，《光明日报》2023年11月10日。

配置满足居民日常生活需求的基础服务设施。在服务设施配置的标准上，浦东新区根据城市、城镇化、远郊三个不同区域特点，分别制定了具体的服务半径标准：城市地区以居民委员会步行 15 分钟可达为基准；城镇化地区以居民委员会步行、村民委员会骑行 15 分钟可达为基准；远郊地区则以居民委员会和村民委员会骑行 15 分钟可达为基准。

2022 年，浦东新区围绕人与城市和谐共生以及生产、生活、生态"三生"融合的核心，创造性地提出了以"精品城区、现代城镇、美丽乡村"三个圈层推进现代化城区建设的战略构想。此举旨在着力推动城乡面貌的显著改善、基础设施的合理布局、公共服务的优质均衡、生态环境的持续改善，以及城区与乡村的深度融合。浦东新区的"15 分钟社区生活圈"行动计划，已被国家列为基本公共服务标准化试点项目，成为上海市唯一入选的试点项目。浦东新区总结并编制的"1+6"资源配置体系和 32 项建设标准，已在全国范围内得到推广。

（二）海沈村"15分钟社区生活圈"的建设目标

浦东新区惠南镇海沈村通过乡村振兴深化发展，进一步提升居民的生活品质，致力于构建宜居、宜业、宜游、宜养、宜学的乡村社区共同体。

惠南镇海沈村，拥有得天独厚的自然环境，地理位置优越、人文资源独特，享有地铁村、冠军村、西瓜村的美誉。该区域总面积为 3.18 平方公里，下辖 26 个村民小组，共有居民 1691 户，户籍人口 3838 人，其中在册中共党员 130 人。耕地面积达 1658 亩，拥有 8 个家庭农场，主要种植水稻和经济作物，也是沪上知名农产品品牌南汇 8424 西瓜的重要产区之一，被誉为"西瓜村"。

海沈村交通便利，位于以下盐公路、沪南公路、大治河为框架的中部乡村振兴示范带的核心位置，为郊野单元规划保留村，G1503 绕城高速穿村而过，村内设立轨道交通 16 号线惠南东站，是为数不多的地铁直达村，多条公交线路串联起海沈村和惠南城区，连接中心城区（35 公里）和南汇新城（15 公里），并通过 G1503 高速与浦东国际机场（20 公里）相连，对外交通十分便捷。

海沈村也是两届场地自行车奥运冠军钟天使的故乡，具有独特的人文资源。海沈村充分发挥奥运冠军的名人效应，重点打造"冠军村"的骑行文化。不但精心打造了钟天使荣誉室，还将骑行文化作为海沈村的重要特色来打造，依托地铁16号线惠南东站东侧的景观稻田，建成3公里的特色骑行木栈道。惠南镇进一步打造出一条"骑迹乡村·自在惠南"骑行文化线路，该线路的建设以海沈村为核心，通过骑行和漫步串联起其他乡村，充分考虑了空间资源的统筹配置，形成了覆盖行政服务、文化休闲、医疗卫生等多个领域的乡村社区生活圈。

海沈村的社区生活圈建设，在服务广大村民的同时，也向所有游客开放。通过引入乡村规划师、乡村设计师、乡村运营师以及乡村创客等专业人才，海沈村成功打造了"十二工坊"（乡间花坊、咖啡馆、点心坊等）生活业态，集乡村记忆、乡村味道、乡村匠人于一体的工坊集群，构建了具有鲜明文艺特色的"乡村文化圈"。

近年来，海沈村荣获多项荣誉，包括上海市美丽乡村示范村、上海市乡村振兴示范村、中国美丽休闲乡村、市文明村、市健康村、市民主法治村、区农村社区建设试点示范村、市平安示范小区等。自上海在全国率先提出打造"15分钟社区生活圈"以来，海沈村就成为全市首批乡村社区生活圈试点单位，2021年"构建十五分钟生活圈"主题上海城市空间艺术季，海沈村成功入选为正式展区。成为全市第一个"乡村15分钟社区生活圈"实践地和展示地（见图1）。

二 海沈村"15分钟社区生活圈"的探索实践

海沈村充分利用区位优势和便捷交通，促进地方经济发展，强化区域品牌；以自行车奥运冠军钟天使的"运动"元素为特色，推动"农业+文旅"融合发展；打造八村党建联合体，发展乡村休闲旅游；与每步科技合作，推动"印象惠南"体育嘉年华项目全面落地；提升居民身体素质，推动全民健身，最终使人民享有高品质生活。

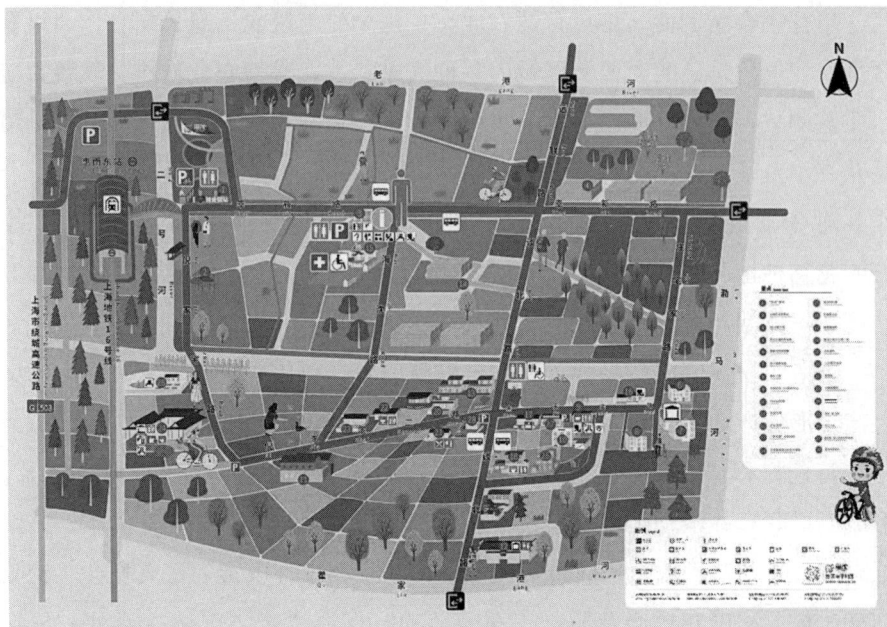

图1　海沈村的"15分钟社区生活圈"示意

资料来源：海沈村村委会提供

（一）产业为根加强产村融合

海沈村以产业兴旺为根本，依托区位、生态、产业、规划和人文五大基础和优势，按照"生态、生活、生产"三生复合，"农业+旅游"联动的发展模式，延伸"农业+"效应，走出城乡融合、产村融合的发展新路。

推进农业项目建设。全村已基本完成高标准农田建设，成为水稻西瓜轮茬种植基地。全村种植优质水稻1000亩、鱼稻共生60亩，建成8424西瓜与水稻轮茬示范基地600亩。8424西瓜示范基地不仅进行品种研发，同时也具备采摘和观赏功能。引进日本胚芽米生产线，引入上海好米畈电子商务公司，联手打造出"好米畈·惠南"品牌，发展订单农业1900亩。水稻的种植和水产养殖业有机结合、组合开发利用的生产模式，实现了"一地多用，一地多收"的新型生态循环农业。

培育融合新动能，推广智慧农业。一是全村与汉农信息公司合作，设置智慧农业气象站，实时监测区域内多种气象参数，支持农业耕作。设置智能水质监测装置，确保灌溉用水的水质安全。二是加强龙头企业带动，推进精品花卉示范基地+小三园花卉种植。村与区直属企业农发集团深度合作，合作共建60亩花卉基地，并带动农户利用村民宅前屋后的自留地，开展"小三园花卉种植"种植精品花卉，建成集花卉生产、乡村旅游、农业科普等功能于一体的花卉示范基地。

打造乡村休闲旅游品牌。海沈村以骑促旅、以旅兴农、以农兴文、以文兴产，形成产业闭环，将海沈建设成为"沪乡文化"主题村、"自行车运动"特色村和"乡村创客"集聚村，并以海沈为核心，与远东、桥北连片，形成三村联合并带动区域发展的以五个"宜"为标准的田园综合体。集聚瓜果节、桃花节、农民丰收节等大型活动，举办草坪电影、篝火晚会、轮胎创意大赛、稻田音乐会及骑行等系列活动。打造"十二工坊"系列，包括"阿婆点心坊""黑鱼饭""屋里厢老八样""江南泥造"等，挖掘具有浓郁乡愁的"记忆海沈"。如十二工坊里的乡间花坊，它的口号是"链接城市与乡村，寻找你我向往的生活"。这里曾经是村民用来养鸡的场地，发展乡村旅游后，引导村民进行升级改造，小院布置得精心别致、花香四溢。这家花坊不仅有盆栽销售、盆栽换新服务，还可以为村民更新自家种的各种花草，教授他们园艺种植的技巧，在为村民增加收入的同时使美丽乡村理念深入人心。

（二）宜居为基优化农村人居环境

海沈村坚持以生态宜居为基础，按照"生态、生活、生产"三生复合，推进海沈村风貌保护。特别聘请中国科学院常青院士的工作团队担任整体风貌的总顾问和总设计，以农业景观为抓手，形成产业布局、活动体验与建成环境的联动效应，不断提升乡村风貌，持续优化农村人居环境。

水网生态构建。一是恢复水网密布的独特文化场景，保留乡村原有水网独特肌理；二是系统化梳理村庄周围水网，加强文化场景独特性；三是增加水岸景观和滨水区域步道，提升村庄风貌，优化河道环境景观布局；四是适当增加亲水活动及水岸活动体验，营造多样性的亲水空间是改善村民人居环境最有效和最重要的途径之一，同时水岸活动也成为游客向往和聚集的地方。

路桥建设。一是增设16号线与幸新路直通的景观桥梁，对幸新路和谈北路等主干道路提档升级，提高道路管养水平；二是做好道路的智慧路灯相关配套管理工作，智慧路灯可以提高能源效益，同时集供电、显示、充电、安全告警等功能于一身，是智慧乡村建设的重要平台。

完善垃圾治理体系。深入开展垃圾分类工作，实施"垃圾不出村"工程，建立形式多样的生活垃圾收运处置体系，生活垃圾分类收集达标率100%。一是干垃圾采用"户投放、村收集、镇转运、集中处理"的处理方式；二是建立湿垃圾处理站；三是作物秸秆等农业生产废弃物经过机械粉碎后还田；四是农药包装和废旧农膜等农业废弃物，由村统一回收，镇集中处理。

"农民集中居住"计划。推进农民相对集中居住，是实现上海"农业强、农村美、农民富"乡村振兴目标的必由之路，是切实改善农民生活居住条件和乡村风貌的重大举措，也是落实上海2035城市总体规划的重要途径和抓手。[①] 海沈村属于规划保留行政村，计划保留3处居住相对集中的自然传统村落，撤并8户（宅基户），主要通过"上楼安置"实现农民相对集中居住。

（三）文明为重推动时代新风

海沈村以乡风文明为重点，依托党群服务中心和站点，夯实"四德"乡风文明基础；打造新时代文明实践站，丰富"家门口"文化生活；弘扬传统美德，充分尊重农民意愿、积极引导农民参与，孕育时代新风，推动乡

---

① 《上海市人民政府关于进一步支持农民相对集中居住工作的实施意见》，上海市政府，
https：//www.shanghai.gov.cn/nw12344/20220125/0bdf8e415fc24e93a7e71bb05504a095.html。

风文明。

保护传统建筑，弘扬优秀传统文化。一是建设"乡俗文化馆"，通过全息影像技术展示传统农耕文化和浦东非物质文化遗产，传承乡村文化；二是建设"沪乡文化传习所"，传承江南滨海文化，为人们呈现"海沈的原乡生活"。

深化"四德工程"建设。在海沈朴实、开明的乡风基础上，以文化宣传、书画展示、优秀评选，深化"爱德、诚德、孝德、仁德"四德工程。一是打造奥运冠军钟天使荣誉室等青少年教育基地；二是成立莲湘舞（非物质文化遗产）表演舞团和老年广场舞表演团；三是制作书法和绘画作品展示在村庄的宣传栏中；四是评选"四德工程"优秀个人和优秀家庭。以老百姓喜闻乐见的方式，将海沈故事编成歌曲、戏曲、小品、舞蹈等，以各种形式广为宣传，使"四德"深入人心。

发展特色文化产业。一是以自行车骑行运动和沪乡文化为核心，打造系列文化活动品牌，发展具有海沈特色的文化产业，推动乡村文化旅游和其他产业的融合发展。二是创造性开展"老菜新吃""老布新做""老宅新装"等活动。增加公共文化产品配送和服务供给。

（四）治理为要增强乡村治理活力

海沈村通过完善党建引领下的农村治理体系，增强村民的自治意识，提升村民的治理活力，从而进一步激发乡村治理的内生动力，不断提升乡村治理水平。

完善组织架构。通过着力完善乡村治理组织体系，加强海沈村基层党组织战斗堡垒作用。强化村民委员会和村务监督委员会自治能力，大力发展村集体经济合作社和农民专业合作社，带动其他经济和社会组织发展，不断完善治理架构，健全体制机制，实现各主体履职尽责。

完善乡村治理制度机制。一是聚焦于完善共建共治共享的乡村治理制度，积极开展乡村"三会"实训室试点，活用听证会、协调会和评议会制度，全面推行"四议两公开"，让人民群众成为乡村治理的主体力量。二是形成自治法治德治相结合的社会治理体系，推进"阳光村务工程"，维护村民民主自治权益。建设"雪亮工程"，把治安防范措施延伸到群众身边。成立农村综合服务社，吸纳村民成为村庄养护管理员。在为老服务站内设置康复保健点，依托上海福华医院增添健康设备。

强化队伍保障。开展"三联三带三增"活动，村两委联系党小组，带领村组发展经济，增加农民收入；党小组联系党员，带班参与乡村治理，增强治理实效；党员联系群众，带头结对共建，增进党群关系。持续强化党组织和党员在乡村振兴示范村建设过程中的政治引领和先锋模范作用，充分调动群众积极性、主动性和创造性。

健全服务体系。依托党群服务体系，在"15分钟服务圈"中实现"办事不出村"，"家门口服务中心"建设有"五站一室"（党建服务站、村民事项受理服务站、文化服务站、联勤联动站、为老服务站、卫生室）；建成9个"家门口服务延伸点"覆盖全村。

加强村民自治。组建了一支40人的"乡村养护队"，以当地的"60后""70后"为主，负责乡村振兴示范区内的日常养护保洁工作，包括河道河岸、绿化道路等。村域管养工作也由原来委托给多家第三方，转为村民自治，村民们扛起了这项任务后，工作更加认真负责。同时，一批村民的就业问题也得到了解决，一举多得。

（五）增收惠民实现高品质生活

通过集体经济发展，打造农业产业化联合体和农村金融平台为村民提供更多的福利和便利；通过促进就业和创业，增加村民的收入来源，持续改善村民生活；通过改善基础设施等公共服务质量，进一步提高村民的生活品质。

打造农业产业化联合体，建立多方参与、多方保障的运营机制。成立镇惠农公司控股（40%），海沈、远东、桥北三村参股（各10%），汉农信息公司占股（社会资本30%）的云程乡匠运营公司，建立分红机制，带动全镇集体经济发展。

引入农村金融平台，为村民提供更多的福利。2021年，海沈村成为浦东新区首个"信用村",让所有入村项目可以获得无抵押低利息贷款,村内信用好的农户也可以无须抵押、无须担保,就能获得信用贷款,满足农户生产经营等资金需求,有效提高了农户和农业经济主体获贷的及时性和便利性,优化农村金融生态环境。

建立多措并举、多产发力的增收机制。通过在花卉、西瓜、水稻、文旅等产业基地就业以及开发公益性岗位,带动农民就业163人,帮助更多村民实现新就业。运营公司统一收储闲置房屋、统一出租,增加村民房租收益;村民还参与经营乡村餐饮、乡村旅游服务等,促进农民增收441.60万元。

形成持续发力、多方共赢的长效机制。惠南镇政府及辖下各村、第三方民营公司共同创新打造"乡村运营平台",将海沈村闲置的民宅、散乱的村民自留地和闲余的乡村劳动力整合盘活,同时也将优质的产业和创业项目引进村中。运营公司负责乡村文化挖掘、策划、招商引资等工作,乡村CBD、创客空间等入驻企业缴纳税金,不断壮大村集体经济。从经济与模式上,这种群策群力的长效机制首先惠及海沈村、桥北村和远东村三个核心村,进而将使惠南全镇村庄受益。"现在村里每周六周日都会举办露天烧烤,草坪电影,一年四季每月每周都有活动,老百姓将自家的茶叶蛋和玉米、种植的果蔬带到村里大型活动配套的集市上售卖,环境变美了,收入提升了,村庄热闹了,生活也更加丰富了。"①

三 海沈村"15分钟社区生活圈"建设成效

在乡村社区生活圈构建的过程中,海沈村秉持着"宜居、宜业、宜游、宜学、宜养"的目标,通过"三个一"精品农业夯实基础,打造骑行运动和沪乡文化融合的旅游产业;通过美丽乡村和美丽庭院建设共建宜居社区家园环境,不断增强治理成效推动和谐稳定的乡村社区生活圈建设。

① 《上海乡村以点带面撬动全域振兴"平台先行"打造乡村CBD》,中国新闻网,https://new.qq.com/rain/a/20201011A05C9M00。

（一）产业基础扎实，实现农旅融合发展

目前，海沈村已逐渐形成了"三个一"精品农业格局。乡俗文化馆的建成，为发展农村旅游、实现农旅融合发展奠定了较好的基础。

1."三个一"精品农业格局

"一粒米"（稻米）。作为粮食生产功能区，海沈村全村1658亩耕地已完成农田林网和灌溉设施建设，采用高标准、规模化种植方式，在村内种植优质水稻1000亩，营造"风吹稻浪、碧野悠悠"的景观。2021年5月，惠南镇引进的日本胚芽米生产线投入使用，稻谷经过烘干、脱壳、打磨等加工工序，可生产高营养、高附加值胚芽米。"这让原本1.3元一斤的大米，最高可以卖出25元的价格，大大提高了产值，也让农民增收。"①

"一盆花"（花卉）。海沈村在惠南镇党建品牌"惠民农盟"引领下，打造了"海沈农联社"，与区直属企业浦农集团深度合作，共建60亩花卉基地，并利用村民宅前屋后的"小三园"，委托种植精品花卉，借助"花卉进社区"等多渠道销售，以及精油提炼深加工，形成花卉全产业链，推动花卉产业集聚发展。营造出花开四季、自在骑行休闲场景。

"一颗果"（西瓜）。村民种一季瓜的收成，等于种5到7季水稻，海沈村发挥瓜稻轮作优势，建成8424西瓜示范基地600亩，营造"瓜果飘香、流连忘返"丰收盛况。

2.农旅融合发展

乡村旅游作为海沈村的第三产业，已经逐渐呈现出完整的产业架构。近年来通过结合当地特色，已经打造出"沪乡文化主题村""自行车运动特色村"，凭借着优秀的自然和文化禀赋，海沈吸引了一批又一批游客。海沈村建成乡俗文化馆，以"民俗+时尚+四季"为理念，季季有主题、月月有活动，集聚瓜果节、桃花节、农民丰收节、秸秆艺术节等四季主题，举办龙虾

---

① 《如何做好"一粒米、一盆花、一个瓜"的大文章？来看"网红冠军村"的秘诀》，人民资讯，https://baijiahao.baidu.com/s？id=1713099460157114692&wfr=spider&for=pc。

烧烤、草坪电影、篝火晚会、轮胎创意大赛、稻田音乐会等系列活动。2019年以来，累计开展各类活动 80 多场，参与人数 10 万人次。既保留了乡村野趣，又新增了都市人喜欢的文艺气息的海沈村呈现出振兴新貌，让大家看到了一个"世外桃源"。

（二）人文资源汇聚，推动旅游发展

名人效应给海沈村的骑行运动和沪乡文化的发展带来了勃勃生机。里约奥运场地自行车冠军钟天使是土生土长的海沈姑娘，她家的荣誉室也成了青少年爱国教育和骑行爱好者的热门打卡地。

1. 建成自行车骑行道一期，为发展农村旅游奠定基础

依托地铁 16 号线惠南东站东侧的景观稻田，海沈村建成 3 公里的特色骑行木栈道，举办各类骑行活动和自行车赛事。通过建设骑行道，以发展骑行运动特色和沪乡文化主题为主线，深化和延伸骑行道路建设，挖掘沪乡文化，推进特色民宿、乡创空间建设，开展主题活动，推出"农居+民宿+文创"和"农野+运动+娱乐"等农旅融合旅游产品。海沈村通过自行车运动和沪乡文化，将农业与旅游紧密结合，推动农旅融合发展，并与桥北村、远东村联合推进"三村联动"社区生活圈建设。

2. 形成具有独特风格的乡村农创、文创产业

一是通过收储闲置民房，结合当地的自然景观，建设风格独特、功能齐全的乡村创客空间，融入特色人文资源，将之打造成特色民宿，形成具有独特风格的乡村农创、文创产业。二是传承传统农耕文化的传统工匠技艺，发展美食、童谣、方言等沪乡文化，展示沪滇合作古法红糖技艺，建设以甘蔗红糖为主题的"甘蔗红糖文化园"。让游客们骑上记忆中封存的自行车、享受着美食，体验"远离城市喧嚣，回归清新田园"的有限时光。三是不断引入乡村规划师、设计师、运营师以及乡村创客。目前，惠南镇乡村社区生活圈和乡村振兴示范区已累计吸引 30 余家企业和个人实体入驻，20 余家企业辐射联动，调动起了企业、创客和村民参与乡村振兴的积极性和主动性。

3. "1+9+X"多维度体验

"1"即为幸新路主展示区域；"9"即时时变化的大地景观、海沈会客厅、钟天使荣誉室、沪乡空间、记忆海沈、秸秆艺术、稻田栈道、花卉基地、惠南东地铁站；"X"即为散落在海沈、桥北、远东三村范围的乡村生活服务点位，重点展现旅游休闲、自然生态等主题场景，让参观者享受低碳、健康、便利的沪乡生活，体验多彩睦邻、活力多元、乡野逸趣、多方共治的乡村生活圈，感受"宜居、宜业、宜游、宜养、宜学"的乡村社区。①

（三）自然生态优美，打造宜居环境

海沈村因海而生、依河而建，保留了"碧水田林、黛瓦人家"的村庄格局，田林开阔、水网密集，居住地被田林、河流环抱，形成了"水、田、林、宅"和谐交融的自然生态环境。

一是通过美丽乡村和美丽庭院建设，创建"和合""银杏""稻香""知青""春耕""夏耘""秋收""冬藏"等系列海沈小院，村庄环境与自然风貌融合提升。

二是村内公共配套设施完善，与生态环境自然融合。1079 路和惠南 3 路两条公交线路在村内共设置 8 个站点，设多个停车场及微型停车点，主干道路路灯和"雪亮工程"治安探头全覆盖。87 条河道全部疏浚畅通，排污纳管系统健全。

三是加大硬件建设力度，村民集中居住"上楼"安置 8 户，翻建或更新民房 110 余幢。推进"四好"农村路建设，加大沿线景观设施建设和架空线合杆整治。改建海沈会客中心、生态厕所、公交候车亭等公共服务空间。全面完成全村 87 条河道疏浚工作。

四是提升软件建设水平。优化党群服务，完善"1+9"服务中心和站

---

① 《乡村也新潮！走进这个奥运冠军的家乡，感受沪乡村民的美好乡村社区生活》，文汇网，https：//wenhui.whb.cn/zhuzhan/cs/20210923/425230.html。

点，打造"一门式办理、一站式服务"综合服务平台，满足多元需求。"1+9"服务体系，即在有党群服务中心的基础上，设置9个党群服务延伸点，党群服务延伸点扮演宣导交流的对外辐射阵地角色，把各类服务送到村民家门口。设"五站一室"（党建服务站、村民事项受理服务站、文化服务站、联勤联动站、为老服务站、卫生室），切实推进"15分钟服务圈"建设。

（四）社会治理有效，促进社会和谐稳定

作为村内平均流动人口上千人的地铁村，海沈村注重完善村级治保、调解组织的建设。一是强化群体性群租房的专项整治，对房东、二房东的基础信息进行详细排查，加强对出租房屋的信息管理和对外来人员的居住登记，实施以房管人的管理策略。二是加大公共区域的整治力度，排查安全隐患，及时通报并整改。三是加强社会综合治理工作，提升消防、交通、防汛防台等安全防范措施，确保各类突发事件的应急处置工作。四是有效协调和处理矛盾纠纷，排查隐患，将问题解决在萌芽状态。将"扫黄打非"、禁种铲毒工作作为持续关注和管理的日常工作，确保宣传到位、及时处置。确保村民生活在祥和稳定的社区中。

四 海沈村"15分钟社区生活圈"前景展望与建议

在2021年"构建十五分钟生活圈"主题上海城市空间艺术季，沈村社区成为全市第一个"乡村15分钟社区生活圈"实践地和展示地。海沈村以"新时代 新乡村 新生活——在希望的田野上"为主题，以《惠南镇海沈村、远东村、桥北村乡村社区生活圈规划》为引领，打造"吾乡之民""田野之境""宅园之邀""丰收之季"四大展示板块，并在艺术季后持续升级改造，推进规划实施落地。海沈村在浦东新区和惠南镇大力支持下，持之以恒将"15分钟社区生活圈"的"规划蓝图"细化为"施工图"，并进一步转化为村民身边的"实景画"，不断增强群众获得感。

（一）党建引领贯穿社区生活圈建设始终

海沈村牢牢把握党建引领这个基层治理的核心和关键，完善社区党群服务中心体系建设，织密建强居村一线组织体系，把党的领导传导到基层治理的"神经末梢"，切实把党的组织优势转化为治理效能。

1. 激活产业发展，蓄足源头活水

"15分钟社区生活圈"的最终目的是惠及人民，带动农民增收是关键。一是挖掘党建联建资源，在花卉基地的基础上，带动更多村民就业，增加收入。二是继续鼓励集体经济组织、政府、企业、社会组织、乡村责任规划师、乡贤、村民等多元主体积极参与海沈的发展，提高新老村民家乡自治的参与度，搭建"对话平台"，使越来越多的农文旅项目和产业项目在海沈落地生根。三是大力培养农村工匠和经营管理人才，壮大集体经济，带动村民就业，吸引更多年轻人选择回乡创业就业。激活产业发展是做好"15分钟社区生活圈"的基础。

2. 基层自治，提升内生动力

注重提升村民治理能力，党组织要激发党员、群众积极参与乡村振兴和环境卫生整治的热情。海沈村结合美丽庭院建设、垃圾分类等工作推广积分制，增强村民参与乡村治理的积极性。确立"三规"，运用"三会"。所有涉及村民利益的事务决策权都交还给村民，确保决策过程不走过场，使"村里事"变成"家务事"，注重提高村民维护良好村貌的积极性、主动性和自觉性，发动做好"美丽庭院星级户""五好文明家庭"等评选活动，深入开展垃圾分类工作，吸纳村民成为养绿护绿成员。充分发挥基层自治组织的作用和群众的主体作用，构建共建共治共享的社会治理格局，确保乡村治理在党组织的统一领导下依规依章、协调一致地开展工作。

3. 创建品牌，塑造典型示范

海沈村党总支围绕乡村振兴战略，立足区域实际，整合优势资源，引入多方力量共同参与乡村治理，打造海沈党建引领品牌。与社区基金会、社会组织等合作，共同创建沪乡学堂，扩大儿童友好乡村活动圈，促进城乡融

合，推动乡村文化的传承及振兴。打造乡村直播坊，通过直播赋能海沈官方抖音号及民间个人号，未来将使用越来越多的官方渠道宣传海沈，促进直播带货，并通过村民之口讲述海沈故事，塑造活力海沈形象。

（二）坚持规划先行，实行"一张蓝图绘到底"

进入"十四五"发展阶段，满足人民美好生活多方面需求愈发重要，只有打造独具特色的水乡风貌，乡村振兴才能避免千村一面。这就要求坚持规划先行，实行"一张蓝图绘到底"。海沈村是上海市首批"乡村15分钟社区生活圈"实践地和第一个展示地，是浦东新区"十四五"期间打造中部乡村振兴示范带的核心位置所在，为呈现独具特色的江南水乡风貌，海沈村按照"不策划不规划、不规划不设计、不设计不施工"的要求，邀请具有国际视野、较高国内知名度的专业团队进行系统策划、战略规划、整体计划，形成从区域规划到专项规划再到村庄设计的完整体系，成为海沈村实施乡村振兴战略的工作导引。

在空间保障上，按照乡村振兴示范区产业发展规划，利用集体建设用地、存量产业用地落实乡村文化旅游、农业产业项目。

在发展布局上，按照乡村振兴规划和村庄设计，围绕村庄特色，重点嵌入特色文化元素，在实施"三村联动、三生复合、三产融合"的乡村生活圈建设和示范村建设基础上，2025年要总体策划八村联动，开展八村乡村振兴设计，为八村联建、互动形成规划引导；将骑行、游玩线路串珠成链，八村整体游玩路线落地，形成最终的八村乡村旅游模式。①

（三）民生为重，持续提升农村人居生活品质

海沈村持续致力于提升农村人居生活品质。全面实施农村人居环境整治优化，切实改善乡村治理，有效提升村庄的硬实力和软实力，确保乡村振兴

---

① 《关于印发〈惠南镇美丽乡村建设专项三年（2023年至2025年）行动计划〉的通知》（惠府〔2023〕120号）。

的硬实力和软实力相互促进、相得益彰。

一是改善基础设施条件。加大道路修缮整新、道路沿线景观设施建设和架空线合杆整治。生活污水实现处理率、达标率两个100%。促进河流生态系统恢复，改善乡村水域景观。建设"雪亮工程"，以公共安全视频监控联网应用为重点，实现治安防控"全覆盖、无死角"。实施"垃圾不出村"工程，建立形式多样的生活垃圾收运处置体系。

二是完善党群服务工作。按照"办公空间趋零化、服务空间最大化"的理念改造提升村委会，建成党群服务中心"五站一室"（村民事项受理服务站、文化服务站、党建服务站、联勤联动站、为老服务站、卫生室）以及若干个驻村服务点，打造"一门式办理、一站式服务"综合服务平台，实现资源下沉、服务下移。

三是建设公共空间和景观小品。充分利用废旧砖瓦、木头、轮胎、瓦罐等乡土材料，建设创意景观小品、庭院座椅等公共空间，点缀出诗一般的田园画卷，层次分明的道路景观、稻花飘香的农田景观、地方特色浓郁的乡村建筑、清新自然的墙体绘画，实现房屋、桥梁、景观与田园的和谐统一。

（四）服务升级"两拓展"打造高质效能

调研中发现，海沈村在推进"15分钟社区生活圈"建设中，还存在以下需要进一步完善的地方。一是社区工作者人才队伍建设问题。体现为社区工作者配备数量还不充足，存在性别比例失衡、"老中青"断层等问题。二是社区工作者人才培养机制问题，在编制短缺的情况下，在专业能力方面，急需"全岗通"人才，需不断加强有效培训，拓展激励支持机制。三是乡村社区生活圈需要提质升级的问题。对基层治理、物业服务、公共服务、生活服务等各层面的应用与需求也要不断升级。

针对海沈村在推进"15分钟社区生活圈"建设中需要进一步完善的问题，应坚持以问题为导向，做好人员培训和服务升级"两条腿走路"。

1.注重对骨干人员赋能，让班子成员发挥"领头雁"作用

一是通过专家授课、远程教育、专业技能培训、实践课堂等多种形式，

分期分批对农村党员干部进行政策理论与实用技术培训，实现由"经验型"向"技术型"的转变。二是组织"两委"班子参加各类业务培训，提升服务能力，力促"两委"班子战斗力整装升级。三是把握发展主脉、民需根本，主动对接乡村振兴战略，做实深化"15分钟社区生活圈"的就业服务，也为乡村持续发展积蓄人力储备和后劲资源。四是对村民进行宣传引导及培训，提高村民的自治意识。

2.服务升级"两拓展"

即由基础服务拓展到特色服务、由已有服务拓展到多样服务。现有的服务主要是围绕便民服务中心、邻里驿站打造"一站式服务综合体"，做实七大类服务功能，以及"行政村—自然村"两个层面的分级配置设施。以"五站"建设作为核心设施做实"一站式"综合服务体，打造融党建群建、事务办理、老人就餐、日间照料、医疗保健、文化休闲等于一体的"多功能厅"，保障多方参与基层治理，落到服务群众的"最后一公里"。

未来要引入专业力量，落地多样和特色服务。拓展"基本服务+专业服务""特定人群+特色关爱""定期配送+项目点单"等新型服务模式，如联动本地医院开设妇女群体的"乳腺癌筛查""妇科普查"项目、青少年的"青年护航"项目、服务高龄老人的"金色关爱"项目、体育爱好者的"骑行之家"等项目。链接社会资源，与社区基金会一起探索儿童友好乡村建设，开设"沪乡课堂"等特色品牌项目。

总之，通过人才培养和服务升级，海沈村在推进"15分钟社区生活圈"建设中将不断挖掘潜力、寻找合力，最终构建面貌更加靓丽、基础设施布局更加完善、公共服务更加优质均衡、生态环境更加宜人、城区和乡村更加融合发展的乡村社区生活圈。

参考文献

王娟：《上海乡村社区生活圈规划导则试行》，《中国自然资源报》2021年12月

22 日。

曹伟、杨嬛：《骑迹乡村 乡匠海沈——上海市浦东新区惠南镇海沈村》，《上海农村经济》2023 年 7 月 20 日。

刘昕璐：《幸福溢满 15 分钟社区生活圈》，《青年报》2023 年 5 月 15 日。

戚颖璞：《上海引导规划"乡村社区生活圈"》，《解放日报》2021 年 12 月 15 日。

杜晨薇：《"西瓜村"逆袭，打造乡村生活圈样板》，《解放日报》2021 年 9 月 28 日。

Abstract

The *Report of the 20th National Congress of the Communist Party of China* proposed that "serving the people's well-being is the essential requirement for the party to be established for the public and to govern for the people. " Party committees and governments at all levels must insist on safeguarding and improving people's livelihoods during development, and constantly realize the people's yearning for a better life. Achieving, safeguarding, and developing the fundamental interests of the greatest number of people necessitates a firm grasp of the issues that directly and immediately concern the people. This necessitates the implementation of measures that benefit people's lives and warm their hearts, the improvement of the basic public service system, the enhancement of the level of public services, and the enhancement of the balanced allocation and accessibility of public service resources.

The promotion of a "15-minute community-life circle" is a strategy that can address the issues of greatest concern to the public, including those that are urgent, difficult, and long-distance. This approach also aligns with the expectations of the general public. This initiative is a crucial component of achieving high-quality development and a high-quality lifestyle. It addresses the deficiencies in urban development by allocating the best resources, providing superior services, offering the most beautiful natural environment, and facilitating convenient travel for the population. Since 2017, Pudong New Area has implemented two action plans to promote the allocation of public service resources and facilities. These plans aim to address shortcomings, improve quality and efficiency, and establish a comprehensive public service system that integrates urban and rural areas. The system is designed to be convenient and accessible, fair and efficient, balanced and inclusive, and conducive to high-quality development. The "15-minute community-life circle" initiative in Pudong New Area has been designated as a national basic public service standardization pilot project by the National Development and Reform Commission and the State Administration for Market Regulation.

This book systematically elucidates the practical exploration of Pudong New Area in promoting precise and balanced allocation of public service resources over the past eight years. It also summarizes the replicable and promotable experience of Pudong in establishing a new model of " people-centered city ". The book comprises a General Report, eight Topical Reports, and five Cases Studies. The General Report commences with the strategic positioning of " people-centered Pudong" and integrates the implementation process of the two special action plans. It provides a comprehensive description and systematic summary of the process, achievements, and unresolved challenges in Pudong's development of the " 15-minute community-life circle ". The book also puts forward policy recommendations. The Topical Reports section meticulously delineates the specific initiatives and efficacy of Pudong in establishing a " 15-minute community-life circle" across eight domains: education, hygiene, elderly care, culture, sports, business, parks and transportation. The case studies section presents five cases, focusing on smart elderly care, public cultural spaces, the construction of public service spaces, beautiful villages, and high-quality waterfront spaces. These Case Studies showcase the innovative experiences and unique practices of grassroots construction of the " 15-minute community-life circle".

This book provides a comprehensive overview of the practical exploration, remarkable achievements, and distinctive experiences of Pudong New Area in creating a "people-centered city" during the process of promoting the construction of a leading area of socialist modernization. The book offers a comprehensive view, providing insights for leaders, experts, and citizens interested in the development of social and livelihood initiatives in Pudong. Additionally, it provides authoritative data and information for experts and scholars studying issues such as the scientific allocation and accessibility of public service resources.

Keywords: 15-minute Community-life Circle; High-Quality Lifestyle; Pudong New Area

Contents

I General Report

Abstract: Pudong New Area has fully implemented the important concept of
"people-centered city" and taken the construction of the "15-minute community-
life circle" as the starting point to comprehensively promote the precise, balanced,
and high-quality allocation of public service resources. The historical mission of the
leading district is to create a Pudong model for the construction of a "people-
centered city". Following three phases of deficit elimination, quality and efficiency
enhancement, and comprehensive promotion, Pudong New Area has witnessed a
substantial augmentation in its public service facilities, accompanied by a notable
enhancement in the accessibility of fundamental support services. The establishment
of a cohesive public service system, integrating urban and rural regions, while
ensuring convenience, accessibility, fairness, efficiency, inclusivity, balance, and a
superior quality of service, has been largely accomplished. Pudong new area has
adopted a series of replicable and scalable strategies, including list-based
management, precision strategies, project-based promotion, digital empowerment,
diversified supply, and standardized quality improvement. In the future, Pudong will

prioritize the establishment of a comprehensive and systematic institutional framework, the enhancement of regional coordination and the shaping of distinctive characteristics, the maximization of the function of digital empowerment to facilitate the utilization of public service facilities, and the demonstration of its role as a leading area in the modernization of socialism with Chinese characteristics through the provision of high-quality living conditions for all.

Keywords: 15-minute Community-life Circle; People-centered City; Pudong Model; Public Service

Ⅱ Topical Reports

B.2   Construction of the "15-minute Educational Life Circle" in

Pudong New Area   *Nan Jianfei* / 038

Abstract: Education is a fundamental and strategic component of modernization with Chinese characteristics. It is an important carrier and a public service that fosters the development of the "15-minute community-life circle". This initiative is a priority area in the construction of the "15-minute community-life circle". The promotion of the "15-minute educational life circle" in Pudong is associated with the enhancement of the sense of gain and happiness of the Pudong residents in their education in the new era and new journey, and the high-quality life of the people of Pudong. The construction of a robust education district in Pudong, the advancement of Pudong and Shanghai as a pioneering region in modernization construction, and the implementation of high-level reform and opening up, efficient governance, and sustainable development. This study delineates the connotation of the construction of the "15-minute educational life circle", expounds the objectives and measures of Pudong to promote the construction of the "15-minute educational life circle", analyzes the effectiveness and challenges of Pudong in promoting the construction of the "15-minute educational life circle". The study proposes a series of countermeasures and recommendations for Pudong to promote the construction of the "15-minute educational life circle", including the enhancement of its political standing, the deepening of its theoretical understanding, the adherence to a systematic perspective, the conducting of regular scientific assessments, and the promotion of the high-quality development of schools in the neighborhood. The study provides a valuable reference for Pudong's ongoing efforts to enhance the educational services within its community. These measures are designed to optimize the construction system of the "15-minute community-life circle" in Pudong and Shanghai, a leading area of Chinese-style modernization, for the new era and new journey, with the aim of improving the high-quality life of the people in Pudong, promoting the high-quality development and efficient governance of Pudong and Shanghai.

Keywords: 15-minute Educational Life Circle; Public Services; Pudong New Area

B.3 Construction of a "15-minute Hygienic Life Circle" in Pudong New Area   *Chen Yiyu* / 058

Abstract: In recent years, Pudong New Area has undertaken initiatives to establish a "15-minute hygienic life circle", a concept aimed at enhancing accessibility, diversity in services, balanced resources, collaborative cooperation, and sustainable development. This initiative involves the strategic expansion of medical resources, the establishment of a novel hierarchical diagnostic and treatment paradigm, the substantial enhancement of community health service capabilities, the promotion of diversified medical and health service supplies, and the optimization of health resource balance and accessibility. After years of exploration, the construction of the "15-minute hygienic life circle" has achieved many results, but the construction process still faces challenges. It is imperative to further refine the distribution of medical resources in accordance with local circumstances, enhance the capacity of primary medical services, fortify and enhance the informatization of the medical system, and mobilize diverse resources to collectively establish a medical service living circle. This approach is designed to address the pressing demands of the populace for high-quality and equitable medical services, effectively bolster social cohesion, and establish the foundation for the nation's prosperity, stability, and advancement.

Keywords: 15-minute Hygienic Life Circle; Three-level Medical Service System; Medical Consortium; Pudong New Area

B.4   Construction of a "15-minute Elderly Care Life Circle" in Pudong New Area   *Li Ning, Li Xing* / 079

Abstract: The "15-minute elderly care life circle" in Pudong New Area is a significant initiative that aims to operationalize the concept of "people-centered city" and enhance the sense of gain, happiness, and security among the elderly. Pudong has attained initial outcomes in promoting the construction of a friendly society for the elderly through measures such as enhancing the balanced allocation of elderly care resources, precise empowerment of smart technology, and the establishment of a diversified support system. The allocation of public service resources for elderly care is gradually moving towards precision and balance. However, practical problems with elderly care services persist, including insufficient funding, a mismatch between supply and demand, and deviations in elderly care concepts. In contemplating the future, the "15-minute elderly care life circle" will meticulously align the layout of elderly care service resources with local conditions, address the challenges between the cost and efficiency of elderly care services, and persist in promoting cost reduction and efficiency enhancement in the elderly care industry, while considering the construction of multiple types of elderly care service circles within the three circles. The high-level construction of the "15-minute elderly care life circle" is expected to promote the high-quality development of the population and truly extend elderly care services to the "doorsteps" of the elderly.

Keywords: 15-minute Elderly Care Life Circle; Public Services; Age-friendly Society; Pudong New Area

B . 5   Construction of the "15-minute Cultural Life Circle" in Pudong

New Area   *Wang Hao* , *Zhang Jihong* / 099

Abstract: Pudong New Area has identified the creation of a "15-minute community-life circle" as a key initiative to promote socialist modernization. Pudong new area has achieved notable advancements in several key areas, including public cultural facilities, cultural brand projects, the effectiveness of public cultural services, and the preservation of cultural heritage. These accomplishments have been attained through the implementation of various measures and mechanisms, such as the formulation of a standardized system for resource allocation, the enhancement of a balanced spatial layout, the continuous expansion of connotations, the promotion of the provision of socialized cultural products, the provision of personalized and precise matching, the creation of a branded characteristic effect, and the promotion of digital iteration and upgrading. Nevertheless, there is considerable room for enhancement with regard to the quality and quantity of cultural products, regional balance, personalized services, and social participation. In contemplating the future, Pudong will persist in its efforts to enhance aspects such as reasonable planning and layout at the top level of design, demand-oriented provision of precise services, extension of the service radius through technological empowerment, and strengthening of service content through diversified participation, with the objective of establishing a public cultural service system that is co-built and shared.

Keywords: Public Cultural Services; 15-minute Community-life Circle; Supply of Cultural Goods; Pudong New Area

B . 6   Construction of the "15-minute Sports Life Circle" in Pudong

New Area   *Ye Zhipeng* / 115

Abstract: In the development of the "15-minute sports life circle", Pudong New Area has established a four-tier sports facility service system, organized by city, district, street/town, and village. This initiative has led to a notable enhancement in the level of engagement and satisfaction among residents in sports activities. Through meticulous planning, upgrades to existing facilities, fostering social participation, and leveraging digital technologies, Pudong New Area has achieved a substantial expansion and precise provision of public sports services. The focus of work at each stage has shifted from the layout of infrastructure to improving service quality and then to promoting the construction of modern sports service complexes, continuously promoting the in-depth development of national fitness. In the future, Pudong will continue to strengthen policy guidance, optimize the resource integration mechanism, promote the construction of green sports facilities and a diversified governance model, provide residents with higher-quality and more convenient sports services, and help build a modern and harmonious urban area.

Keywords: 15-minute Sports Life Circle; Public Sports Services; National Fitness; Pudong New Area

B.7 Construction of the "15-minute Commercial Life Circle" in Pudong New Area *Wang Yingwei* / 133

Abstract: The "15-minute commercial life circle" is a strategic measure of significant importance to the Pudong New Area government. This measure is intended to enhance the functional complexity and quality of community commerce and revitalize urban commercial cells. It is based on a 15-minute time-space scale. This report provides a detailed account of the construction of Pudong from the following three perspectives: first, a systematic review of the construction goals, phased plans, and implementation measures; second, an extraction of the characteristics and highlights of Pudong in promoting the "15-minute commercial life circle"; and third, an exploration of potential problems and possible coping strategies in the project promotion process. This academic paper analyses of Pudong's efforts to create a high-quality business environment involves a systematic sorting and refinement of the process and experience of building a "15-minute commercial life circle" in Pudong. This analysis will provide a reference for other cities to build efficient and convenient community commercial living circles and improve grassroots governance capabilities.

Keywords: Commercial Living circle; High-quality; Commercially Integrated Community Hub; Pudong New Area

B.8 Construction of the "15-minute Park Life Circle" in Pudong New Area

Yu Minjiang, Tan Teng / 153

Abstract: The "15-minute park life circle" is a concept that prioritizes the implementation of high-quality public service provision that is "human-oriented", promotes high-level urban green development that "prioritizes ecology", and fosters high-quality urban living spaces with "multiple functions". This initiative is a significant approach to enhancing the precision and balance of urban public services. The Pudong New Area's commitment to the development of the "15-minute park life circle" is a crucial aspect of implementing the "people-centered city" concept, as outlined by President Xi Jinping. This initiative also represents a pragmatic exploration in the development of an ecologically sustainable "Park City". By establishing explicit and detailed construction objectives and strategies, Pudong has attained notable achievements, showcasing features such as comprehensive planning guidance, inclusive democratic processes throughout the planning phase, the "one park, one feature" approach, digital empowerment, green sharing, and a humanistic touch. To sustain the advancement of the "15-minute park life circle", it is advised that Pudong prioritize the establishment of a long-term, standard management framework, adhere to the principle of resident needs as a guiding principle, stimulate extensive social participation, enhance the exchange and dissemination of advanced experiences, and effectively transform its successful practices into replicable and promotable "Pudong sample".

Keywords: 15-minute Park Life Circle; Park City; High-quality Lifestyle; Pudong New Area

Abstract：The "15-minute transport life circle" is a pivotal component of the network of public services and the effective allocation of basic public services. The development of the "15-minute transport life circle" in Pudong New Area has undergone three stages of upgrading and evolution: addressing deficiencies, enhancing quality and efficiency, and comprehensive promotion. A series of actions have been taken in terms of planning system design, travel quality improvement, precise service allocation, and empowerment of scientific and technological means, and innovative work such as standardization construction, demonstration-led development, and market-oriented reform have been carried out. As a result of these efforts, the slow traffic-friendly environment in Pudong New Area has been continuously optimized, and 15-minute public transport travel has become more convenient. However, there is still room for improvement in creating a slow traffic-friendly environment, promoting the sustainable development of public transport, and providing safe and convenient travel services. In the future, related work can be further deepened in terms of transportation planning and design, network optimization and service model transformation, industry standard development, and smart travel.

Keywords：15-minute Transport Life Circle; Bicycle and Pedestrian Friendly; Public Service Accessibility; Pudong New Area

Ⅲ　Case Studies

Abstract：In the face of the increasingly severe challenges of aging,

Zhoujiadu Street has constructed a unique 15-minute accessible smart elderly care service ecosystem model by creating a "1+35+X" three-level smart elderly care service network. This model utilizes the Zouping Road smart elderly care complex and service platform, employing various smart elderly care equipment, and establishing a street elderly care service alliance. It integrates community, institutional, and home elderly care resources to provide elderly individuals with efficient, diverse, and high-quality elderly care services, thereby significantly improving their quality of life and happiness. However, the model is currently confronted with challenges, including poor data flow and financial pressure. There is an urgent need to establish a smart elderly care information sharing mechanism, increase financial investment in smart elderly care, and promote the further improvement of the smart elderly care ecosystem in the Zhoujiadu Street community.

Keywords: Smart Elderly Care; Elderly Care Services; Elderly Care Ecosystem; Pudong New Area

B.11 Most Beautiful Public Cultural Space Competition: Pudong's Practice of Empowering the Construction of a Public Cultural Service System *Pang Rui* / 207

Abstract: As the primary conduit of public cultural services, public cultural spaces are of significant importance, serving as vital facilities that ensure the preservation of people's cultural rights and interests, enhance their quality of life, and address deficiencies in cultural development. In recent years, Pudong New Area has utilized the Most Beautiful Public Cultural Space Competition as a strategy to enhance the development of the public cultural service system, emphasizing five key dimensions: novel concepts, content, methodologies, participant groups, and innovative models. The competition's approach is characterized by an emphasis on empowering, facilitating, and benefiting the public. It employs innovative measures, including classified governance, project support, internal and external improvement, openness and diversity, and cohesion and synergy. These innovative measures have contributed to the development of high-quality public cultural spaces, with a focus on the integration of "design + operation + service." The initiative has also amassed a comprehensive "case library" of quality products, assembled an authoritative "expert group" from multiple fields, and established diverse benchmark "show flats." In the future, Pudong will continue to use the competition to build a platform, set an example, gather resources, and drive empowerment, to promote the innovative development and system optimization of public culture in Pudong, and play a leading role in demonstrating the high-quality development of public cultural services across the country.

Keywords: Public Cultural Space; Public Cultural Service System; The Good Life; People-centered City; Pudong New Area

B. 12 Linxiaoshe: Brand Creation of Community Public Spaces with "Three Circles Merging" in Sanlin Town   *Zhou Xiang* / 224

Abstract: Community public spaces serve as vital conduits for the provision of public services and the facilitation of community life. Linxiaoshe exemplifies this function through its "1+3+X" model, which integrates various services, displays, exchanges, activities, and rest areas within a green public space. It provides residents with a variety of small-scale public service facilities and activities, and it has become a model for Pudong New Area's "15-minute community-life circle" initiative and the "people-centered city" concept. Linxiaoshe has achieved efficient allocation of public service resources by integrating the strengths of government departments, social organizations, and resident self-government. Empowering the community and encouraging democratic participation throughout the process has introduced whole-life cycle management and embedded service design, allowing for flexible responses to the diverse needs of residents. The public service supply model has been transformed from a "receiving services" model to "co-creation and sharing", and a community public space brand with Sanlin characteristics has been created. In the future, Sanlin Town will continue to explore new forms, services, mechanisms, and technologies for the community public space of Linxiaoshe, promote innovation and system optimization of community public service models in Pudong New Area, and give full play to the benchmarking and leading role of Linxiaoshe as a new type of urban community public space.

Keywords: Community Public Space; Community Public Services; Public Service Facilities; Future Community; Pudong New Area

B . 13 Lujiazui Water Ring: Pudong's Practice of Creating High-quality Waterfront Public Spaces   *Zheng Zhixin, Li Zhiying* / 242

Abstract: The Lujiazui Water Ring, a prominent livelihood and people-oriented project in recent years in Pudong, signifies a novel, high-quality waterfront public space in Shanghai. During the planning and construction process, Pudong implemented the pivotal concept of a city for the people by connecting blocked points and broken belts to form a ring, thereby ensuring views throughout the year and floral displays during three seasons. The design of the space under the bridge was meticulously crafted to achieve the "one bridge, one view" effect, thereby integrating the water ring with the creation of public space, and ensuring that the most valuable resources are allocated to the benefit of the people. The Lujiazui Water Ring has evolved into a "Ring of Happiness" that prioritizes the emotional well-being of individuals, an "Ecological Ring" that harmoniously integrates blue and green elements, an "Energy Ring" that fosters regional development, and a "Temperature Ring" that conveys affection, providing residents with a heightened sense of accomplishment, contentment, and safety. Pudong's ongoing commitment to optimizing the spatial landscape, enhancing governance efficiency, and developing long-term mechanisms underscores its dedication to the continued enhancement of this "Ring of the People". The vision for the future is for this initiative to serve as a remarkable emblem of Shanghai's urban revitalization, contributing to the transformation of the city into a harmonious living space where people and nature thrive in symbiosis.

Keywords: Waterfront Space; Huangpu River and Suzhou Creek; Lujiazui Water Ring; Pudong New Area

B.14　Idyllic Paradise: the Construction of a "15-minute Community-life Circle" in Haishen Village, Huinan Town

Jiang Peng / 259

Abstract: The following is a synopsis of the relevant practices, the promotion of a "15-minute community-life circle" in Shanghai's countryside, as well as the creation of an "idyllic paradise" within the city, constitutes a tangible implementation of the principles articulated during the 20th National Congress of the Communist Party of China and the significant concept of "people-centered city" espoused by President Xi Jinping. Haishen Village, located in Huinan Town, is situated within the core area of the rural revitalization demonstration zone in the central part of Pudong New Area. The village prioritizes the well-being of its residents while also catering to the needs of tourists. It has meticulously planned the rural community living circle and augmented the villagers' income by implementing the "three ones" project. By leveraging the effect of the champion village, the village has successfully created a comprehensive rural paradise that integrates cycling, eco-agricultural tourism, Shanghai-rural culture, local specialty cuisine, and rural artisan workshops. It has become one of the first places in Shanghai to implement the "15-minute community-life circle" in the countryside and the first rural showcase.

Keywords: 15-minute Community-life Circle; Rural Revitalization; High-quality Lifestyle; Pudong New Area

社会科学文献出版社

皮 书

智库成果出版与传播平台

❖ 皮书定义 ❖

皮书是对中国与世界发展状况和热点问题进行年度监测，以专业的角度、专家的视野和实证研究方法，针对某一领域或区域现状与发展态势展开分析和预测，具备前沿性、原创性、实证性、连续性、时效性等特点的公开出版物，由一系列权威研究报告组成。

❖ 皮书作者 ❖

皮书系列报告作者以国内外一流研究机构、知名高校等重点智库的研究人员为主，多为相关领域一流专家学者，他们的观点代表了当下学界对中国与世界的现实和未来最高水平的解读与分析。

❖ 皮书荣誉 ❖

皮书作为中国社会科学院基础理论研究与应用对策研究融合发展的代表性成果，不仅是哲学社会科学工作者服务中国特色社会主义现代化建设的重要成果，更是助力中国特色新型智库建设、构建中国特色哲学社会科学"三大体系"的重要平台。皮书系列先后被列入"十二五""十三五""十四五"时期国家重点出版物出版专项规划项目；自2013年起，重点皮书被列入中国社会科学院国家哲学社会科学创新工程项目。

权威报告·连续出版·独家资源

皮书数据库
ANNUAL REPORT(YEARBOOK) DATABASE

分析解读当下中国发展变迁的高端智库平台

所获荣誉

- 2022年，入选技术赋能"新闻+"推荐案例
- 2020年，入选全国新闻出版深度融合发展创新案例
- 2019年，入选国家新闻出版署数字出版精品遴选推荐计划
- 2016年，入选"十三五"国家重点电子出版物出版规划骨干工程
- 2013年，荣获"中国出版政府奖·网络出版物奖"提名奖

皮书数据库　　　"社科数托邦"
　　　　　　　　微信公众号

成为用户

　　登录网址www.pishu.com.cn访问皮书数据库网站或下载皮书数据库APP，通过手机号码验证或邮箱验证即可成为皮书数据库用户。

用户福利

- 已注册用户购书后可免费获赠100元皮书数据库充值卡。刮开充值卡涂层获取充值密码，登录并进入"会员中心"—"在线充值"—"充值卡充值"，充值成功即可购买和查看数据库内容。
- 用户福利最终解释权归社会科学文献出版社所有。

数据库服务热线：010-59367265
数据库服务QQ：2475522410
数据库服务邮箱：database@ssap.cn
图书销售热线：010-59367070/7028
图书服务QQ：1265056568
图书服务邮箱：duzhe@ssap.cn

社会科学文献出版社　皮书系列
SOCIAL SCIENCES ACADEMIC PRESS (CHINA)

卡号：946742153173
密码：

S 基本子库
UB DATABASE

中国社会发展数据库（下设 12 个专题子库）

紧扣人口、政治、外交、法律、教育、医疗卫生、资源环境等 12 个社会发展领域的前沿和热点，全面整合专业著作、智库报告、学术资讯、调研数据等类型资源，帮助用户追踪中国社会发展动态、研究社会发展战略与政策、了解社会热点问题、分析社会发展趋势。

中国经济发展数据库（下设 12 专题子库）

内容涵盖宏观经济、产业经济、工业经济、农业经济、财政金融、房地产经济、城市经济、商业贸易等 12 个重点经济领域，为把握经济运行态势、洞察经济发展规律、研判经济发展趋势、进行经济调控决策提供参考和依据。

中国行业发展数据库（下设 17 个专题子库）

以中国国民经济行业分类为依据，覆盖金融业、旅游业、交通运输业、能源矿产业、制造业等 100 多个行业，跟踪分析国民经济相关行业市场运行状况和政策导向，汇集行业发展前沿资讯，为投资、从业及各种经济决策提供理论支撑和实践指导。

中国区域发展数据库（下设 4 个专题子库）

对中国特定区域内的经济、社会、文化等领域现状与发展情况进行深度分析和预测，涉及省级行政区、城市群、城市、农村等不同维度，研究层级至县及县以下行政区，为学者研究地方经济社会宏观态势、经验模式、发展案例提供支撑，为地方政府决策提供参考。

中国文化传媒数据库（下设 18 个专题子库）

内容覆盖文化产业、新闻传播、电影娱乐、文学艺术、群众文化、图书情报等 18 个重点研究领域，聚焦文化传媒领域发展前沿、热点话题、行业实践，服务用户的教学科研、文化投资、企业规划等需要。

世界经济与国际关系数据库（下设 6 个专题子库）

整合世界经济、国际政治、世界文化与科技、全球性问题、国际组织与国际法、区域研究 6 大领域研究成果，对世界经济形势、国际形势进行连续性深度分析，对年度热点问题进行专题解读，为研判全球发展趋势提供事实和数据支持。

法律声明

"皮书系列"（含蓝皮书、绿皮书、黄皮书）之品牌由社会科学文献出版社最早使用并持续至今，现已被中国图书行业所熟知。"皮书系列"的相关商标已在国家商标管理部门商标局注册，包括但不限于LOGO（ ）、皮书、Pishu、经济蓝皮书、社会蓝皮书等。"皮书系列"图书的注册商标专用权及封面设计、版式设计的著作权均为社会科学文献出版社所有。未经社会科学文献出版社书面授权许可，任何使用与"皮书系列"图书注册商标、封面设计、版式设计相同或者近似的文字、图形或其组合的行为均系侵权行为。

经作者授权，本书的专有出版权及信息网络传播权等为社会科学文献出版社享有。未经社会科学文献出版社书面授权许可，任何就本书内容的复制、发行或以数字形式进行网络传播的行为均系侵权行为。

社会科学文献出版社将通过法律途径追究上述侵权行为的法律责任，维护自身合法权益。

欢迎社会各界人士对侵犯社会科学文献出版社上述权利的侵权行为进行举报。电话：010-59367121，电子邮箱：fawubu@ssap.cn。

社会科学文献出版社